테드, 미래를 보는 눈

테드, 미래를 보는 눈

박용삼 지음

테드가 들려주는
미래의 풍경 49

TED

일에일북스

테드, 미래를 보는 눈

초판 1쇄 발행 2017년 11월 15일 | **초판 13쇄 발행** 2020년 2월 15일 | **지은이** 박용삼
펴낸곳 원앤원북스 | **펴낸이** 오운영
경영총괄 박종명 | **편집** 최윤정 · 김효주 · 이광민 · 강혜지 · 이한나
마케팅 안대현 · 문준영
등록번호 제2018-000058호 | **등록일자** 2018년 1월 23일
주소 (04091) 서울시 마포구 토정로 222, 319호(신수동, 한국출판콘텐츠센터)
전화 (02)719-7735 | **팩스** (02)719-7736 | **이메일** onobooks2018@naver.com
값 16,000원 | **ISBN** 979-11-6002-091-5 03320

이 도서의 국립중앙도서관 출판예정도서목록(CIP)은 서지정보유통지원시스템 홈페이지(http://seoji.nl.go.kr)와 국가자료공동목록시스템(http://www.nl.go.kr/kolisnet)에서 이용하실 수 있습니다.(CIP제어번호: CIP2017026671)

우리 모두는 이미 알고 있다.
지금이야말로 미래에 영향을 끼치는 순간이라는 것을.

• 스티브 잡스(미국의 기업가) •

예측불허의 미래,
테드로 미리 보다

▶

경제, 경영, 기술, 문화 등 세상을 구성하는 다양한 분야의 패러다임이 빠르게 변하고 있습니다. 작금의 시대를 빛의 속도를 뛰어넘는 '초(超)불확실성'의 시대라고 하는 말에 절로 고개가 끄덕여집니다. 앞으로의 미래는 지금 우리가 살고 있는 현재와 크게 다를 것입니다. 이미 서점에는 미래에 대한 온갖 전망들이 담긴 책들이 쏟아져 나오고 있습니다. 그런데 이 모든 것들을 찾아 읽고 공부하기에는 우리의 현재가 너무 팍팍합니다. 현재에 치이고 미래에 휘둘리는 삶, 현대인이 겪는 가장 큰 딜레마가 아닐 수 없습니다.

다행히 예측불허의 미래에 대해 속 시원한 이야기를 들을 수 있는 방법이 있습니다. 바로 테드(TED)입니다. 미국의 비영리 재단 새플링(sapling)에서 운영하는 테드는 각각 기술(technology), 엔터테인먼트(entertainment), 디자인(design)의 앞글자를 따서 명명한 공개 강연회입니다. 누구나 테드 홈페이지(www.ted.com)에 접속하기만 하면 2006년부터 발표된 2천 건이 넘는 훌륭한 강연을 무료로 접할 수 있습니다. 매년 미국과 캐나다 등지에서 열리는 정규 강연 중 주목할 만한 강연만 따로 모은 것입니다.

테드가 지향하는 모토는 '널리 퍼져야 할 아이디어(ideas worth spreading)'입니다. 우리는 테드 강연을 통해 앞으로 직면하게 될 미래의 풍경들을 엿볼 수 있습니다. SF영화를 떠올리면 쉽게 이해할 수 있을 것입니다. 미래에 우리가 겪게 될 일상, 미래에 고민해야 할 숙제, 미래의 기술이 열어갈 신세계의 모습이 테드에 담겨 있습니다.

이미 주변에 프레젠테이션 기술을 배우거나 영어 리스닝을 연습하기 위해 테드를 시청하는 사람들이 많습니다. 하지만 미래를 엿보겠다는 대담한 목표를 가지고 강연을 하나하나 지속적으로 시청하는 일은 번거롭고 부담스럽습니다. 민간 경영연구소에 근무하는 저도 테드를 한 편도 놓치지 말고 보아야 한다는 강박관념 속에서 살았습니다. 주말이나 휴가 때 수십 편을 몰아본 적도 있지만, 아쉽게도 감흥은 그때뿐이었습니다.

그러다 문득 '렉처자키(LJ ; Lecture Jockey)'에 대한 아이디어가 떠올랐습니다. 음악 방송의 'DJ'나 영화 프로그램의 'VJ'처럼 테드 강연 중에서 최고만을 선별해 관심 있는 사람들에게 소개하는 것입니다. 강연과 관련된 보충자료를 더하고, 필자의 개인적인 생각과 해석을 덧붙인 후에 기술적이거나 전문적인 내용들은 가급적 풀어서 쉽게 전달하려 노력했습니다.

처음에는 골치 아픈 현실을 살고 있는 현대인들을 위한 매뉴얼이자 불안한 미래에 대한 가이드북을 만들어 사람들을 돕겠다는 꿈같은 기대도 품었지만, 스스로의 역량을 되돌아보고 일단 시작 그 자체에 의미를 두기로 했습니다. 그렇게 해서 2015년 4월부터 2년여 간 중앙일보에서 발간하는 〈이코노미스트〉에 '박용삼의 테드플러스' 시리즈를 연재하게 되었습니다.

이 책은 '테드플러스' 시리즈에 연재되었던 49편의 칼럼을 추려 내용을 새롭게 정리해 묶은 것입니다. 테드를 통해 타임머신을 타고 미래를 둘러보듯 앞으로의 세상을 전망하는 독자들을 상상하며 원고를 썼습니다. 본래 칼럼에 실렸던 내용 중에서 단행본 성격에 어울리지 않는 개인적이거나 정제되지 않은 표현들은 다시 다듬었습니다. 어색하거나 논리적이지 못한 문장들도 고쳐 썼습니다. 테드를 직접 보고 싶으신 독자들을 위해 본문에 각 강연의 QR코드도 포함했습니다.

미래에 대한 불안은 남녀노소, 직업의 여하를 떠나 누구나 가지고 있는 공통된 고민입니다. 그래서 책의 내용을 크게 일상, 사회, 세상, 불안, 미래로 나누었습니다.

1장 '일상을 바꾸는 테드의 힘'에서는 매일매일 지나치는 자잘하고 평이한 일상 속에서 우리가 놓쳐왔거나 놓칠 수 있는 것들의 의미에 대해 다루었습니다. 미래에도 일상의 중요성은 여전할 것이기 때문입니다. 2장 '진보하는 사회, 테드로 바라보다'에서는 불평과 불만에 지친 우리 사회를 더디게나마 개선해가려는 묵묵한 노력과 성과들을 소개합니다. 그런 노력들이 쌓여 지금보다 더 나은 미래가 만들어질 것입니다. 3장 '갈등을 넘어 빛나는 세상'에서는 당장이라도 폭발할 것 같은 팽팽한 갈등 속에서 잠시나마 긴장의 끈을 늦춰줄 따뜻한 이야기들을 담았습니다.

4장 '다가올 미래, 이유 있는 불안'에서는 앞으로의 세상이 유토피아가 될지 혹은 정반대의 디스토피아가 될지를 결정할 중요한 과제들, 특히 지금부터 실마리를 찾아야 하는 숙제들을 소개합니다. 미래는 주어지는 것이 아니라 만들어가는 것이기 때문입니다. 마지막으로 5장 '테드로 살펴보는 미래의 풍경'에서는 테드를 통해 현재보다 더 멋진 미래의 모습을 그려보고, 그 속에서 어떻게 사는 것이 가장 현명한 길인지를 다루었습니다.

온라인, 오프라인을 망라하고 무수히 많은 책들 중에서 기꺼이 이 책을 선택해주신 독자 여러분께 미리 감사드립니다. 아무쪼록 이 책이 매일매일의 힘든 일상과 갈등에 찌든 사회 속에서 미래를 읽는 작은 힌트가 되었으면 하는 바람입니다. 미래를 헤쳐나갈 여러분 모두의 건투를 빕니다.

박용삼

현대인의 삶은 갈수록 팍팍해져 간다. 주위를 둘러봐도 짜증스럽고 힘든 일 투성이다. 그러나 어쩌겠는가? 한 번뿐인 인생, 멈추지 말고 뚜벅뚜벅 가야 한다. 자신감을 갖고, 덜 조급해하며, 더 유연해지자. 때로는 쉬엄쉬엄, 자신의 강점을 살려 멋진 리더가 되자. 그리고 배려와 미소도 잊지 말자. 결국 행복은 습관이다.

··· 1장 ···

일상을 바꾸는
테드의 힘

TED

행복은 습관이고
마음먹기 나름이다

닐 파스리차가 들려주는 1천 가지 굉장한 것들은
소소한 일상 속에서의 행복을 잘 보여준다.

매년 국제기구에서는 국가별 '행복지수(happiness index)'를 조
사해 발표한다. 행복지수는 기관에 따라 산출 방법이 조금씩 다
른데 대개 국민소득이나 근로시간 등 행복과 관련된 지표를 조사
한 후, 거기에 이런저런 가중치를 곱하고 더하는 식이다. 예를 들
어 2002년 영국에서 개발된 행복지수는 다음의 4가지 항목으로
이루어져 있다. '① 나는 외향적이고 변화에 유연하게 대처한다.
② 나는 긍정적이고 스스로 잘 통제한다. ③ 나는 건강·돈·안전·
자유 등 나의 조건에 만족한다. ④ 나는 내 일에 몰두하며 스스로
세운 기대치를 달성하고 있다.' 각 항목을 10점 만점으로 계산하

면 최종 행복점수는 '(①+②)+(5×③)+(3×④)'이다. 행복점수가 100점에 가까울수록 행복도가 높은 것으로 판단된다.

하지만 불행한 수재도 있고, 행복한 바보도 있다. 최고 등급의 한우가 지겨운 사람도 있고, 값싼 삼겹살이 마냥 즐거운 사람도 있는 법이다. 행복의 기준은 개인마다 다를 수밖에 없다. 이렇듯 추상적이고 주관적인 개인의 행복을 점수화하는 것이 무슨 의미가 있을까? 오히려 몰라도 그만인 이런 점수가 행복을 갉아먹고 있는지도 모른다.

그래도 궁금하니까 살짝만 살펴보자. 2015년 UN이 발표한 행복지수에 의하면 한국은 전 세계 158개국 중 47위였다. 세계지도 책 어디에 위치해 있는지도 모르는 생소한 나라들을 빼고 나면 사실상 하위권이다. OECD 조사에서도 한국의 행복지수는 34개국 중 33위다. 역시 최하위권이다.

우리 헌법 전문에는 '모든 국민은 행복을 추구할 권리를 가진다'라고 적혀 있다. 그렇다면 마음껏 행복을 찾고 누려야 마땅한데 실상은 그렇지 못하다. 고기도 먹어본 사람이 먹을 줄 안다고 사실 우리는 합격, 승진, 포상 등을 제외하고는 어떤 행복을 어떻게 추구해야 할지 모른 채 살아 왔다. 각박한 현실에 치여 치열하게 살아가는 우리에게 행복은 과분한 걸까?

캐나다에 사는, 별로 행복할 것 없어 보이는 평범한 청년 닐 파스리차(Neil Pasricha)는 테드 강단에서 인생의 가장 불행하고 우울한 순간에 행복의 비법을 터득했다고 말한다. 그의 이야기를 들어보자.

절망의 순간에서 발견한
행복의 비법

▶ 닐 파스리차는 비록 가난했지만 평범하고 행복한 유년기를 거쳐 무탈하게 학교를 졸업하고 결혼까지 했다. 그의 삶은 그렇게 물처럼 흘러갔다. 그런데 2008년 어느 날, 그는 아내로부터 이제 그만 헤어지자는 날벼락 같은 통보를 받는다. 설상가상으로 바로 전날까지만 해도 같이 수다를 떨던 하나뿐인 죽마고우가 자살했다는 끔찍한 소식까지 접한다.

그때부터 파스리차의 삶은 망가져 갔다. 그의 주위에는 늘 어둠의 그림자가 맴돌았고, 하루하루 절망에 빠져 허우적대는 날들이 계속되었다. 텔레비전을 켜도 온통 전쟁, 기아, 재앙, 테러, 실직 같은 우울한 소식만 눈에 들어왔다. 한마디로 모든 게 엉망진창이었다.

그러던 어느 날, 파스리차는 이대로 죽는 것보다 어떻게든 사는 것이 낫겠다는 생각을 하게 되었다. 하지만 그럴 이유를 발견하기가 쉽지 않았다. 지푸라기라도 잡는 심정으로 그는 무엇이 되었든 긍정적인 것을 떠올려 보기로 했다. 컴퓨터를 켜고 일상의 소소한 일들, 별 거 아니지만 그래도 슬며시 기분 좋아지는 순간들을 적어나가기 시작했다. 카페에서 웨이터가 알아서 공짜 리필을 해줄 때라든지, 목요일인 줄 알았는데 금요일이었을 때라든지 등을 말이다. 우리도 지하철을 타자마자 자리가 났을 때, 혹은 로비에 들어서자마자 엘리베이터가 내려왔을 때 등을 떠올려볼 수 있겠다.

일상의 재발견이라고나 할까? 그는 '1천 가지 굉장한 것들'이라는 이름의 블로그(1000awesomethings.com)를 만들어 한 가지씩 즐거운 생각들로 채워나갔다. 막상 찾아보니 행복은 멀리 있지 않았다. 이 블로그에 실린 내용들은 하나같이 어이없게 소소하지만 기막히게 짜릿한 것들이다.

교통과 관련된 이야기로는 차를 몰고 가는데 계속 파란불을 만날 때, 러시아워 때 내 차가 서 있는 차선이 가장 빨리 움직일 때, 갑자기 과속카메라를 만났는데 다행히 정속으로 달리고 있었을 때, 비행기가 이륙하자마자 잠들었다가 착륙할 무렵에 깼을 때 등이 있다.

뜻밖의 행운과 관련해서는 마트 계산대에서 맨 뒤에 서 있는데 옆에 새로운 계산대가 막 열렸을 때, 자판기에서 음료 2개가 동시에 떨어질 때, 작년에 입었던 옷 주머니에서 20달러를 발견했을 때, 핸드폰을 떨어뜨렸는데 말짱했을 때 등이 있다.

업무와 관련해서는 사장의 잔소리가 짧게 끝날 때, 상사가 볼일이 있다며 일찍 퇴근할 때, 약속시간에 늦었는데 상대가 더 늦게 나올 때, 데드라인이 예기치 않게 연장될 때, 알람 맞추는 걸 깜빡했는데 제시간에 눈이 떠졌을 때 등이 있다.

아주 소소한 일상과 관련해서는 하루 종일 치아에 껴 있던 팝콘 조각을 빼냈을 때, 치과의사가 더이상 충치가 없다고 말해줄 때, 시험에서 찍은 것들이 용케 맞았을 때, 집에 찾아온 손님이 하지 말라는 데도 알아서 설거지를 해줄 때, 전자제품을 한 대 쳤더니 다시 잘 켜질 때 등이 있다.

파스리차가 실제로 운영중인 블로그
자료: 1000awesomethings.com

감정의 밑바닥에서 재미 삼아 시작했던 그의 블로그는 조금씩 인기를 얻는가 싶더니 어느 순간 접속자 수가 수백만 명으로 불어났다. 비슷한 우울과 좌절을 겪는 사람들이 그만큼 많았다는 말이다. 급기야 바로 다음 해인 2009년, 그는 '인터넷의 오스카상'이라고 하는 웨비상(webby award)의 블로그 부문 최우수상을 받게 된다. 더욱이 블로그 내용을 『행복 한 스푼(the book of awesome)』이라는 책으로 출간했는데, 인터넷서점 아마존에서 10주 연속 베스트셀러가 된다. 자기 자신의 마음을 치유하기 위해 시작한 일이 불행을 잊게 하고, 덤으로 기대하지 않았던 행운까지도 가져온 것이다.

일상에서 찾은
행복의 씨앗

▶ 테드 무대에 선 파스리차의 얼굴은 참 행복해 보인다. 돈
벼락을 맞아 얼얼한 모습이 아니라 일상에 진정으로 감사하는 담
백한 표정이다. 그는 자신의 행복의 비법을 3가지 'A'로 소개한
다. 우선 태도(attitude)다. 괴롭고 슬픈 상황에 닥쳤을 때 세상을
욕하고 영원히 비관에 빠지느냐, 아니면 태도를 바꾸어 툭툭 털
고 새롭게 펼쳐질 미래를 직면하느냐에 따라 모든 것이 바뀐다.
두 번째는 지각(awareness)이다. 눈을 동그랗게 뜨고 입을 쩍 벌
린 3살 아이의 호기심과 순수함을 가질 때 행복을 만날 수 있다.
마지막 'A'는 진정성(authenticity)이다. 주위의 시선을 의식하지
않고 스스로의 마음을 따라 진정 좋아하고 즐길 수 있는 것을 해
야 행복이 찾아온다.

결국 행복은 습관이고 마음먹기 나름이다. 옆에서 보기에 행복
의 조건을 두루 갖춘 것 같은 사람도 스스로 그렇게 느끼지 못한
다면 행복한 게 아니다. 프랑수아 를로르(Francois Lelord)의 소
설『꾸뻬 씨의 행복 여행』은 정신과 의사 꾸뻬 씨가 전 세계를 방
랑하며 행복의 비법 23가지를 찾아낸다는 이야기다. 그런데 그가
어렵사리 찾아낸 비법이란 것이 고작 '자신을 다른 사람과 비교
하지 않는 것' '살아있음을 느끼는 것' '좋아하는 일을 하는 것'처
럼 별로 대단할 것 없는 싱거운 것들이다. 결국 행복의 파랑새는
바로 지금, 여기에 있다. 아니라고 부정하면 행복도 없다. 판단은

각자의 몫이다.

　이제 생각을 바꿔보자. 행복할 만한 이유가 없다면 가벼운 일상에서 자잘한 재미를 찾아보자. 그렇게 해서 우리의 고장난 '행복 센서'를 되살릴 수만 있다면 내년에는 좀더 편안한 마음으로 국제기구의 행복지수 발표를 마주할 수 있지 않을까.

멀리 가려면
쉬엄쉬엄 가라

슬로TV의 인기 요인은 느림과 여유다.
슬로라이프는 슬로(slow)하게 즐겨야 한다.

목적지를 향해 엑셀을 힘껏 밟다 보면 산을 지나쳤는지, 강을 건너왔는지 도통 기억이 나지 않는다. 지금 현대인의 삶이 딱 그렇다. 무엇이든 휙휙 지나가버리니까 모두들 어리둥절 흘러가는 대로 살아간다. 큰마음 먹고 장만한 스마트폰의 기능을 얼추 익혔다 싶으면 금방 새로운 기종이 나와버린다. 텔레비전에 새로 나온 연예인의 이름을 겨우 외웠다 싶으면 벌써 은퇴해서 다른 일을 한단다. 학창시절 자주 들었던 FM라디오를 틀어봐도 모르는 DJ들의 이해하기 어려운 멘트만 들릴 뿐이다.

익숙한 것들의 자리를 점점 빠르게 새로운 것들이 메워가고 있다. 한때 새로웠던 것들조차도 계속해서 다른 새로운 것들에게 자리를 내어주고 만다. 아찔하고 피곤한 세상이다. 그런데 우리만 그런 건 아닌가 보다. 저 멀리 북유럽 노르웨이 방송국의 한 프로듀서는 세상을 향해 이제 제발 좀 천천히 가자며, 아니 잠깐만 숨이라도 좀 돌리고 가자며 반기를 들었다. 그것도 믿기지 않을 정도로 느리고 은근한 목소리로 말이다.

패스트 세상에 도전하는
슬로TV

▶️   2009년 어느 날, 노르웨이 국영방송국 NRK의 프로듀서 토마스 헬룸(Thomas Hellum)은 동료들과 점심을 먹다가 엉뚱한 아이디어 하나를 떠올렸다. 그해 개통 100주년을 맞이한 노르웨이 베르겐 철도를 기념하는 다큐멘터리를 만들어야 했는데, 이왕이면 아주 '리얼'하게 만들어보자는 생각이 들었다. 100년 전이나 지금이나 베르겐 철도를 타고 노르웨이를 동서로 횡단하는 데는 장장 7시간이 걸린다. 그래서 그들은 아주 담백하게 7시간짜리 다큐멘터리를 만들기로 했다. 전 세계 방송 역사상 처음으로 '슬로TV'가 탄생하는 순간이었다. '슬로TV'는 말 그대로 눈앞에 펼쳐진 세상을 천천히 보여준다는 의미다.

2009년 11월 27일 금요일 밤 황금시간대, 드디어 기차가 출발했다. 아무런 줄거리도, 대본도, 극적인 상황이나 절정의 순간도 없었다. 그저 기차가 달리는 차창 밖 풍경과 덜컹거리는 바퀴 소리만 들린다. 열차의 맨 앞 운전실에 고정시킨 카메라는 한 치의 미동도 없이 눈 덮인 풍경과 아찔한 교각, 컴컴한 터널을 고스란히 화면에 담았다. 기차가 역에 서면 그대로 화면도 정지한다. 160여 개에 달하는 어두운 터널을 지날 때는 텔레비전에 암흑 대신 철도와 관련된 기록물들을 잠시 보여주었다.

그 시각 경쟁 채널에서는 인기 정상의 오디션 프로그램 〈더엑스팩터(The X Factor)〉를 방영중인 상황이었다. NRK 방송사의 제작진은 가슴을 졸이며 시청자들의 반응을 기다렸다. 결과는 놀라웠다. 노르웨이 전체 인구 500만 명 중 약 120만 명이 이 기차여행을 지켜본 것이다. 심지어 다른 채널의 뉴스 진행자가 뉴스 중간중간에 지금 베르겐 기차가 무슨 역에 도착하고 있다는 이야기를 하면 수천 명의 사람들이 일제히 채널을 돌릴 정도였다. 어떤 시청자는 기차여행의 마지막 역에서 자신의 짐을 들려고 일어났다가 거실 커튼대에 머리를 부딪치고 나서야 그곳이 자신의 집 안이라는 사실을 깨달았다고 한다. 수천 명의 소셜미디어 이용자들은 마치 같은 기차를 탄 승객들처럼 차창 밖 풍경에 대해 SNS로 이야기를 나누었다.

슬로TV의 가능성을 본 NRK는 더 과감한 편성을 시도한다. 후르티그루텐(hurtigruten)사의 크루즈는 약 3천 km에 달하는 노르웨이 피오르 해안을 항해하는데, 2011년 6월 NRK는 무려 6박 7일(134시간) 동안 유람선에서 바라본 해안 풍경을 생방송으로 내보낸다. 이번에도 사람들의 감동은 상상을 초월했다. 베르겐 철도

여행의 거의 3배인 약 320만 명이 이 프로그램을 시청했다.

생방송을 보던 시청자들은 유람선의 경로를 미리 파악한 뒤 자발적으로 다음 행선지에 모여들었다. 처음에는 카메라에 포착되기 위해 육지에서 손을 흔드는 정도였지만 며칠 뒤에는 온갖 아이디어를 동원해 여객선을 따라다니기 시작했다. 결국 노르웨이 여왕까지 이 행렬에 동참할 정도로 노르웨이 전 국민이 열광했다.

어떻게 텔레비전 프로그램 하나가 무미건조한 생활에 활력을 불어넣고, 일상에 지친 사람들을 열광의 도가니로 빠져들게 했을까? 방송사 측에서 '시간(timeline)'을 편집하지 않고 있는 그대로 내보냄으로써 시청자들로 하여금 각자가 실제 촬영 현장에 있다고 느끼게 만든 게 주효했다.

시청자가 스스로 자신만의 스토리를 생각하게 한 것도 일종의 콘텐츠가 되었다. 예를 들어 유람선 여행 프로그램에서는 한적한 해안가에 있는 아름다운 농가의 풍경이 무려 10여 분간 계속 보여진다. 이것을 지켜보는 시청자들의 마음속에서는 슬슬 궁금증이 생겨난다. '지금 저 농가의 농부는 집에 있을까?' '화면에 어슬렁거리는 소 한 마리는 어디로 가려는 걸까?' 등 한마디로 시청자들의 감성과 상상에 아무런 제한을 두지 않았다는 점이 슬로TV의 성공 요인으로 작용했다.

NRK의 슬로TV 제작팀은 그 후에도 여러 편의 히트작을 냈다. 양의 털을 깎고 실을 뽑아내서 털옷을 만드는 8시간 30분짜리 방송(뜨개질 솜씨가 좋았던 한 출연자는 국민적 스타로 떠올랐다), 벽난로의

장작이 타는 모습을 실시간으로 찍은 12시간 방송, 강 상류로 회
귀해 알을 낳으려는 연어들의 여정을 담은 18시간 방송, 전국에
서 모인 합창단이 900여 곡의 찬송가를 나누어 부르는 2박 3일
의 방송 등이 연이어 인기를 끌었다. 그렇게 슬로TV는 하나의 트
렌드가 되었다.

편집되지 않은
있는 그대로의 시간

▶   웃기고 슬픈 유머 하나. 좋은 직업을 가진 사람이 많은
돈을 벌어 꿈에 그리던 멋진 전원주택을 장만했다. 어느 날 서둘
러 출근하다가 무언가 놓고 온 게 생각나 다시 집으로 되돌아갔
다. 대문을 열고 들어서는데 그만 못 볼 걸 보고 말았다. 집안일을
도와주시는 파출부 아주머니가 푸른 잔디 위에 놓인 파라솔에 앉
아 커피를 마시고 있었던 것이다. 그 우아하고 여유로운 모습에
마치 남의 집에 잘못 들어온 듯한 착각이 들 정도였다. 결국 그 불
쌍한 사람은 허겁지겁 돈을 모을 줄만 알았지 그 돈을 왜 벌어야
하고, 또 어떻게 써야 하는지에 대해서는 제대로 생각해본 적이
없었던 것이다.
　우리는 무언가에 홀린 사람들처럼 점점 더 빠르고 자극적인 것
을 찾아왔다. 삐삐가 처음 나왔을 때만 해도 사람들은 '개 목줄'
을 찰 수는 없다며 으르렁거렸다. 그런데 자의반 타의반으로 삐

하루하루 숨 가쁘게 사는 현대인들에게 슬로TV는 시사하는 바가 크다.
자료: www.shutterstock.com

삐를 허리춤에 차면서부터 서서히 속도에 취해 갔다. 몇 년 뒤 핸드폰이 나올 때는 기꺼이 '익사이팅'한 속도에 뛰어들더니, 스마트폰이 등장했을 때는 출시 날짜에 맞추어 줄을 서는 지경에 이르렀다.

첨단기술은 항상 우리의 삶을 더 편리하게 해줄 것을 약속한다. 1시간이 걸리던 일을 10분 만에 해치울 수 있다면 얼마나 좋겠느냐는 식이다. 맞는 말이다. 하지만 문제는 나머지 50분이다. 그 50분을 휴식과 사색으로 채울지, 아니면 새로운 일거리로 채울지가 중요하다. 물론 우리는 대개 후자를 선택한다.

번잡한 삶에 지친 사람들에게 '날 것'을 있는 그대로 즐기게 해준 슬로TV. 사실 슬로TV는 '빨리빨리'라는 신묘한 성장촉진제에 취해 살다가 갑자기 들이닥친 조로(早老)의 부작용으로 힘겨워 하는 한국 사회에 더 절실하다. 다행히 '집밥'으로 상징되는 슬로푸드에 이어 슬로 예능 프로그램이 하나둘 등장하면서 우리 사회에도 슬로 바람이 부는 것 같아 반가운 마음이 든다. 다만 최근의 슬로 열풍이 그저 지나간 것들에 대한 향수나, 가지지 못한 것에 대한 미련에 그치지 않았으면 하는 바람이다.

물론 슬로 라이프를 제대로 즐기려면 여유롭고 느린 마인드가 필수다. 슬로TV를 흐뭇하게 지켜보면서 주문한 피자가 왜 이렇게 늦게 오는지 조바심을 내는 건 무언가 좀 이상하지 않은가?

당당한 파워포즈가
파워를 낳는다

힘 있고 당당한 파워포즈를 2분만 취해보자.
뇌에서 출발해 온몸으로 퍼지는 비상한 기운을 느낄 수 있다.

경험으로 안다. 여자는 약하지만 엄마는 강하다. 바람 불면 날아
갈 것 같은 하늘하늘한 체구의 여성도 결혼해서 아이를 낳으면
놀랍게 변한다. 모성애와 생활력이 융합되면서 정신력뿐만 아니
라 육체적으로도 원더우먼이 된다. 웬만한 가구 하나 옮기는 건
일도 아니다. 청소할 때마다 그 무거운 소파를 번쩍번쩍 든다. 마
음이 몸을 지배하는 것이다.

몇해 전 연말에 골치 아픈 프로젝트를 맡은 적이 있었다. 크리
스마스에 이어 1월 1일 신정까지 반납하면서 포항에서 동료들과
일에만 매달렸다. 다행히 최종 보고를 무사히 마치고 서울 사무

실로 돌아오는데, 이상한 일을 경험했다. 몸이 으슬으슬 떨린다 싶더니 갑자기 몸살 기운이 도는 게 아닌가. 우연의 일치인지 다른 동료들도 갑작스레 복통과 어지럼증을 호소했다. 아마도 일순간 긴장이 풀려 그런 것이려니 싶었다.

그런데 그때 포항에 있는 관계자에게서 연락이 왔다. 최종 보고회에 불참했던 몇몇 이사들을 모시고 다시 보고를 해야 하니 가던 길을 돌려 즉시 포항으로 내려와달라는 것이었다. 가뜩이나 컨디션도 안 좋은데 설상가상이었다.

여기서부터가 미스터리다. 고객의 요청에 난감했던 기분도 잠시, 우리의 몸과 마음이 다시 초연하게 반응하기 시작했다. 몸살, 복통, 어지럼증은 온데간데없어지고 언제 그랬냐는 듯이 다시 힘이 솟으면서 '일 모드'로 돌아올 수 있었다.

신체언어로
자기 자신과 소통한다

▶ 인간의 정신력은 참으로 신묘하다. 영화 〈어벤져스〉에 나오는 초능력자도 아닌데 마음먹기에 따라 몸의 상태가 변한다. 그런데 그 반대는 어떨까? 몸이 마음을 지배할 수도 있을까?

하버드 경영대학원에서 사회심리학을 연구하는 에이미 커디(Amy Cuddy) 교수는 자신 있게 "그렇다!"라고 외친다. 더욱이 단순히 자세를 바꾸는 간단한 행동만으로도 힘없이 축 처진 사람들을 원기왕성하게 만들 수 있다고 한다. 슈퍼맨 흉내만 내도 진짜 슈퍼맨이 될 수 있다는 것일까? 그녀의 흥미진진한 이야기를 들어보자.

신체언어, 즉 비언어적 행동(nonverbal behavior)도 분명 일종의 언어이며 소통의 도구다. 우리는 상대방의 바디랭귀지를 보고 그 사람의 능력이나 태도를 판단한다. 이런 판단은 누구를 고용할지, 승진시킬지, 혹은 데이트 신청을 할지 말지 등에도 큰 영향을 미친다. 의사와 환자가 대화를 나누는 장면을 음성 없이 30초만 보면 그가 좋은 의사인지 아닌지, 혹은 문제가 생겼을 때 환자와 마찰을 빚어 고소를 당하게 될지 아닐지를 어느 정도 예측할 수 있다고 한다. 대통령이나 국회의원 후보자들의 얼굴 표정을 단 1초만 보고 내린 판단만으로도 당선 여부를 70% 가까이 예측할 수 있다는 연구 결과도 있다.

더 놀라운 사실은 바디랭귀지가 나에 대한 다른 사람들의 인식뿐만 아니라 나 자신의 인식까지도 바꾼다는 것이다. 사람들은 보통 행복할 때 미소를 짓지만, 반대로 입에 펜을 물고 억지 미소를 지어도 행복감이 느껴진다는 사실은 이미 잘 알려져 있다.

힘(power)에 관해서도 마찬가지다. 힘이 있는 사람들은 어깨를 쫙 펴고 당당한 자세, 일명 '파워포즈(power pose)'를 취한다. 그런데 이와 반대로 의도적으로 파워포즈를 취하면 힘이 없던 사람도 자신의 힘이 더 세진 것처럼 느낀다고 한다.

왜 그럴까? 커디 교수의 연구에 의하면 이것은 파워포즈가 몸에서 분비되는 호르몬에 영향을 미치기 때문이다. 일반적으로 힘이 있는 남성은 테스토스테론(testosterone)이 많고, 코르티솔(cortisol)을 적게 갖고 있다. 힘없는 사람은 그 반대다.

테스토스테론은 일명 '남성 호르몬'인데 주로 남자의 정소에서 만들어진다(여자도 몸에서 남자의 10% 정도의 테스토스테론이 분비된다). 테스토스테론은 성 기능을 강화하는 역할 외에도 피부나 근육·뼈 기능을 유지시키고, 빈혈을 예방하며 기억력을 높이는 데도 도움을 준다. 반면 코르티솔은 콩팥의 부신 피질에서 분비되는 스트레스 호르몬이다. 코르티솔 수치가 높으면 불안과 초조 상태가 이어지고 체중 증가와 함께 만성피로, 두통, 불면증 등의 증상이 나타난다. 또한 면역기능이 약화되어 감기 같은 바이러스성 질환에 쉽게 노출될 우려도 있다.

커디 교수는 몸의 동작과 마음의 상관관계를 측정하기 위해 피실험자들을 두 그룹으로 나누었다. 첫 번째 그룹에는 기지개를 켜듯 두 팔을 하늘로 뻗거나 다리를 최대한 벌리는 힘 있는 '하이포즈(high-power pose)'를 2분 동안 취하게 했다. 두 번째 그룹에는 소극적인 동작, 즉 주머니에 손을 넣거나 팔짱을 끼거나 웅크린 채 턱을 괴는 '로우포즈(low-power pose)'를 마찬가지로 2분 동안 취하게 했다. 2분이 지나자 두 그룹의 호르몬 수치에 놀라운 변화가 있었다. 실험 전과 후에 참가자들의 타액을 채취해서 성분을 분석해봤더니 하이포즈를 취한 사람들은 평균적으로 테스토스테론이 20% 증가하고, 코르티솔은 25% 감소했다. 반면 로우포즈를 취한 사람들은 반대로 테스토스테론이 10% 감소하고, 코르티솔이 15% 증가했다.

커디 교수의 실험은 비언어적 행동을 통해 사람들이 자기 자신을 어떻게 생각하고 느끼는지 결정할 수 있음을 보여준다. 단 2분간의 단순한 몸 동작 변화만으로 몸에서 보내는 화학적 메시지, 즉 스스로의 호르몬 수치를 변화시킬 수 있다는 것은 놀라운 발견이다.

커디 교수는 "우리 몸은 마음을 바꾸고, 우리 마음은 행동을 바꿉니다. 또한 행동은 결과를 바꿉니다"라고 말한다. 행동이 결과까지 바꾼다고? 당연하다. 실제 기업체 채용 담당자에게 하이포즈와 로우포즈 중 어느 쪽을 채용하겠냐고 물어봤더니 대부분이 하이포즈 쪽을 선택했다고 한다.

마음이 몸을 바꾸듯
몸이 마음을 바꾼다

▶   사실 커디 교수의 인생 자체가 파워포즈의 효과를 증명한다. 그녀는 19세 때 자동차 사고로 뇌를 크게 다쳤다. 주변의 모든 사람들이 그녀의 앞날을 걱정했지만 그녀는 스스로 자신감 있는 태도를 유지함으로써 모두의 생각이 잘못되었음을 입증하려 노력했다. 비록 남들보다 시간이 좀더 걸리기는 했지만 그녀가 대학과 대학원을 무사히 졸업하고 하버드대학 교수 자리를 당당히 거머쥔 것만 보아도 하이포즈의 위력을 알 수 있다.

테드 웹사이트에 올라와 있는 그녀의 강연은 2017년 10월 기

비언어적 행동으로 스스로의 호르몬 수치를 변화시킬 수 있다. 실제 기업의 채용 담당자들은 당당한 하이포즈의 면접자를 채용할 의사가 더 높다고 말한다.
자료: www.shutterstock.com

준으로 무려 4천만 뷰를 기록중이다. 그녀의 힘 있는 강의를 보는 것만으로도 테스토스테론이 치솟고, 코르티솔이 낮아지는 것을 느낄 수 있다.

100m를 9초대에 주파하는 인간 탄환 우사인 볼트(Usain Bolt). 그의 얼굴이 떠오르지 않더라도 포즈만은 모두의 기억에 각인되어 있다. 몸을 비스듬히 하고 양손으로 활을 쏘듯이 하늘을 조준하는 그 포즈 말이다. 전 세계 최고 속도의 비밀은 어쩌면 자신감과 확신에 찬 그 파워포즈에 있는지도 모른다.

뉴노멀(new normal)과 신창타이(新常態)로 대변되는 격변의 시대, 새로운 기회는커녕 위험요소만 겹겹이 쌓여간다. 특히 나라의 주인공이어야 할 청년들이 연애, 결혼, 출산을 포기하고(삼포세대), 인간관계와 집(오포세대), 꿈과 희망(칠포세대)까지 포기하는 걸 보면 안타깝다 못해 두려운 마음까지 든다. 자포자기에 빠진 우리 청년들에게 지푸라기라도 잡는 심정으로 '파워포즈'를 권한다. 몸과 마음은 결국 하나다.

완벽한 계획의
치명적인 허점

마시멜로 게임의 승자는 왜 유치원생들일까?
비결은 시행착오를 통한 휴리스틱에 있다.

미국의 물류회사 페덱스의 텔레비전 광고 속 한 장면이다. 양복을 차려 입고 페덱스에 첫 출근한 남자에게 작업복 차림의 중년 흑인 여성이 다가와 일손을 거들어달라고 부탁한다. 기꺼이 그러겠다고 하고 따라 나서는데, 그녀가 배송창고 쪽으로 향하는 게 아닌가. 남자는 난처한 표정으로 정중하게 자신은 배송 일은 하지 않는다고 말한다. 그러자 여직원이 "아, 걱정 마세요. 배송코드를 인터넷에 입력하기만 하면 됩니다"라고 말한다. 남자가 다시 "아, 이해를 못 하셨나본데 저는 MBA 출신입니다"라고 답한다. 당황한 표정의 여직원이 "아, MBA셨군요. 그럼 어떻게 입력하는지

처음부터 가르쳐 드려야겠네요"라고 응답한다. 여직원의 말에 당황한 남자는 아무 말도 하지 못한다.

MBA 출신들이 사회 곳곳에서 활약중이다. 커리큘럼 자체가 경영이론과 실제 케이스를 접목시킨 만큼 아무래도 타 전공에 비해 경영 현장에서 인기가 많다. 무엇보다 엘리트들만 모이는 곳이다 보니 좋은 기업체에 취업할 확률이 높다. 하지만 기대와 실망은 비례하기 마련, MBA 출신 중에서는 더러 교과서에서 배운 경영이론만을 맹신하는 헛똑똑이들이 있다.

경영학의 문제해결 방식이 항상 현실에 잘 들어맞는 것은 아니다. 대개 교과서 밖 현실은 복잡하고 지저분하며, 제멋대로이고 변덕스럽다. 이런 현실을 이론에 억지로 끼워 맞추려는 것은 지나가는 행인의 다리를 침대에 맞게 늘리고 줄이는 그리스 신화의 프로크루스테스(Procrustes)와 다를 바 없다. 이론이 현실을 가이드하고, 현실이 이론을 강화하는 선순환 속에서 비로소 제대로 된 경영이 가능하지 않을까.

학교에서 배운 도식화된 지식이 실제 현장의 문제해결에 얼마나 취약한지를 보여주는 재미있는 게임이 있다. 톰 우젝(Tom Wujec)은 미국의 소프트웨어 회사 오토데스크의 펠로우인데, 경영 현장에서 맞닥뜨리는 복잡한 문제를 이미지나 스케치 등으로 시각화해서 쉽게 해법을 찾도록 도와주는 '비즈니스 시각화(business visualization)'의 전도사다. 그가 현장에서 즐겨 활용하는 마시멜로 게임을 통해 교과서를 뛰어넘는 창조적 문제해결의 단서를 얻어보자.

MBA 졸업생과 유치원생들의
마시멜로 게임

▶ 마시멜로 게임은 4명이 한 팀이 되어 가장 높게 탑을 쌓
는 팀이 이기는 게임이다. 재료는 마시멜로 1개, 스파게티 국수가
락 20개, 90cm의 테이프, 그리고 실이다. 제한시간은 18분, 마시
멜로는 반드시 탑 꼭대기에 놓여져야 한다. 얼핏 간단해 보이지
만 사실 굉장히 어렵다. 스파게티 면은 너무 약해서 금방 부러지
고, 어찌어찌 탑을 쌓아도 중심이 흐트러지면 금세 무너지고 만
다. 팀원들의 빠른 협동도 필수다.

게임이 시작되면 대부분의 사람들은 우선 팀 내 주도권을 정하
고, 어떻게 만들지에 대해 토의한 후, 탑의 구조를 계획하고 설계
한다. 보통 제한시간 18분 중 가장 많은 시간을 스파게티 국수로
탑 구조를 쌓는 데 쓴다. 그러다 제한시간이 다가오면 누군가 마
시멜로를 집어 들고 아주 조심스럽게 꼭대기에 올려놓는다. 그리
고 모두 뒤로 물러나 "앗싸!"를 외치며 자신들의 작품에 감탄한
다. 하지만 대개 "앗싸!"가 "으악!"으로 바뀌고 만다. 마시멜로의
무게 때문에 전체 탑이 무너지는 경우가 다반사이기 때문이다.

일반적으로 가장 성적이 저조한 팀은 MBA를 갓 졸업한 사
람들로 구성된 팀이다. 유치원생들로 구성된 팀만도 못하다.
왜 그럴까? MBA들은 하나의 완벽한 방법, 즉 최적해(optimal
solution)를 찾도록 배워왔기 때문이다. 다양한 의견을 종합해 가
장 효율적일 것 같은 방식을 선택한 후 드디어 탑을 쌓기 시작하

지만 첫 번째 도전은 실패하기 마련이다. 그러면 다시 머리를 맞대고 차선책을 토의하다가 결국 시간을 다 허비해버린다.

반면 유치원생들은 이것저것 잴 것 없이 막 쌓고 본다. 실패해도 개의치 않고 다시 시도한다. 그러다 얼결에 낮은 층의 탑을 쌓는 데 성공하면 거기에 조금씩 변형을 가하면서 결국 제법 그럴싸한 탑을 만들어낸다. 아이들은 시행착오를 통해 어디가 맞고, 어디가 잘못되었는지 즉각적인 피드백을 얻어가면서 모양을 개선해간다. "아이처럼 그리는 데 평생이 걸렸다"라는 파블로 피카소(Pablo Picasso)의 말처럼 아이들은 모두 창의성을 타고난다. 나이를 먹는다는 것은 어쩌면 사회화의 혹독한 수련 속에서 태초의 창의성을 하나씩 죽여가는 퇴행의 과정일지 모르겠다.

시행착오를 통한 조정이 완벽한 계획을 능가한다

▶ 톰 우젝은 MBA와 유치원생들 외에도 다른 여러 그룹을 대상으로 마시멜로 게임을 진행했는데, 그 중에는 〈포춘(fortune)〉이 선정한 50대 기업의 CEO들로만 구성된 팀도 있었다. MBA보다는 조금 낫지만 역시 유치원생들보다 못한 성적을 냈다.

한 가지 특이한 점은 대부분의 성인 팀들이 마시멜로를 맨 마지막 순간에 놓는 데 비해, 아이들은 보통 처음부터 마시멜로를 맨 꼭대기에 놓고 그 아래에 탑을 만든다는 사실이다. 이 말은 어른들은 탑의 세밀한 부분의 미시적 안정성에 집중하는 반면, 아이들은 탑의 최종적인 모습을 어렴풋이 염두에 두고 일을 시작한다는 의미다. 그렇다면 아이들은 태어나면서부터 전체론(holism, 현상의 전체성을 강조하고 전체가 단순히 부분의 총합은 아니라고 보는 이론)과 휴리스틱(heuristics, 시간이나 정보가 불충분한 상황에서 신속하게 사용하는 어림짐작의 기술)의 고수임에 틀림없다.

유교 문화의 잔재인지, 군사 정부의 흔적인지는 모르겠지만 우리 기업들은 딱딱한 '보고' 문화에 길들여져 있다. 회사 일은 보고에서 시작해 보고로 끝난다는 말이 결코 과장이 아니다. 큰 기업일수록 더 그렇고 정부 부처도 예외일 리 없다. 회사의 보고라인을 따라 보고서를 다듬게 되면 계획의 완성도는 분명 높아진다. 하지만 그러다 보면 의사결정의 속도가 느려지고 실행력이 무뎌진다는 치명적인 단점이 있다. 지금처럼 복잡성과 불확실성이 커지는 경영환경에서는 번듯하고 치밀한 계획보다는 당장 팔을 걷어 붙이고 정면돌파하는 대범함이 더 필요할지 모른다.

사실 비즈니스 자체가 마시멜로 게임과 닮은 구석이 많다. 학교에서 배우지 못한 문제가 대부분이고, 원인과 해법도 불분명하며, 시간은 항상 빠듯하기 마련이다. 블루오션이라고 해서 들어가보면 생각만큼 여의치 않고, 기존 게임의 룰을 제멋대로 흔드는 경쟁자들이 수두룩하다. 이럴 때는 일단 흘러가는 상황을 지켜본 후, 거기에 맞게 유연하게 조정해가는 휴리스틱형 사고가 필수다. 도장에서 익힌 기본 품새로는 길거리 싸움을 감당하지 못하듯, 현실에서도 적당한 변칙과 임기응변이 더 효과적일 수 있다.

휴식을 통한 재충전이
누구나 필요하다

창조의 샘은 쉽게 마른다.
충분한 휴식만이 지속적 창조의 밑천이다.

"열심히 일한 당신 떠나라." 한때 유행했던 우리나라 모 카드사의
광고 카피다. 마음에 와닿는 멘트지만 곧이곧대로 받아들일 수가
없다. 마음속에서 자꾸 '떠날 배짱은 있냐?' '뒷감당은 어떻게 할
래?' 같은 삐딱한 생각이 든다. '떠날 곳도 없으면서 무슨!' 같은
환청도 들린다.

　산업화 시대에서 자리를 비운다는 것은 곧 자살행위였다. 몸이
부서질 때까지 일하는 것만이 개인적으로나 사회적으로 절대선
이요, 미덕이었다. 그런데 지금은 어떠한가? 하루가 다르게 새로
운 정보와 지식이 솟아나는 미증유의 시대다. 제4차 산업혁명에

사그마이스터가 만든 미국 그래픽 디자인 협회 강연 포스터
자료: sagmeisterwalsh.com

대한 이야기가 한창인데, 언제 또 제5차 산업혁명이라는 말이 나올지 모른다.

　이럴 때 필요한 건 무거운 엉덩이가 아니라 스마트한 머리다. 남들은 생각하지 못하는, 또 인공지능이 따라올 수 없는 참신하고 발칙한 아이디어만이 답이다. 그런데 사무실에 웅크리고 앉아 수시로 울려대는 전화와 씨름하다 여기저기 회의(懷疑)적인 회의(會議)에 불려다니다 보면 머리가 금세 마비되고 만다. 이럴 때는 쉬어야 한다. 반차나 하루 휴가 정도가 아니라 최소 몇 달은 플러그를 뽑듯 휴식해야 한다. 야근으로 충혈된 눈으로는 결코 창의적 해법을 찾을 수 없다.

　오스트리아 출신의 스테판 사그마이스터(Stefan Sagmeister)는 세계적인 타이포그래피(typography) 아티스트다. 타이포그래피 아티스트란 쉽게 말해 활자를 이용해서 멋지게 디자인을 하는 사람이다. 현재 뉴욕에서 활동하고 있는 그는 디자인과 예술의 경계선 위에서 세계 최고의 스타 디자이너로 명성이 자자하다.

그가 1999년에 미국 그래픽 디자인 협회(AIGA)의 요청으로 만든 강연회 포스터는 지금까지도 가장 창의적이고 충격적인 포스터 중 하나로 손꼽힌다. 자신의 몸에 칼로 거칠게 글씨를 새겨놓은 이 포스터는 디자이너들이 창작 과정에서 겪는 고통을 몸으로 직접 표현했다고 한다.

사그마이스터는 2005년 '그래미 어워드' 최우수 음반 패키지상을 받았고, 2004년과 2012년에는 한국에서 사그마이스터전(展)을 열기도 했다. 디자이너들은 창의력을 먹고 산다. 그게 사라지는 순간 디자이너로서의 생명은 끝이다. 그럼 사그마이스터가 오랜 기간 싱싱한 창의력을 유지하는 비결은 무엇일까?

휴식을 통한 재충전이
창조의 원천

● 　　테드 무대에 선 사그마이스터는 지속적인 창의력의 비결이 화끈한 휴식에 있다고 말한다. 디자인 작업이 계속되면서 그는 점점 자신의 일에 익숙해졌고 동시에 지루함도 싹트기 시작했다. 만드는 작품마다 거기서 거기다 싶을 정도로 비슷해진 것도 그 무렵이었다.

인생의 처음 25년은 배우면서 보내고, 그다음 40년은 일하면서 보내고 나면, 나머지 15년쯤은 은퇴의 시기다. 사그마이스터는 이 15년의 시간을 몇 개로 쪼개어 일하는 기간 사이사이에 넣으면 좋겠다고 생각했다. 그리고는 1993년부터 쭉 운영해오던 자신의 스튜디오를 7년에 한 번은 1년 동안 폐점하기로 결심했다. 일종의 셀프 '안식년(sabbatical leave)'이다.

첫 번째 안식 휴가는 뉴욕에서 보냈는데 그에게 너무 익숙한 곳이다 보니 휴가의 의미를 찾기가 어려웠다. 그래서 두 번째부터는 좀더 먼 곳으로 눈을 돌렸다. 그가 택한 곳은 자연이 아름답고, 목공예 등 장인정신이 살아있는 인도네시아 발리였다. 발리의 자연 속에서 명상을 즐기면서 그는 자신의 디자인을 되돌아보고 새로운 영감을 얻을 수 있었다. 자연 속에서 접하는 것들을 가지고 직접 가구나 소품을 만들고, 보다 창조적인 타이포그래피 디자인도 구상할 수 있었다. 그의 말을 빌리자면 안식년을 통해 디자인과 정말로 다시 가까워질 수 있었다고 한다. 밥벌이를 위한 디자인이 아니라 진정으로 즐기고 사랑하는 생업으로의 디자인을 되찾은 것이다.

이러한 휴식은 그에게 재정적 성공도 가져다주었다. 안식 휴가를 가진 후에 그가 선보인 창조적 디자인들은 모두 1년의 휴식 기간중에 생각해낸 것들이기 때문이다. 일례로 포르투갈의 뮤직센터인 '카사 다 무지카(casa da musica)'의 로고 디자인 의뢰를 받았을 때, 그는 센터 빌딩 자체의 형상을 로고로 활용하는 파격을 선보였다. 그것도 고정된 형태의 로고가 아니라 공연의 주제(베토벤이든 쇼팽이든)에 따라 주제의 특징을 가장 잘 나타내도록 로고의 색깔을 달리 표현했다. 카사 다 무지카에서 공연하는 연주자를 소개하는 포스터에도, 일하는 직원들의 명함에도 이 로고가 개인의 특성에 맞게 적절히 변형되어 쓰인다.

사그마이스터는 타이포그래피를 이용해서 광고 이외에 다른 것들에도 손을 댔다. 뉴욕에 있는 한 갤러리의 개막 행사 때는 바나나로 벽면을 장식했다. 익은 정도에 따라 초록빛을 띤 것과 노랗게 익은 것의 차이를 이용해서 '자기 확신은 좋은 결과를 만든다'라는 문장을 드러냈다. 시간이 지나면서 바나나들이 점차 갈색으로 변하며 문장이 사라지는 것도 감상 포인트다. 암스테르담에서는 1센트짜리 동전 25만 개를 모아서 동전마다의 명암을 살려 길 위에 '집착 때문에 인생은 어려워졌지만 작품은 나아졌다'라는 문구를 만들었다. 물론 며칠이 지나자 사람들이 몰래 동전을 가져갔기 때문에 이 문구도 사라져갔다. 이 두 전시 모두 우리 삶의 신념이나 각오가 현실의 벽에 부딪혀 퇴색되고 소멸한다는 것을 은유적으로 표현해 언론의 갈채를 받았다.

지식사회에 걸맞는
안식년 제도 필요

▶ 일주일에 하루를 쉬라는 것은 하느님의 가르침이다. 유대교에서는 토요일, 기독교에서는 일요일, 이슬람교에서는 금요

일을 안식일(sabbath day)이라고 했다. 유대인은 땅에게도 휴식을 주었다. 매 7년마다 땅을 쉬게 하고, 그 땅에서 저절로 자란 곡식은 거두지 않았다. 조선시대에도 안식년이 있었다. 이름하여 사가독서(賜暇讀書) 제도다. 세종대왕은 집현전 학사 중에서 젊고 재능 있는 사람을 골라 특별휴가를 주었다. 그렇게 마음껏 책을 읽고 학문연구에 전념하게 했다. 이 전통은 그 후에도 이어져 1426년부터 1773년까지 총 48차에 걸쳐 320명이 꿈같은 휴가를 즐겼다고 한다.

지금은 서구를 중심으로 주로 대학이나 연구기관에서 안식년 제도를 운영하고 있다. 학문의 세계가 워낙 빠르게 발전하다 보니 중간중간 쉬면서 최신 지식을 익히라는 뜻에서다. 그러나 바뀌는 것이 어디 학문뿐이던가? 오히려 지금은 경제·사회의 변화가 학문의 변화를 앞지르고 있다. 그렇다면 안식년 혹은 최소 안식월 제도를 사회 전 분야로 확대할 필요가 있다. 다행히 우리 정부도 10년 이상 재직한 초·중·고 교사들을 대상으로 2016년부터 안식년 제도를 도입했고, 민간에서도 장기 근속자들을 대상으로 안식휴가를 주는 기업이 늘고 있다. 더딘 감이 없지 않지만 휴식에 대한 인식이 조금씩 변하고 있는 것 같아 반갑기만 하다.

쉬지 않고 굴리면 방전될 수밖에 없고, 일회용이 아니라면 재충전해 써야 한다. 불교의 대승경전 『능엄경』에서도 '헐즉보리(歇即菩提)'라고 했다. 진정한 휴식 속에 깨달음과 통찰이 있다는 말이다. 세계 최고의 쉐프라 불리는 페란 아드리아(Ferran Adria)가 운영하는 바르셀로나의 엘불리(el bulli) 레스토랑은 1년에 7개월

만 문을 연다. 나머지 5개월은 새로운 창조를 위한 안식의 시간
이다. 3M이나 구글 같은 혁신기업들도 직원들에게 업무시간의
15~20%를 자유롭게 쓰도록 권장한다. 휴식과 재충전을 위해서
다. 피로한 직원을 다그쳐봤자 능률은 오르지 않는다. 에너지음
료와 자양강장제로 해결될 문제가 아니다. 충분한 휴식이 창조를
낳는다.

다윗과 골리앗의
숨겨진 진실

말콤 글래드웰은 현상의 재해석에 탁월하다.
다윗은 약자이고 골리앗은 강자일까?

1984년 캐나다 토론토대학을 졸업한 한 젊은이가 미국 저널리
즘계에 뛰어들었다. 탁월한 감각과 비범한 필력의 그는 곧 '워싱
턴포스트 컴퍼니'에 입성했고, 10여 년의 경력을 쌓은 후 '문학
적 저널리즘'의 최고봉으로 불리는 〈뉴요커〉로 자리를 옮겼다.
그곳에서 당연하게만 여겨지던 세상사의 여러 패턴에 눈길을 주
고, 심리학적 통찰과 아이디어가 묻어나는 기사를 써내려간 그
는 2008년 〈월스트리트저널〉이 뽑은 '가장 영향력 있는 경영사
상가 10인'에 이름을 올렸다. 그의 이름은 바로 말콤 글래드웰
(Malcolm Gladwell)이다.

말콤 글래드웰이 『티핑 포인트(tipping point)』 『블링크(blink)』 『아웃라이어(outliers)』 『그 개는 무엇을 보았나(what the dog saw)』 등의 베스트셀러를 통해 이야기하는 것은 한마디로 '통찰(insight)의 힘'이다. 그는 '이면에서 순식간에 진행되는 많은 것들'로부터 숨겨진 지혜를 포착해내는 것이 중요하다고 말한다. 테드 무대에 선 그가 이번에는 누구나 다 알고 있는 다윗과 골리앗의 이야기 속에 숨겨진 진실을 끄집어낸다. 강자를 이기는 약자의 숨은 비법이다.

다윗이 강자였고, 골리앗이 약자였다

▶ 지금으로부터 3천 년 전, 이스라엘 왕국의 동쪽 산악지역에는 예루살렘, 베들레헴, 헤브론 등의 도시가 있었고, 서쪽 지중해 연안에는 크레타섬에서 건너온 해양 민족 팔레스타인 사람들이 자리를 잡고 있었다. 이스라엘과 팔레스타인 사이에는 크고 작은 분쟁이 끊이지 않았다. 그러던 어느 날 드디어 두 민족은 쉐펠라 지역에서 일전을 겨루게 되었다. 이스라엘 군대는 북쪽에, 팔레스타인 군대는 남쪽 산등성이에 진영을 구축했는데 누구라도 먼저 공격에 나서면 고스란히 노출되기 때문에 어느 쪽도 섣불리 움직이지 못하는 교착 상태에 빠졌다.

궁리 끝에 팔레스타인 왕은 가장 뛰어난 전사를 보내 일대일

16세기경에 그려진, 골리앗을 무찌른 다윗의 모습
자료: 멜탕(Meltand), 〈David vainqueur de Goliath〉

결투를 하게 했다. 그 전사는 키가 2m가 넘는 거인이었다. 머리부터 발끝까지 번쩍이는 청동 갑옷으로 무장했고, 양손에는 칼과 창도 하나씩 들었다. 이 모습에 기가 질린 이스라엘군들은 아무도 나서지 못하고 있었는데, 그때 어린 양치기 소년 한 명이 자원하고 나섰다. 이스라엘의 사울(Saul) 왕은 결코 적수가 되지 못한다고 말렸지만 소년은 한사코 고집을 부렸다. 왕은 마지못해 허락하며 자신의 갑옷을 입으라고 내주었지만 소년은 이마저도 갑갑하다며 거절했다. 대신 바닥에 떨어져 있던 돌 몇 개를 주워 주머니에 넣고는 산비탈을 걸어 내려갔다.

거인은 누군가 자신에게 다가오는 걸 보고 "내게 오라. 너의 살점을 하늘의 새와 들의 짐승에게 던져 줄테니!" 하고 외쳤다. 양치기가 가까이 오자 거인은 그가 무기 대신 지팡이만 들고 있다는 사실을 알아챘다. 모욕을 당한 기분이 된 거인은 "나무 막대기들을 들고 오다니, 내가 개처럼 보이느냐?"라며 소리쳤다.

소년은 대답 대신 주머니에서 조약돌 하나를 꺼내 물매(sling)에 끼워 빙빙 돌리다가 정확하게 거인의 두 눈 사이로 돌을 날렸다. 불시에 기습을 당한 거인은 그 자리에서 쓰러졌고, 양치기는 달려가 거인의 칼을 꺼내 쓰러진 그의 목을 베었다. 이 광경을 지켜 본 팔레스타인인들은 그 길로 도망쳐버렸다.

그렇다. 이 거인이 바로 골리앗(Goliath)이고, 양치기 소년은 다윗(David)이다. 흔히 '다윗과 골리앗'이라는 표현은 약한 쪽이 훨씬 강한 쪽을 제압하는 흔치 않은 경우를 지칭한다. 그런데 우리는 왜 다윗을 약자라고 생각할까? 골리앗보다 덩치가 작아서, 나이가 어려서, 미천한 양치기 신분이어서, 가진 무기가 물매밖에 없어서? 다윗과 골리앗에 대한 우리의 잘못된 선입견에 대해 글래드웰의 이야기를 들어보자.

우선 다윗에 대한 착각. 고대의 군대에는 기병, 보병, 궁수병 외에 엄연히 물매병(slinger)이 있었다. 물매는 아이들이 가지고 노는 새총(slingshot)이 아니다. 살상력을 갖춘 대단히 위협적인 무기다. 1초에 약 6~7번 정도 물매를 돌리다가 돌을 발사하면 속도가 초속 35m 정도 되는데, 이는 웬만한 야구 투수가 던지는 공에 필적하는 속도다. 당시 기록에는 물매로 200m 이상 떨어진 목표를 맞출 수 있었다고 하니 정확도도 대단히 높다. 또한 다윗과 골리앗이 맞붙은 쉐펠라 골짜기의 돌은 보통 돌보다 밀도가 2배 정도 높은 중정석(barium sulphate)이었다. 정통으로 얼굴에 맞으면 살아날 도리가 없다. 또 골리앗은 엄청나게 중무장한 상태였기 때문에 날아오는 돌멩이를 보고도 쉽게 몸을 피할 수 없는 처지였다. 결국 다윗의 승리는 신의 뜻이거나 우연한 행운이 아니었다. 치밀하게 계획되고 준비된 승리였던 것이다. 누가 다윗을 약자라 하겠는가.

다음은 골리앗에 대한 착각. 성경을 살펴보면 골리앗에 대해 다소 의아한 점들이 눈에 들어온다. 우선 골리앗이 골짜기로 내려올 때 시종의 손을 잡고 매우 천천히 걸어왔다는 기록이 있다. 일대일 결투를 하러 나오는 모습치고는 조금 이상하지 않은가? 이상한 점은 또 있다. 다윗의 옷차림과 무기가 허술한 것을 골리앗은 다윗이 코앞에 왔을 때야 비로소 알아챈다. 심지어 다윗의 지팡이(stick)를 보고 이것을 막대기들(sticks)이라고 직접 표현한다. 이미 눈치챈 분들도 있겠지만 골리앗은 거인증(giantism)의 가장 흔한 형태인 말단비대증(acromegaly)을 앓고 있었던 것으로 추정된다.

말단비대증은 뇌하수체에 생기는 양성 종양에 의해 성장호르몬이 과잉 분비되는 병인데, 종양이 자라면서 시신경을 압박해 종종 심한 근시나 난시를 유발한다. 골리앗이 시종에 이끌려 천천히 걸었던 것도, 또 다윗이 다가오는 것을 잘 알아보지 못하고 지팡이가 여러 개로 보였던 것도 다 이유가 있었던 것이다. 골리앗은 강자가 아니라 환자였다.

강자와 약자의 구분은
시대착오적 편견

▶　　다윗과 골리앗 이야기의 교훈은 자명하다. 번쩍이는 청동 갑옷과 무시무시한 검을 든 거인보다 지팡이와 돌멩이밖에 없는 양치기가 더 강자일 수 있다는 것이다. 하지만 우리는 강자와 약자의 구분에 있어 통념에 빠져있는지도 모른다. 무조건 돈이 많으면 강자, 돈이 없으면 약자인가? 상사는 강자, 부하는 약자인가? 재벌 2세와 농사꾼의 자식도 강자와 약자로 나눌 수 있을까? 그럴수도 있지만, 아닐 수도 있다. 오히려 어떤 위치에 있든 약점에 연연하면 약자가 되고, 강점에 집중하면 강자가 된다고 보는 편이 더 합당하다.

결국 약점을 보완하기 보다 강점을 키우는 게 중요하다. 특히 한 가지 특기에 집중할 것을 권한다. 글래드웰은 '1만 시간의 법칙'을 예로 들며 누구라도 1만 시간만 투자하면 한 분야의 최고가 될 수 있다고 말한다. 하루 3시간씩 10년만 투자하면 1만 시간이 된다. 다만 이것저것 기웃거리지 말고 딱 한 가지에 집중해야 한다.

당신이 골리앗이라면 새로 물매질을 배울 생각은 버려라. 다

(多)초점 안경을 하나 장만하는 게 효율면에서 더 낫다. 당신이 다윗이라면 공연히 식스팩을 만들려고 힘 빼지 마라. 물매질을 더 연마하는 게 현명하다. 하버드대학 마이클 포터(Michael Porter) 교수의 말처럼 '어중간해서는(stuck in the middle)' 결코 살아남을 수 없다. 개인의 특성을 고려한 차별화만이 답이다.

여담이지만 다윗과 골리앗의 후손들은 수천 년이 지난 지금까지도 여전히 싸우고 있다. 2015년 6월 다윗의 후손인 이스라엘 내각이 팔레스타인 주민들의 돌팔매질을 엄중히 처벌하는 일명 '돌팔매질 처벌법'을 마련해 화제가 되었다. 현대판 골리앗이 된 군사강국 이스라엘이 약소국으로 전락한 팔레스타인을 상대로 돌팔매질 처벌에 나선 것은 역사의 아이러니가 아닐 수 없다.

위대한 리더가 되는
손쉬운 방법

좋은 리더가 되려면 왜(why)가 먼저여야 한다.
무엇(what)과 어떻게(how)는 그다음이다.

이글거리는 태양 아래 A, B 두 사람이 비지땀을 흘리고 있다. 그들은 벽돌을 쌓는 중이다. 벽돌쌓기는 보기보다 꽤 까다로운 작업이다. 얼마나 꼼꼼히 쌓았느냐에 따라 지진에 견딜 수도 있고, 발길질 한 번에 무너질 수도 있다. A는 제발 일이 빨리 끝나기만을 바라고 있다. 일당을 받아 막걸리나 한잔하고 싶은 생각뿐이다. 반면에 B는 세상에서 가장 튼튼한 벽을 쌓겠다는 각오가 대단하다. 그는 지금 갓 태어난 아들 녀석이 다니게 될 초등학교의 벽을 쌓고 있기 때문이다.

둘 중 누가 더 튼튼한 벽을 쌓았을까? 당연히 B다. 일하는 '이유'가 다르기 때문이다. 우리의 삶은 어쩌면 '이유'를 찾아 떠나는 긴 여정인지도 모르겠다. 공부하는 이유, 일하는 이유, 더 나아가 살아가는 이유를 발견한 사람은 행복하다. 반면에 이유를 모른 채 하루하루를 숙제하듯 살아가는 사람은 매사에 시큰둥하고, 불평과 분노로 화병(火病)을 안고 불행한 인생을 살게 된다. 이유 없이 흘러가는 대로 사는 삶은 공허하다.

이처럼 한 개인의 삶도 '이유'를 찾기가 쉽지 않은데 다른 사람을 이끌어야 하는 리더의 삶은 어떠할까? 우리 주변에는 극소수의 존경받는 리더와 대다수의 실망스러운 리더가 존재한다(늘 그래왔고, 또 늘 그럴 것이다). 남의 이야기가 아니다. 누구나 지위가 높건 낮건, 조직이 크건 작건, 리더의 역할을 맡아야 할 때가 있다. 과연 우리는 괜찮은 리더인가?

아무도 작정하고 실망스러운 리더가 되고 싶은 사람은 없다. 그렇다면 어떻게 해야 모두에게 존경받는 리더가 될 수 있을까? 미국의 리더십 연구가인 사이먼 사이넥(Simon Sinek)이 말하는 위대한 리더들의 공통점을 알아보자.

'이유' 있는 삶이
행복하다

▶ 산업화 초기, 한국인들에게 근면성실은 곧 애국(愛國)이자 애족(愛族)이었다. 이는 매우 강력하면서도 자발적인 이유로 작

용했다. 하지만 지금은 왜 새벽부터 출근해야 하는지, 왜 야근을 밥 먹듯 해야 하는지, 왜 악착같이 경쟁해야 하는지에 대해 아무도 뚜렷한 이유를 제시하지 못한다. 남들도 다 그렇게 하니까? 뒤쳐지면 안 되니까? 왠지 그래야 할 것 같으니까? 그건 이유가 아니라 변명이다. 명분, 신념, 믿음을 가진 리더들은 그 '이유'를 알고 있는 사람들이다.

사이넥은 구성원들에게 왜 일을 해야 하는지에 대한 답을 주는 리더가 진정한 리더라고 설명한다. 그가 2011년 발간한 책 『나는 왜 이 일을 하는가(start with why)』를 보면 왜(why), 즉 '이유'가 행동을 좌우한다고 되어 있다.

그 많은 컴퓨터 회사들 중에서 왜 애플만 광(狂)팬들을 거느리고 있을까? 그 많은 인권운동가들 중에서 왜 우리는 마틴 루터 킹(Martin Luther King) 목사만 기억할까? 그 많은 비행기 발명가들 중에서 왜 학벌도 짧고 인기도 없던 라이트 형제(Wright brothers)만 성공할 수 있었을까? 공통점은 이들이 모두 같은 방식으로 생각했고, 행동했으며, 소통했다는 데 있다. 대부분의 사람들처럼 무엇(what)이나 어떻게(how)에 집착하는 대신 그들은 왜(why)를 먼저 고민했다.

#1. 1900년대 초, 유인 비행기에 대한 열풍은 지금의 IT나 바이오 열풍을 훨씬 능가했다. 너도나도 비행기 개발에 뛰어들었는데 그 중 새무엘 랭글리(Samuel Langley)라는 사람이 가장 주목을 받았다. 하버드대학 졸업생인 그에게는 많은 자금과 우수한 인재가 모

여들었다. 하지만 최초의 비행기는 1903년 12월 17일 오하이오 데이턴(dayton)이라는 시골 마을에서 자전거 가게를 운영하던 라이트 형제에 의해 개발되었다. 엘리트 랭리와 촌뜨기 라이트 형제의 결정적 차이는 딱 한 가지, 비행기에 대한 꿈과 환상이었다. 라이트 형제와 그 직원들은 최초의 비행기를 만들겠다는 신념으로 열과 성을 다해 헌신적으로 일했다. 반면 랭리는 돈과 명성이 목적이었고, 그와 같이 일했던 직원들도 큰돈을 만질 생각뿐이었다. 그 미묘한 차이가 성패를 가른 것이다.

#2. 1963년 여름, 무려 25만 명의 사람들이 미국 워싱턴에 있는 쇼핑몰 앞에 모여들었다. 그 흔한 초대장도, 날짜를 확인할 수 있는 웹사이트도 없었던 시절에 마틴 루터 킹 목사의 연설을 듣기 위해서였다. 마틴 루터 킹 목사는 미국에서 가장 연설을 잘하는 사람도, 인권탄압으로 고통받던 유일한 흑인도 아니었다. 하지만 킹 목사가 다른 인권운동가들과 다른 점이 딱 하나 있었다. 그는 대중들에게 무엇이 잘못되었고, 무엇을 바꿔야 한다고 주문하거나 강요하지 않았다. 대신 "나에게는 꿈이 있습니다(I have a dream)"라며 자신의 신념을 사람들에게 이야기했다. 그의 신념을 함께 믿은 사람들은 그 신념을 각자의 것으로 받아들였고, 주변 사람들에게 열광적으로 전파했다. 그해 8월 중순 뙤약볕 아래에 그 많은 사람들이 모여들 수 있었던 이유는 흑백갈등을 넘어 미국의 미래에 대한 위대한 신념을 함께 공유했기 때문이다(당시 25% 의 관중이 백인이었다고 한다).

#3. 2017년 현재, 애플은 여전히 다른 전자제품 회사들과 뚜렷이 차별화되는 모습을 보이고 있다. '애플 신드롬'이라고 해도 무방할 정도로 애플 제품에 대한 소비자들의 선호는 남다르다. 흔히 기업의 마케팅과 영업 파트는 자사 제품을 소개할 때, 경쟁사 제품과 어떻게 다르고, 어떤 점이 좋은지를 말하려 한다. "새로운 차가 있습니다. 시트는 가죽이고 연비도 좋습니다. 이 차를 사세요" 하는 식으로 말이다. 하지만 애플이 소비자와 소통하는 방식은 거꾸로다. "우리는 기존의 것들에 도전하고, 신념을 갖고 다르게 생각합니다. 그래서 우리는 아름답고, 심플하고, 편리한 제품을 만들었습니다. 구입하고 싶으신가요?" 이것이 게이트웨이나 델 같은 미국의 쟁쟁한 경쟁사들을 제쳐놓고 많은 사람들이 한사코 애플의 제품을 고집하는 이유다.

"왜?"라는 질문에 답해야
진정한 리더

● 출퇴근 러시아워 지하철에서 숨을 참고 손을 가지런히 한 채 이리저리 떠밀리다 보면 문득 '나는 누굴까?' '여긴 어딜까?' 하는 존재론적 회의가 든다. 어느 시인의 말처럼 "왜 사냐고 묻거든 그저 웃지요"다. 한 번뿐인 삶인데 사는 이유, 일하는 이유, 뛰는 이유를 일일이 찾아야 한다. 사춘기에 짧게 끝낼 고민이 아니다.

기업도 그렇다. 마케팅의 목표는 당신의 제품을 파는 것을 넘어, 당신의 믿음을 파는 것이어야 한다. 고용의 목표는 단지 일할 사람을 뽑는 것이 아니라, 당신(회사)의 믿음과 신념을 공유할 수 있는 동지(同志)를 구하는 것이어야 한다.

자녀 교육도 그렇다. 공부에 넌더리가 난 아이들에게 무슨 말을 해야 할까? 못 배운 부모의 한을 풀어달라고, 늙어서 뼈저리게 후회할 거라고, 좋은 대학에 가면 어깨에 힘주고 다닐 수 있다고? 이런 정도의 협박과 회유에 넘어올 아이들이 아니다. 윽박지르고 회유해봤자 소용없다. 이럴 때 방법은 딱 하나다. 제발 공부하지 말라고 도시락을 싸 들고 다니며 말려도 아득바득 공부하도록 동기부여가 되어야 한다. 공부를 해야만 하는 '이유'를 줄 수 있어야 한다는 말이다. 그렇지 못하면 지금의 교육은 자녀에게도, 부모에게도, 국가에게도 헛수고일지 모른다.

숨겨진 이타주의를 깨워야 한다

이타심이야말로 피로사회의 만능 백신이다.
'이기적 이타주의 시대'의 등장이 임박했다.

Why some people are more altruistic than others

늦은 밤 한적한 고속도로, 19세 젊은 여성이 차를 몰고 어두운 도로 위를 달리고 있었다. 그때 갑자기 개 한 마리가 차 앞으로 뛰어들었다. 그녀는 황급히 핸들을 돌렸지만 개를 치고 말았고, 그 충격으로 차는 그대로 몇 바퀴를 돌았다. 고속도로 한복판에 역방향으로 멈춰선 차는 시동마저 꺼져버렸다.

　운전대를 움켜쥔 여성은 이제 꼼짝없이 죽는구나 싶었다. 그때 건너편을 달리던 차 한 대가 급히 멈춰섰다. 차에서 내린 남자는 아무런 주저함도 없이 고속도로 4개 차선을 가로질러 그녀에게 달려왔다. 필요한 응급조치를 하고 그녀를 안전한 곳으로 옮긴다음 그는 이름도 밝히지 않은 채 홀연히 자리를 떴다. 정신이 반쯤 나간 그녀는 미처 고맙다는 말도 하지 못했다.

세월이 흘렀지만 그날 밤 자신을 구하고 사라진 남자의 모습은 그녀의 머릿속을 떠나지 않았다. 그녀는 아무런 대가도 바라지 않고 생면부지인 자신을 구해준 남자의 심리가 못내 궁금했고, 결국 그것을 규명하는 삶을 살게 되었다. 미국 조지타운대학의 신경과학과 교수 아비가일 마쉬(Abigail Marsh)가 그 주인공이다. 그녀의 연구 주제는 어떤 대가도 없이 때로는 엄청난 위험을 무릅쓰면서까지 남을 돕는 행동, 즉 이타심(altruism)의 근원에 대한 탐구다.

이타심의
근원을 찾아서

● 　　　인간은 본래 선(善)할까, 악(惡)할까? 질문은 간단한데 대답은 분분하다. 선악에 대한 판단이 무겁게 느껴진다면 약간 쉬운 문제로 돌아가보자. 인간은 본래 이기(利己)적일까, 이타(利他)적일까? 단언하건대 이기적이다. 인간은 우리 모두 마찬가지다. 이기적인 사람도 가끔 이타적인 행동을 하는 경우가 있기는 하지만 대개 후일의 더 큰 이득을 염두에 둔 경우가 많다. 그래서 본질적으로 인간은 이기적이다. 철학이나 경제학, 경영학, 심리학 등 사람을 다루는 모든 학문에서도 인간의 이기심을 기본 전제로 한다.

그럼 자기를 희생하면서까지 남을 돕는 사람들은 도대체 어떻게 된 것일까? 마쉬 교수는 2가지 측면에서 그 답을 찾았다. 첫 번째는 뇌 구조의 차이 때문이고, 두 번째는 심리적인 차이 때문이다.

우선 뇌 구조를 들여다보자. 뇌에서 두려움이나 고통과 관련된 자극을 처리하는 부분이 편도체(amygdala)인데, 대뇌변연계에 존재하는 아몬드 모양의 뇌부위를 말한다. 그런데 타인에 대한 연민이나 동정과는 거리가 먼 사이코패스의 편도체는 일반인보다 20% 가량 크기가 작고, 그 반응성도 현저히 떨어진다고 한다. 반면 이타주의자들은 정반대다. 모르는 사람을 위해 자신의 장기를 기증하는 사람들의 뇌를 MRI로 측정해보면 이들의 편도체는 일반인들보다 8% 정도 더 크고, 반응도 훨씬 활발하다. 한마디로 이타주의자들은 원래 그렇게 타고난 부분이 있다는 말이다.

당신의 편도체가 다소 작을지라도 상심할 필요는 없다. 마음먹기에 따라 후천적으로 이타주의를 연마할 수 있다. 마쉬 교수가 장기 기증자들을 대상으로 조사한 바에 따르면, 그들은 자신이 세상의 중심이고 남들보다 더 중요한 존재라고 생각하지 않는다고 한다. 또한 자신의 이타적인 행동을 별로 특별하다고 여기지도 않았다. 그들은 동정의 대상을 친구나 가족을 넘어 전혀 모르는 사람들에게까지 확장한다. 마쉬 교수는 이런 놀라운 탈(脫)자기성을 정도의 차이는 있지만 사회가 발전하고 인격이 성숙되면서 나타나는 공통된 현상이라고 말한다.

실제 현대 사회는 과거에 비해 더 이타적으로 발전해왔다. 역사를 놓고 볼 때 전 세계적으로 동물학대나 아동학대, 가정폭력 또는 사형 같은 각종 잔인함과 폭력이 수치적으로 감소한 것은 사실이다. 혈액이나 골수 기증만 해도 100년 전 사람들은 절대 이해하지 못했을 행동이다. 이미 우리 주변에는 작은 봉사에서부터 자선, 기부, 장기 기증까지 여러 형태의 이타적 행위들이 미덕으로 인식되고 있다. 편도체의 크기야 어쩌지 못한다고 해도 교육이나 여론, 사회 분위기에 따라 누구나 얼마든지 이타심을 키우고, 그 범위를 확장시켜 나갈 수 있다.

이타주의는 본능
혹은 의지의 문제

● 　　인간은 양면성을 가지고 있다. 이기심 못지않게 이타적 본성도 함께 지니고 있다. 문제는 그 배합 비율이다. 예수는 선한 사마리아인처럼 위급한 처지에 놓인 사람을 돕는 일이 곧 사랑의 실천이라고 역설했다. 공자는 군자가 행하는 최상의 인(仁)은 자기 생명을 희생해 남의 목숨을 구하는 살신성인(殺身成仁)이라고 했다. 각자도생(各自圖生)이 더이상 은밀한 다짐이 아니라 당당한 주장이 되어가는 지금, 그래서 더 성인들의 가르침이 멀게만 느껴진다.

2016년 8월, 운전중에 의식을 잃고 쓰러진 택시기사를 그대로 놔둔 채 골프 가방만 챙겨 떠난 승객들이 여론의 도마 위에 오

이타심이 우리 사회의 온기를 유지해준다.
자료: www.shutterstock.com

른 적이 있다. 이기주의, 이타주의를 떠나 이건 양심의 문제다. 이 사건 직후 일부 국회의원들은 일명 '선한 사마리아인 법(구조불이행죄)'을 발의하기까지 했다. 도움이 필요한 사람을 외면하면 1년 이하의 징역 또는 300만 원 이하의 벌금에 처하게 하자는 내용이다. 취지를 떠나 과연 법이 어디까지 도덕의 영역에 들어와야 하는지 씁쓸하기만 하다. 벌금만 내면 양심의 가책까지 씻어주는 역효과가 나지는 않을지 쓸데없는 걱정도 미리 해본다.

그래도 희망은 있다. 우리 주변에, 특히 평범한 이웃들의 마음속에 여전히 이타심의 불꽃이 살아 있기 때문이다. 일본 지하철

선로에 떨어진 일본인을 구하려다 숨진 이수현 씨, 세월호 참사 당일 학생들을 끝까지 대피시키고 유명을 달리한 승무원 박지영 씨, 출근길 교통사고 피해자를 구조하다가 신호를 위반한 트럭에 치여 목숨을 잃은 정연승 상사, 원룸 건물 화재 현장에서 입주민들을 대피시키다 질식해 숨진 안치범 씨. 이들 의인(義人)들의 용기와 희생이 때로는 위안이 되고, 또 때로는 질책이 되어 우리 사회에 온기를 유지해준다.

'21세기 르네상스맨'으로 칭송받는 프랑스의 경제학자 자크 아탈리(Jacques Attali)는 실업이나 빈부격차 같은 현대 사회의 문제들이 인간의 단기적 이기심에서 비롯된 것이라고 지적한다. 그런데 앞으로 사회가 성숙되면 세상은 이타주의자들이 지배하는 '이기적 이타주의' 시대가 될 것이라고 주장한다. 혼자서만 행복한 것은 오래갈 수 없기 때문에 자신이 행복하려면 다른 사람도 행복하게 만들어야 한다는 논리다. 아탈리의 전망이 늙은 석학의 체념 섞인 위로에 그치지 않고, 우리 사회를 더 이타적으로 인도하는 마법의 주문이 되었으면 한다.

인간은 손이 2개다. 이기주의가 경제를 움직이는 보이지 않는 '한' 손(invisible 'one' hand)이라면, 보이지 않는 '다른' 손 (invisible 'the other' hand)은 이타주의여야 하지 않을까. 두 손의 협주 속에 세상은 물질적으로, 또 정신적으로 더 살만한 곳이 된다. 그것이 바로 진정한 진보(進步)다.

오래 살려면
많이 웃어라

론 구트만이 들려주는 미소의 힘에 주목하자.
웃음은 분노조절장애를 이기는 최고의 열쇠다.

1920년 이래 매년 4월이면 미국 워싱턴에서는 백악관 출입기자단의 만찬행사가 열린다. 당대 대통령을 포함해 미국 내 유명 정치인, 언론인, 연예인, 스포츠인 등이 참석한다. 참석 대상을 보면 짐작하겠지만 엄숙함이나 경건함과는 거리가 멀다. 오히려 대통령의 유머 감각을 뽐내는 자리라고 할까.

2015년 행사는 더욱 기억에 남는다. 당시 버락 오바마(Barack Obama) 대통령은 자신의 분노를 대신 표현해줄 '분노 통역사(anger translator)'를 등장시켜 청중에게 큰 웃음을 선사했다. 분노 통역사 역할을 맡은 미국 코미디언 마이클 키(Michael Key)는 오바마의 소개를 받으며 연단에 등장해서는 시종일관 청중을 쩨려보며 과장된 몸짓과 엉뚱한 말을 쏟아냈다.

이런 식이다. 오바마 대통령이 "빠르게 변화하는 세상에서 백악관 출입기자단 만찬과 같은 전통이 중요하다"라고 하니까, 옆에 있던 마이클 키는 "이런 저녁 만찬은 대체 뭐야? 내가 왜 이 자리에 참석해야 하지?"라며 능청스럽게 통역을 했다. 오바마가 환경 문제에 대해 "해수면은 높아지고 태풍은 거세졌다"라고 하니까, 그가 이번에는 "모기도 많아지고 땀에 젖은 사람들은 냄새를 풍겨대고, 진짜 역겨워죽겠어"라고 대통령의 속마음을 전했다.

마이클 키의 황당한 통역도 대단하지만, 끝까지 점잖게 연설을 이어가는 오바마 대통령의 연기력도 오스카상 감이다. 오바마는 2014년 만찬에서는 "푸틴이 노벨상 후보라고요? 음, 노벨상 그거 아무에게나 주는 거니까"라고 말해 청중을 뒤집은 적도 있다(오바마는 중동 평화협상을 위해 노력한 공로로 2009년에 노벨평화상을 받은 바 있다).

잘 알려진 대로 미국 대통령들의 유머는 사전에 철저하게 준비된 일종의 쇼다. 그럼에도 그들이 던지는 유머가 대단한 것은 미국 국민은 물론 전 세계인에게 미소를 선사하는 활력소 역할을 하기 때문이다. 여담이지만 한국의 정치인들은 어지간해서는 웃지 않는다. 동료 정치인들을 웃겼다는 이야기도 듣지 못했다. 쉽사리 잇몸을 드러내지 말라고 어디서 잘못된 코칭을 받은 사람들 같다. 가끔씩 보여주는 블랙코미디는 미소 대신 '썩소(썩은 미소)'를 부른다.

분노조절장애에
빠진 한국

▶ 이 세상에 내 마음에 쏙 드는 사람이 몇이나 될까? 당연
히 없다. 하물며 내 자신이 싫어질 때도 숱하다. "이러는 내가 정
말 싫어. 이러는 내가 정말 미워"라는 오래된 노래 가사도 있지 않
은가? 그래서 우리 주변에는 스스로를 미워하고 상대방을 증오하
는 사람들이 차고 넘친다. 언제부턴가 주위를 둘러보면 "짜증나!"
"미치겠네!" "돌겠어!" 등 분노의 언어가 넘쳐흐른다.

하지만 한 가지 명심해야 할 것이 있다. 불만이 쌓이면 분노
가 되고, 분노가 습관이 되면 병에 걸린다. 이 병이 바로 분노조
절장애다. 미국에서 약 5만 명 이상의 의사 네트워크를 운영하
며 여러 가지 건강정보를 모바일과 온라인으로 제공하는 헬스탭
(healthtap)이라는 업체가 있다. 그 회사의 설립자이자 CEO인 론
구트만(Ron Gutman)의 이야기를 들어보자.

론은 고등학교 졸업앨범에 실린 학생들의 얼굴 표정과 30년 후
그들의 삶의 질(quality of life) 사이의 연관관계를 밝히는 좀 뜬
금없는 연구를 했다. 결과는 믿기 어려웠다. 졸업앨범에서 미소를
짓고 있느냐의 여부가 미래의 결혼 생활과 건강, 행복에 결정적
으로 작용했기 때문이다. 그가 분석한 졸업앨범 사진 중에는 미
국의 전임 대통령 오바마도 있었다. 옷깃이 엄청나게 큰 촌스러
운 셔츠를 입고 활짝 웃는 모습이었다.

2010년 미국의 웨인주립대학에서 실시된 또 다른 연구는 미소

의 강력한 힘을 더욱 잘 보여준다. 1950년 이전에 활약했던 메이저리그 야구 선수들의 얼굴이 나와 있는 베이스볼 카드를 조사해봤더니, 웃지 않는 선수들은 평균 72.9세를 산 반면 밝게 웃는 선수들은 거의 80년을 살았다고 한다.

인간은 선천적으로 미소 짓게 만들어졌다. 3D 초음파로 확인해보면, 태아가 자궁 안에서도 미소 짓는 것을 확인할 수 있다. 세상에 태어난 후에도 아기들은 대부분의 시간에 특히 잠잘 때조차도 계속 미소를 짓는다. 전 세계 어느 인종을 만나봐도, 심지어 아직까지 서구 문화와 완전히 단절되어 식인 풍습을 유지하고 있는 파푸아뉴기니의 포레(fore)족들도 다양한 상황에서 다양한 미소를 짓는다.

찰스 다윈(Charles Darwin)의 『종의 기원(the origin of species)』에는 생명의 진화 외에도 '안면 피드백 반응 이론(facial feedback response theory)'이라는 것이 나온다. 요체는 미소 짓는 행위가 단순히 좋은 기분의 결과물이라기 보다는, 미소 짓는 행위 그 자체가 기분을 좋게 만든다는 것이다(다윈의 논문에는 인위적으로 미소를 유도하기 위해 안면 근육에 전기충격을 사용했던 프랑스 신경학자 기욤 뒤센(Guillaume Duchenne)의 용감한 연구 사례도 소개되어 있다). 훗날 독일 학자들은 다윈의 이론을 실험으로 입증했다. 그들은 미소 짓는 근육을 억제하는 보톡스를 삽입하기 전후의 두뇌 활동 변화를 '기능적 자기공명영상(f-MRI)'을 이용해 측정했는데, 그 결과 우리가 웃을 때는 안면 피드백이 두뇌의 신경처리 과정에 영향을 미쳐 기분을 더 낫게 만든다는 사실이 확인되었다.

아이들은 하루 평균 400번 미소 짓는다.
자료: www.freeqration.com

　미소는 코르티솔과 아드레날린(adrenaline), 도파민(dopamine) 같이 스트레스를 높이는 호르몬의 수치를 낮추는 대신, 엔돌핀 (endorphin)처럼 기분을 좋게 하는 호르몬을 분비한다. 또한 혈압을 낮추는 효과도 탁월하다. 잘 알려진 기쁨 유도물질인 초콜릿도 미소의 힘에는 미치지 못한다. 영국의 학자들은 한 번의 미소가 초콜릿바 2천 개에 필적하는 두뇌자극을 가져온다는 것을 밝혀냈다. 또한 미소가 현금으로 2만 5천 달러를 얻는 것과 같은 수준의 기분 좋은 자극을 가져온다고도 주장한다.

　하루에 20번 이상 미소를 짓는 성인은 전체의 1/3에 불과하다고 한다. 반면 아이들은 하루에 평균 400번 미소 짓는다. 미소 한 번에 2만 5천 달러라니까 그 400배면… 지구상의 많은 어린이들은 매일 워런 버핏(Warren Buffett)이나 마크 저커버그(Mark Zuckerberg) 같은 억만장자가 된 기분을 느끼며 살고 있는 것이다.

장수의 비결은
미소에 있다

●   얼마 전까지만 해도 '갈등 공화국'이던 한국은 이제 '분노 공화국' 단계로 진입했다. 다들 무언가를 벼르고 있고, 한 건 걸리기만을 기다리는 듯한 무서운 눈빛들이다. 그러다 특정한 사회적, 정치적 이슈가 부각되면 자세한 내용과 속내는 제쳐두고 일시에 분노를 폭발시켜버린다. 인터넷은 그 폭발의 속도와 강도, 빈도를 배가시키는 대량살상무기 역할을 한다.

한 연구에 의하면 우리나라 성인의 절반 이상이 분노조절에 장애가 있고, 10명 중 1명은 치료가 필요한 지경이라고 한다. 뇌에서 분노가 일어나는 부분은 흔히 '파충류의 뇌'라고 부르는 변연계인데, 여기서 충동과 기억, 그리고 7가지 기본 감정인 화, 경멸, 공포, 혐오, 기쁨, 슬픔, 놀람이 생겨난다. 이런 원시적인 감정과 충동을 처리하고 길들이는 능력은 인간에게만 있는 전전두엽에서 나온다. 뇌중의 뇌라고 할 수 있는 전전두엽은 평생에 걸쳐 계속 성숙하고 변화한다. 결국 분노는 정신적 미성숙의 증거일 뿐이다.

매주 일요일 밤 〈개그콘서트〉를 보면서 간신히 실낱같은 위로를 찾았나 싶다가도 다음 날 아침 신문을 펼 때면 호흡이 가빠진다. 아니나 다를까, 기가 막혀 화도 안 나는 기사가 눈에 띄면 좌절과 우울의 단계를 거쳐 물먹은 솜뭉치 같은 기분이 되고 만다. 그럼에도 다시 주말이 되면 개그 프로그램에 채널을 고정시키게 되는 건 '그래서' 웃는 게 아니라 '그럼에도' 웃고 싶은 인간의 본능 때문이 아닐까.

　마음속의 분노를 사회를 깨어 있게 하는 약(藥)으로 쓸지, 사회를 병들게 하는 독(毒)으로 쓸지는 순전히 우리가 하기 나름이다. 많이 웃기고, 많이 웃자.

상식을 뒤엎는 웃긴 노벨상

발칙한 괴짜에게 주는 이그노벨상.
통념을 깨는 기발함의 미학에 마음이 움직인다.

'엉뚱하다.' '발칙하다.' '황당하다.' 이 세 문장을 듣고 가장 먼저 떠오르는 캐릭터는 무엇인가? 아마 대부분 비슷한 이미지를 떠올릴 것 같다. 분명 엘리트의 이미지는 아니다. 가급적 피하고 싶은 사고뭉치들이 떠오른다. 그렇다. 엉뚱하고 발칙하고 황당한 사람들은 어디서나 소위 골칫덩어리다. 학교에서는 문제아로 낙인찍히거나 왕따가 될 공산이 크고, 군대라면 영락없이 관심병사다. 회사라면 십중팔구 면접에서 떨어졌을 게 뻔하다. 간신히 면접을 통과한다 해도 관심사원으로 분류되어 두고두고 눈총을 받아야 한다.

하지만 이제 생각을 바꾸어야 할 때다. 빌 게이츠(Bill Gates)와 스티브 잡스(Steve Jobs)가 학교를 때려치울 때 변화는 이미 시작되었다. 제프 베조스(Jeffrey Bezos)가 잘나가던 펀드매니저 생활을 접고 인터넷에 요상한 이름의 책방을 만들었을 때 눈여겨 보았어야 했다. 더이상 점잖고 얌전하고 고분고분한 사람들로는 개인도 기업도 국가도 먹고살기 힘든 세상이다. 범생(範生)의 시대는 이제 끝났다.

발칙한 괴짜들이
세상을 먹여 살린다

▶   세상에는 참 별의별 희한한 연구자들이 있다. 1960년대 미국의 어떤 연구자는 산모(産母)가 누워 있는 침상을 회전시켜 얻은 원심력으로 출산을 돕는 특허를 냈다고 한다. 또 다른 연구자는 딱따구리가 하루에 수천 번씩 나무를 쪼는 데도 뇌가 멀쩡한 이유를 연구하기도 했다. 뉴질랜드의 한 연구팀은 겨울철 빙판길에서 뉴질랜드 사람들이 신발 바깥에 양말을 신는 것을 보고 그 과학적 효과를 규명하기도 했다.

이처럼 세상에는 일견 터무니없어 보이지만 그냥 지나쳐버리기 섭섭한 연구들이 많다. 1991년 미국의 유머과학잡지인 〈기발한 연구 연감(annals of improbable researches)〉의 편집자 마크 에이브러햄스(Marc Abrahams)는 이런 엉뚱한 연구자들에게 상

이그노벨상의 유머러스한 포스터
자료: www.improbable.com

(賞)을 주면 좋겠다고 생각했다. 그래서 태어난 것이 바로 이그노벨상(ig nobel prize)이다.

'이그노벨'이라는 이름은 '불명예스러운'이라는 뜻의 이그노블(ignoble)과 노벨상의 노벨(nobel)을 합쳐 만든 용어다. 일종의 가짜 노벨상이라고 할까. 하지만 진짜 노벨상보다 확연히 뛰어난 점이 하나 있다. 엄청 유머러스하다는 것이다.

매년 10월 초, '진짜' 노벨상이 발표되기 1~2주 전쯤에 미국 하버드대학의 샌더즈 극장에서 이그노벨상 시상식이 열린다. 경쟁률이 생각보다 높다. 매년 9천여 건의 후보작들 가운데 단 10개를 선정한다. 심사기준은 딱 하나다. '사람들을 처음에는 웃게 하고, 이어서 무언가를 생각하게 만드는 연구'여야 한다. 오귀스트 로댕(Auguste Rodin)의 '생각하는 사람'이 바닥에 등을 대고 누워 있는 포스터에서 알 수 있듯이 고정관념을 깨는 도전적이고 창의적인 이색 연구에 상을 수여한다.

매년 1천 명 이상의 관객이 모이는 이그노벨상 수상식에는 '진짜' 노벨상 수상자들이 직접 나와 상을 수여한다. 그만큼 이그노벨상의 의미가 크다는 이야기다. 일례로 영국 맨체스터대학의 안드레 가임(Andre Geim) 교수는 살아 있는 개구리를 공중부양시키는 연구로 2000년에 이그노벨상을 받았는데, 10년 후 2010년에는 차세대 소재 그래핀(graphite)을 발견한 공로로 진짜 노벨물리학상을 받았다.

하버드대학 물리학과 로이 글라우버(Roy Glauber) 교수는 매해 이그노벨상 시상식에서 관객들이 무대로 날린 종이비행기를 치우는 일을 자청해 '빗자루 지킴이(keeper of the broom)'란 닉네임까지 얻었는데, 2005년에는 빗자루를 들지 못했다. 진짜 노벨상을 받으러 스톡홀름에 가야 했기 때문이다.

상금도 없고, 시상식에 참가할 교통비나 숙박비도 지급되지 않는다. 하지만 대부분의 수상자들이 자비를 들여 참석한다고 하니 이그노벨상에 대한 과학자들의 애정이 얼마나 큰지를 짐작할 수 있다. 세계적인 과학 학술지 〈네이처(nature)〉는 이그노벨상을 학계 행사의 하이라이트라고 평하기도 했다. 재미있는 역대 이그노벨상 몇 가지를 소개한다.

- 2권의 책(1993년 경제학상): 미국의 경제학자 라비 바트라(Ravi Batra)는 『1990년 불경기(the great depression of 1990)』라

는 책과 『1990년 불경기에서 살아남는 법(surviving the great depression of 1990)』이라는 책을 동시에 출간했다.

- 지옥 입장객 수 계산(1994년 수학상): 앨라배마주의 남부 침례교 교회는 앨라배마에 거주하는 주민들 중 지옥에 가게 될 사람의 수를 수학적으로 계산했다.

- 가라오케(2004년 평화상): 일본의 가라오케 발명자는 사람들이 서로를 좀더 인내할 수 있게 해준 공로를 인정받아 평화상을 받았다.

- 게이 폭탄(2007년 평화상): 전쟁 때 이 폭탄을 터트리면 동성 간에 성적인 호감의 증가로 전투력이 저하되어 전쟁을 억제할 수 있다고 한다.

- 브래지어 방독면(2009년 공중보건상): 위기시에 방독면으로 활용할 수 있는 여성 브래지어로 우크라이나의 여성 디자이너가 개발했다. 브래지어 하나로 2명을 살릴 수 있다.

- 이름 있는 젖소(2009년 수의학상): 영국 뉴캐슬대학 연구팀은 이름을 가진 젖소가 이름이 없는 젖소보다 우유를 더 많이 생산한다는 것을 밝혀냈다.

- 와사비 알람(2011년 화학상): 한밤중에 화재경보 소리를 듣지 못하는 청각장애인들을 위해 화재가 나면 와사비 가루를 공기 중에 뿌려준다.

- 스피치 재머(speech jammer)(2012년 음향부문상): 수다쟁이의 목소리를 녹음해서 수백 ms(밀리세컨드, 1/1천 초) 차이로 지연해서 되풀이해 들려주면, 수다쟁이가 혼동을 일으키며 스스로

입을 다물게 된다.

- 개가 용변을 보는 방향(2014년 생물학상): 체코·독일·잠비아의 공동연구팀은 2년 동안 개 70마리의 배변 행위(총 대변 1,893번, 소변 5,582번)를 조사했다. 그 결과 개들은 남북 자기장 방향으로 몸을 정렬시켜 배변하는 것을 좋아한다는 결론에 도달했다.

고정관념을 깨는
창의적 연구의 시대

▶ 　자료를 찾아보니 한국인 중에서도 이그노벨상 수상자가 있었다. 1999년 국내 대기업의 한 연구원이 '향기 나는 양복'을 개발한 공로로 환경보호상을 수상했다. 2000년에는 대규모 합동 결혼을 성사시킨 통일교의 문선명 교주가 경제학상을 받았는데, 1960년 36쌍을 시작으로 1997년까지 무려 3,600만 쌍을 결혼시켰기 때문이라고 한다. 가장 최근인 2011년에는 다미선교회의 한 목사가 세계 종말을 열정적으로 예언해 수학상을 받았는데, 수학적 추정을 할 때는 신중해야 한다는 점을 세상에 일깨워준 공로라고 한다.

　이그노벨상은 쓸데없는 연구에 주는 우스꽝스러운 상이 아니다. 단순한 비하나 조롱과는 거리가 멀다. 통념을 깨는 기발함과 대담함에 대한 진지한 찬사다. 기존의 천편일률적인 교육과 연구만 가지고는 눈이 획획 돌아가는 스마트 시대의 '뉴노멀'을 당해낼 수 없다. 레이저총이 대세인 시대에 외딴 산속에 틀어박혀 권법(拳法)만 연마해봤자 헛수고일 뿐이다. 여전히 질(質)보다 양(量)을 중시하는 한국 사회에도 이제 이그노벨상 바람이 불었으면 좋겠다. 지금 우리에게 필요한 건 이그노벨상이 지향하는 엉뚱한 도전정신이다. 바보가 되는 것을 겁내지 말자. 천재와 바보는 한 끗 차이다.

더디긴 하지만 사회가 조금씩 변하고 있다. 불합리와 불공정 속에서 한 걸음씩 나아가고 있는 것이다. 이제 남 앞에서 군림하거나 일방적으로 착취하는 행태는 더이상 관행이 아니다. 거짓이 설 자리도 차츰 좁아지고 있다. 흙수저들의 강인함이 주목을 받고 있고, 여성의 잠재력에도 관심이 쏠린다. 형편에 맞는 검소한 기술이 사랑받고 있고, 누구라도 아이디어만 있으면 벤처를 꿈꿀 수 있다. 대기업에게도 덩치에 걸맞는 품격과 책임이 요구되고 있다.

2장

진보하는 사회,
테드로 바라보다

TED

슈퍼치킨의 탁월함은
이제 잊어라

조직 내 페킹오더(pecking order)는 구시대의 산물이다.
이제 응집력이 조직의 성과를 결정한다.

여수에 가면 진남관(鎭南館)이 있다. 이름만 들어서는 여관이나 고 깃집이 떠오르지만 실제 뜻과는 거리가 한참 멀다. 진남관은 이 순신 장군이 활약했던 전라좌수영 본영 건물이다. 정연하게 늘어 선 우람한 목재 기둥들 사이로 여수 앞바다가 한눈에 들어온다. 그 앞이 이순신 광장이다.

　거북선 모형과 충무공 동상 앞에서 찍는 기념사진도 중요하지 만 빠뜨리지 말아야 할 게 있다. 광장을 에워싸고 있는 12개 북 모양의 표지석들과 거기에 새겨진 낯선 이름들이다. 이억기, 원 균, 권준, 어영담, 배홍립, 이순신(동명이인), 김완, 김인영, 나대용,

정운, 송희립, 정걸, 이렇게 12인의 이름이 새겨져 있다. 이분들이 바로 '이순신 장군을 도운 사람들'이다. 이들 12명의 측근들, 그리고 그 밑에 수백 명의 이름 모를 부하들이 이순신 신화를 만든 공동 주연들이다.

기라성 같은 천재 1명이 1만 명을 먹여 살린다고 하는 말에는 단서가 하나 붙는다. 나머지 1만 명이 천재를 잘 보필해야 한다는 것이다. 최소한 조직 내에 엇박자는 없어야 한다. 리더십(leadership)은 팔로워십(followership) 위에 피는 꽃이다.

지금까지 공공이든 민간이든 대부분의 조직은 소위 슈퍼치킨 모형(superchicken model)에 의해 운영되어 왔다. 가장 뛰어난 슈퍼스타를 찾아내서 모든 자원과 권한을 집중시키는 방식이다. 일견 과거의 산업 현장에서는 이러한 방식이 효율적일 수 있다. 또 지금까지 비교적 잘 굴러왔던 시스템이었던 것 또한 사실이다. 하지만 이제 상황이 바뀌었다. 모든 게 빠르고 불확실하며, 애매하고 복잡해졌다. 슈퍼치킨의 유용성에 의문이 들지 않을 수 없다.

5개 회사의 CEO를 역임하고 작가로도 이름을 떨치고 있는 마가렛 헤퍼넌(Margaret Heffernan)은 슈퍼치킨 몇 명의 탁월함보다는 팀원들 간의 강한 응집력이 장기적으로 더 높은 성과를 가져온다고 주장한다. 아침에 출근해서 저녁에 퇴근할 때까지 책상에 머리를 틀어박는 경직된 조직보다는, 휴식시간에 수다도 떨고 필요할 때 동료 간에 품앗이도 하는 조직이 더 강할 수 있다는 말이다.

슈퍼치킨의
시대는 갔다

▶   미국 퍼듀대학의 진화생물학자인 윌리엄 뮤어(William Muir) 교수는 닭을 연구했다. 구체적으로 닭의 생산성, 즉 더 많은 달걀과 더 좋은 육질을 얻는 방법을 실험했다. 닭은 보통 무리를 지어 사는데, 뮤어 교수는 닭을 두 그룹으로 나누었다. 첫 번째 그룹은 흔히 보는 평범한 닭으로만 구성해서 6세대 동안 그냥 방치했다(닭의 1세대는 보통 6개월 정도다). 두 번째 그룹은 생산성 높은 슈퍼치킨들로만 구성하고 세대가 바뀔 때마다 가장 뛰어난 개체만 뽑아서 번식을 시켰다. 실험의 초점은 당연히 두 번째 그룹이었다. 과연 6세대 후 세계 최고의 생산성을 가진 닭 그룹이 탄생했을까? 결과는 충격적이었다. 두 번째 그룹은 3마리만 남고 모두 죽었다. 슈퍼치킨들 중에서도 특히 출중한 3마리가 나머지를 죄다 쪼아 죽인 것이다.

닭들이 이럴 줄은 정말 몰랐다. 그럼 사람은 과연 어떨까? 가만히 있을 학자들이 아니다. MIT 팀에서 실험을 했다. 수백 명의 실험 지원자들을 여러 그룹으로 나누고 아주 어려운 문제를 주었다. 예상대로 그룹별로 성과에서 차이가 났다. 흥미롭게도 1등을 한 그룹은 엄청난 IQ를 자랑하는 한두 명의 천재가 속한 그룹이 아니었다. IQ 합산이 가장 높은 그룹도 아니었다. 최고의 그룹은 IQ와는 무관하게 그저 평범한 사람들로 구성된 그룹이었다. 다만 이 그룹은 다음과 같은 3가지 뚜렷한 특징을 보였다.

공감검사는 눈 표정을 통해 감정을 읽는 능력을 테스트한다.
자료: www.shutterstock.com

첫째, 공감검사(reading the mind in the eyes test)를 측정한 결과 이 그룹은 사회적 감수성이 높았다. 공감검사는 사람의 눈 표정 36가지를 보여주고 그 감정 상태를 알아맞추는 사지선다형 테스트인데, 감수성이 높은 사람은 30개 이상을 맞추는 반면 둔감한 사람은 20개도 못 맞춘다고 한다. 둘째, 최고 그룹에서는 모든 참가자들에게 골고루 기회가 주어졌다. 자기 혼자 잘났다고 설치는 사람도, 될 대로 되라며 방관하는 사람도 없었다는 말이다. 마지막으로 최고 그룹에는 여성이 더 많았다. 이것은 첫 번째 특징과 연관되는데, 평균적으로 여성이 남성보다 감수성이 높기 때문에 그룹의 성과가 좋았던 것으로 추정된다.

MIT 실험의 결과는 뛰어난 그룹의 비결이 서로에 대한 사회적 유대감에 있다는 사실을 알려준다. 이유는 자명하다. 현실에서 직면하게 되는 문제는 혼자서 끙끙대며 풀어야 할 수학경시대회 문제가 아니기 때문이다. 고만고만한 사람들이 머리를 맞대고 힘을 합쳐야 풀리는 문제가 대부분이다. 그렇기에 협동심이 강한 팀이 두각을 나타낼 수밖에 없다. 조직의 응집력이 뛰어나면 개개인의 능력을 능가하는 집단 성과가 도출될 수 있다. 또한 협동 과정에서 새로운 아이디어가 나오기도 한다. 분업화를 통해 일이 막히지 않고 매끄럽게 흘러갈 수 있어 엉뚱한 데 에너지를 낭비하지 않아도 된다.

하지만 역시 세상에 공짜는 없다. 협동심은 저절로 생겨나지 않는다. 조직 차원의 세심한 노력이 있어야 한다. 미국의 일부 회사들은 직원이 자기 책상에서 혼자 커피 마시는 것을 금지하고 있다. 대신 공용 커피머신 옆에서 동료들과 어울리며 마시게 한다. 스웨덴에서는 커피나 쿠키를 먹으면서 수다를 떠는 시간을 일컫는 피카(fika)라는 말이 따로 있을 정도다. 미국 메인주에 있는 아이덱스라는 회사는 구내에 채소 텃밭을 만들어 여러 부서의 사람들이 같이 일구며 소통하게 하고 있다.

하루가 다르게 복잡해지는 세상에서 결국 벽돌(brick) 하나 하나보다 벽돌을 붙여주는 회반죽(mortar)의 역할이 더 중요해졌다. 그래야 좋은(good) 생각이 위대한(great) 생각으로 바뀔 수 있다. 대개의 아이디어는 처음에는 어설프고 미숙하지만 그 대신 가능성으로 가득차 있다. 이 가능성이 현실이 되려면 아낌없는 기여와 조직에 대한 믿음, 그리고 실패를 감내하는 도전이 있어야 한다. 상호 신뢰에 의해 만들어진 조직의 연대감은 일종의 사회자본(social capital)이 되어 조직을 건강하게 하고 앞으로 나아가게 한다.

고성과 창출의 열쇠,
사회자본에서 찾아야

▶   닭들의 세계는 페킹오더(pecking order, 먹이를 쪼는 순서)가 지배한다. 서열이 낮은데 자칫 먼저 부리를 갖다대면 벼슬이 남아나지 않을 수 있다. 침팬지들은 우두머리 앞에서 몸을 낮추고 짧게 꿀꿀거리는 소리를 내며 복종의 의사표시를 한다. 어떨 때는 등을 긁어주기까지 한다. 인간 사회도 다를 바 없다. 페킹오더가 높은 사람 앞에서는 감정을 꾹꾹 눌러담아야 한다. 까불거나 대들면 그 순간 조직 생활은 끝이다.

이제는 바뀔 필요가 있다. 조직의 궁극적 목표가 서열 정하기가 아닌 이상은 말이다. 지금까지 우리는 1등만 기억하는 세상에서 살았다. 서로 최고가 되기 위해 지겹게 경쟁했다. 진정 드라마를 만들고 싶다면 이제부터는 한두 명의 스타플레이어가 펼치는 개인기보다 팀원 전체의 조직력에 주목해야 한다.

더이상 리더의 역할은 문제해결사가 아니다. 홀로 펄펄 날던 헐크, 토르, 아이언맨도 이제는 어벤져스라는 팀에 들어가 함께 싸운다. 진정한 리더는 모든 조직원이 자유롭게 생각을 나누고, 조직 전체가 한 방향으로 갈 수 있게 판을 짜고, 성공적으로 목표를 달성할 수 있게 분위기를 만드는 사람이어야 한다. 이제 고독한 영웅의 시대는 끝났다.

리더의 함정,
신(神) 콤플렉스

팀 하포드가 전하는 문제해결의 비법은 간단하다.
당신이 더이상 신(神)이 아님을 자각하면 된다.

포항에 출장을 갔다가 일을 마치고 저녁에 횟집에 갔다. 50년 경력의 현역 어부가 소일거리로 시작했다는 테이블 2개짜리 허름한 가게였다. 우리 일행 3명은 테이블 하나에 앉아, '대한민국 어디서도 구경할 수 없다'는 잡어회를 앞에 놓고 소주잔을 기울였다. 나이가 지긋한 주인은 옆 테이블에 앉아 우리의 이야기에 노골적으로 끼어들었다.

"서울에서 온 젊은 양반들한테 하나 물어볼 게 있는데…." 그의 물음에 예의를 갖추어 "아, 예. 그러세요"라고 했다. "지금 미국에서 그 모기쥐(서브프라임 모기지를 말하는 듯) 때문에 경제가 엉망이라던데 언제쯤 괜찮아질 것 같습니까?" 예상을 빗나간 난해한 질문에 일동 침묵했다. 필자가 용기를 냈다. "아, 그런 거는 저희는 잘 모릅니다." 그러자 짧은 순간이었지만 어부의 얼굴에 '설마'와 '역시'가 스쳐 지나갔다. 그리고는 버럭 소리를 지른다. "아! 그쪽은 박사라면서 그것도 모릅니까?"

학력에 상관없이 관심 있는 분야나 전공한 분야가 아니라면 모르는 게 태반이다. 동료들 앞에서 체면도 있고, 난데없는 어부의 편잔에 자존심도 상한 터라 아는 척을 하고 싶었지만 끝내 말을 삼켰다. "차차 좋아질 겁니다"라든지 "당분간 어둡습니다"라는 영혼 없는 대답을 하고 싶지는 않았다.

누구나 남 앞에서는 '척'을 하고 싶어 한다. 아는 척, 많은 척, 잘난 척 등 대개의 경우는 애교로 넘길 만하다. 문제는 정도가 심해질 때다. 스스로 진짜 많이 알고, 뛰어나고, 잘났다고 믿게 되면 곤란하다. 자동차 운전자들을 대상으로 설문조사를 해보면, 운전자의 약 80%가 자신의 운전 실력을 평균 이상이라고 대답한다고 한다. 그러니 운전대만 잡으면 존재감을 뽐내지 못해 안달인 것이다. 펀드매니저의 74%는 자신의 능력이 중상위권이라고 응답한다. 개미투자자들의 눈에는 하나같이 함량 미달의 얼치기들로만 보이는 데도 말이다.

성공한 사람일수록 자신은 모든 것을 다 알고 있고, 자신의 생각만이 옳다고 여긴다. 독선(獨善)도 이런 독선이 없다. 그들은 반박할 수 없는 증거에 부딪혀도 그 증거를 인정하지 않는다. 자신의 능력이나 생각을 과대평가하기 때문에 종종 자신을 신(神)과

동급으로 여긴다. 이름하여 '신 콤플렉스(god complex)'다. 우리에게도 친숙한 『경제학 콘서트(logic of life)』의 저자이자 영국 〈파이낸셜 타임스(financial times)〉의 수석 칼럼니스트이기도 한 팀 하포드(Tim Harford)의 이야기를 들어보자.

근사치에 접근해가는
진화론적 접근

▶   제2차 세계대전 때 독일군 수용소에 갇혀 있던 연합군 포로들은 몸이 퉁퉁 붓는 이름 모를 병에 시달렸다. 원인을 몰랐기 때문에 치료도 불가능해 보였다. 포로 중에는 전직 의사였던 아치 코크란(Archie Cochrane)도 있었다. 그는 무엇이라도 해야 한다는 의무감을 느꼈다. 우선 급한 대로 간수들 몰래 비타민C와 마마이트(영국인들이 빵에 즐겨 발라 먹는 매우 짠맛의 잼)를 들여왔다. 아치는 포로들을 두 그룹으로 나누고 한쪽에는 비타민C를, 다른 쪽에는 마마이트를 먹였다. 그리고 그 결과를 꼼꼼히 기록했다. 불과 며칠이 지나지 않아 놀라운 일이 벌어졌다. 이유가 무엇인지는 몰랐지만 마마이트를 먹은 환자들의 병은 씻은 듯이 사라졌던 것이다.

아치의 훌륭한 점은 수용소 내에 있던 독일군 의사들, 그리고 포로로 잡혀 있던 다른 의사들처럼 '신 콤플렉스'에 빠지지 않았다는 사실이다. 고매한 이론만 만지작거리며 원인 규명에 시간을 허비하지 않았고, 무엇이든 손에 잡히는 수단들을 가지고 일단 실험에 뛰어들어 많은 포로들을 고통과 죽음에서 구할 수 있었다 (나중에 밝혀진 바에 의하면 마마이트에는 비타민12 성분이 매우 많이 들어 있다고 한다).

'신 콤플렉스'는 비즈니스 리더나 정치가들에게서도 볼 수 있는데, 그들은 자신을 둘러싼 세상이 어떻게 돌아가고 있는지 다 알고 있다는 신념에 가득 차 있다. 사장만 되면 돈벼락을 불러오고, 정권만 잡으면 나라를 구할 것 같다. 하지만 세상이 어디 그렇게 만만할까. 월마트에서 파는 물건의 가짓수만 10만 개가 넘는다. 하루 종일 세도 다 셀 수 없다. 뉴욕에서 거래되는 모든 제품과 서비스들은 100억 개나 된다. 일일이 세는 데 300년이 걸린다. 우리가 부딪치는 경제·사회·정치 문제는 이보다 훨씬 더 어렵고 복잡하다. 그래서 전지전능한 '신'을 대신할 새로운 문제해결 방식이 필요하다.

힌트는 진화에 있다. 진화란 수백만 년에 걸친 변화와 선택 (variation and selection)이 쌓인 결과다. 수많은 시행착오를 통해 조금씩 근사치에 접근해가는 진화론적 접근이 지금처럼 복잡하고 변화무쌍한 세상에서는 훨씬 효과적일 수 있다. 생활용품을 만드는 유니레버의 사례를 보자.

빨래할 때 쓰는 세제를 만들려면 우선 액상세제를 만들고, 이것을 고압에서 노즐로 뿜어 스프레이 형태로 바꾼 후, 건조 과정을 거쳐 분말세제를 만든다. 여기서 핵심은 노즐이다. 고성능 노즐을 만들기 위해 유니레버는 처음에는 액체역학에 대해 지식이

신 콤플렉스에서 벗어나야 문제가 해결된다. 사진은 〈천지창조(genesis)〉에 등
장하는 신의 모습
자료: 미켈란젤로 부오나로티(Michelangelo Buonarroti), 〈the creation of adam〉

많은 수학·물리학 분야의 '신'들에게 문제를 맡겼다. 그들은 최적
의 디자인을 계산하려고 많은 노력을 했지만 결국 실패했다. 문
제가 너무 어렵다는 게 이유였다.

유니레버는 다소 무식하지만 정성을 들여 이 문제를 풀었다.
우선 노즐 하나를 놓고 이를 무작위로 변형한 노즐을 10개 만든
다. 테스트를 통해 제일 잘되는 것만 놔두고 나머지는 다 버린다.
그리고는 선택된 노즐을 기초로 또 10가지 변형을 만든다. 역시
제일 잘되는 것만 빼고 나머지는 다 버린다. 이런 식으로 45세대

를 반복했더니 성능이 기가 막히게 좋은 노즐을 얻을 수 있었다. 이렇게 태어난 노즐의 모양은 체스의 말 모양과 비슷한데, 이 노즐의 성능이 왜 그렇게 우수한지는 아직도 과학적으로 정확히 규명되지 못했다고 한다.

시행착오를 통한 휴리스틱 접근이 필요할 때

● 　이처럼 '신 콤플렉스'에서 벗어나서 이것저것 여러 가지를 시도해본 후, 그 중 잘되는 것만 체계적으로 골라내다 보면 복잡한 문제들이 의외로 쉽게 풀릴 수 있다. 일명 휴리스틱(heuristic) 접근법이다. 미국의 경제력이 세계 1위를 유지하는 비결도 마찬가지다. 미국에서는 매년 전체 기업의 10%가 사라진다. 엄청나게 높은 실패율이다. 매년 미국인의 10%가 죽는 건 아닐 테니 미국인 개인의 사망율보다 훨씬 더 높은 수치다. 이 말을 뒤집으면 미국의 기업들이 엄청나게 빠른 속도로 진화하고 있다는 뜻이다. 이것이 바로 미국 경제의 놀라운 다양성과 지속적인 혁신의 원동력이다.

높은 자리에 앉은 사람들은 흔히 "나는 신이기 때문에 모든 것을 다 안다. 그러니까 내 의견에 맞서지 말고 내 결론을 의심하지 말라"라는 식으로 행동을 한다. 착각은 자유지만 지나치면 병이다. 점점 더 예측이 어렵고 복잡해지는 세상에서는 실패를 포용하고, 끊임없이 적응하며, 하향식(top down)보다는 상향식(bottom up)으로 접근해야만 살아남을 수 있다.

유교 전통 때문인지, 개발독재의 유산 때문인지는 몰라도 한국 사회는 여전히 매우 권위적이다. 정치·경제·사회·문화 각 분야 여기저기에 '신'들이 넘쳐난다. 처음에는 안 그랬던 사람들도 높은 자리에 올라가면 결국 그렇게 변한다. 사(士)자나 장(長)자 돌림의 직함을 가지게 된다면 명심해야 한다. 이제 소수의 광신도들에 둘러쌓인 '신'의 권자에서 내려와 이교도들이 북적거리는 속세에 몸을 던져야 할 때다.

'신 콤플렉스'는 우리말로 하면 '선무당이 사람 잡는다' 정도가 될 것 같다. 그런데 궁금하다. 사람 잡은 선무당이 나쁜 걸까, 선무당에게 잡힌 사람이 어리석은 걸까?

거짓말쟁이가 남긴
흔적을 찾아라

완벽한 거짓말쟁이는 없다.
언어적·비언어적 단서에 주목해야 한다.

학교에서 두 아이가 다투고 있다. 이를 본 선생님이 다가와 무슨 일이냐고 묻는다. 한 아이가 대답했다. "저희가 1만 원짜리 1장을 주웠는데요, 둘 중에서 거짓말을 더 잘하는 사람이 갖기로 했거든요." 그러자 선생님이 "한심한 놈들, 창피한 줄 알아라. 내가 너희들 만할 때는 거짓말의 '거'자도 몰랐다." 이 말을 들은 아이들은 체념한 듯 말했다. "선생님이 가지세요."

세상에는 거짓말이 넘쳐난다. 중국집의 "지금 막 출발했어요" 하는 말이나 상인들의 "정말 밑지고 파는 겁니다" 등 누구나 언제든 거짓말을 한다. 정직을 생명으로 하는 의사들도 눈 하나 깜짝 않고 위약(placebo)을 처방한다. 하지만 대개의 거짓말은 무해하다. 오히려 관계를 유지시키는 접착제와 윤활유 역할을 한다. "원숭이처럼 생겼다." "왜 자라다 말았냐." "머리는 장식이냐." 이런 냉엄한 진실보다는 거짓말이 훨씬 더 유익하고 안전하다. "개성 있게 생겼다." "다부져 보인다." "생각이 독창적이다." 이런 거짓말이 훨씬 더 건설적이고 안전하다. 말하는 쪽, 듣는 쪽 모두에게 그렇다.

동물도 거짓말을 한다. 미국 캘리포니아에 사는 1971년생 고릴라 코코는 '말하는 고릴라'로 불린다. 인간의 단어 약 2천 개를 이해하고, 이 중 1천 개 정도는 수화로 표현하기까지 한다. 코코는 애완용 고양이와 같이 지내는데 종종 자신의 잘못을 고양이에게 뒤집어씌운다. 고양이가 벽에서 싱크대를 뜯어냈다고 거짓말을 한 적도 있다. 하지만 코코는 특이한 예외의 경우고, 지구에서 거짓말을 제일 잘하는 챔피언은 단연 인간이다(거짓말 능력은 지능과 전두엽 크기에 비례한다). 사람들은 하루에 평균 10~200번 거짓말을 하고, 처음 만나는 사이라면 첫 10분 동안 평균 3번 정도 거짓말을 한다.

일상에서 하는 대부분의 거짓말은 선의의 거짓말(white lie)이고, 이런 거짓말은 여차하면 고래까지 춤추게 한다. 하지만 절대 해서는 안 될 악의의 거짓말(black lie)도 있다. 이건 거의 범죄다. 특히 높은 자리에 앉은 사람들의 거짓말은 개인, 회사, 공동체, 나아가 국가에 치명적이다. 적자인데도 이익이 났다고 거짓말을 하고, 뇌물을 받았으면서도 안 받았다고 오리발을 내밀고, 청탁을

했으면서도 기억이 안 난다고 딱 잡아뗀다. 이러한 거짓말로 인해 그동안 우리 사회가 얼마나 몸살을 앓아야 했던가. 이런 거짓말들은 반드시 잡아내야 한다. 소셜미디어 전문가이자 베스트셀러『속임수의 심리학(liespotting)』의 저자 파멜라 메이어(Pamela Meyer)는 말하는 사람의 언어, 자세, 눈동자 움직임 등으로 거짓말의 여부를 알아채는 과학적이고도 재미있는 방법을 소개한다.

거짓말쟁이들은
반드시 실수한다

▶ 　　거짓말을 잡아내기 위해서는 훈련이 필요하다. 일반인들이 상대방의 거짓말을 가려낼 확률은 보통 54% 정도인데, 적절한 훈련을 받으면 90%까지 높아진다고 한다. 요체는 거짓말하는 사람들의 작은 실수들을 세심하게 포착하는 데 있다.

우선 언어적 실수다. 미국의 빌 클린턴(Bill Clinton) 전임 대통령의 경우가 여기에 해당된다. "여러분, 제 말을 들어보세요. 다시 한 번 더 말씀 드리겠습니다. 저는 그 여자(that woman), 르윈스키 양과 성관계를 가지지 않았습니다. 저는 그 누구에게, 절대로, 단 한 번도(not a single time) 위증하라고 요구하지 않았습니다(did not)." 모두 알다시피 1998년 특별검사의 조사 결과 클린턴의 말은 거짓으로 밝혀졌고, 클린턴은 위증과 사법방해를 이유로 탄핵 직전까지 가게 된다. 그런데 굳이 특검의 조사 결과를 기

언어적·비언어적 단서들을 통해 거짓말을 가려낼 수 있다.
자료: www.shutterstock.com

다리지 않더라도 클린턴의 말을 잘 살펴보면 그가 거짓을 말하고 있음을 알 수 있다.

우선 거짓을 말하는 사람들은 부인(否認) 의사를 표현할 때 구어체(didn't)보다 문어체(did not)를 주로 사용한다. 다음으로 거짓말하는 사람은 이슈가 되는 주제와 거리를 두는 표현(that woman)을 무의식적으로 사용한다. 아울러 자신의 말을 필요 이상으로 강조하는 것(not a single time)도 진실을 감추기 위해 흔히 사용되는 방법이다. 만약 클린턴이 질문 전체를 반복해서 말했다거나 묻지도 않았는데 지나치게 세부적인 사항들까지 언급했더라면 그건 더더욱 명백한 증표다.

다음은 비언어적 실수다. 지그문트 프로이트(Sigmund Freud)

는 이런 말을 했다. "누구도 비밀을 유지할 수는 없다. 입술이 움직이지 않는다면, 그는 손끝으로 말하고 있는 것이다." 2007년 미국 민주당의 대선 후보였던 존 에드워드(John Edwards)는 혼외정사로 아이를 낳았다는 의혹이 제기되면서 여러모로 곤란한 처지에 놓이게 된다. 그는 기자회견을 열어 기꺼이 친부확인 검사를 받겠다고 선언하며 자신의 결백을 주장한다. 그런데 이 영상을 찬찬히 뜯어보면 그가 거짓말을 하고 있다는 것을 쉽게 발견할 수 있다. "네"라고 말하면서도 머리는 좌우로 흔든다든지, 자신감 있게 말하면서도 어깨를 살짝 움츠리는 모습도 보인다. 이 역시 거짓말의 증표다.

또 한 가지, 거짓말의 결정적 증거는 가짜 미소다. 사람은 의식적으로 뺨 근육을 움직여 가짜 미소를 지을 수 있다. 하지만 진짜로 미소를 지을 때는 눈가의 주름(일명 까마귀발 주름)이 움직이는데, 이 주름은 의식적으로 수축이 안 된다. 따라서 상대방의 까마귀발 주름을 자세히 관찰하면 그의 미소가 진심인지 거짓인지를 단번에 알아낼 수 있다.

파멜라 메이어의 주장은 CIA 수사기법과도 맥이 닿는다. 미국을 들썩이게 했던 1994년 OJ 심슨 사건에서 전직 프로풋볼 선수였던 OJ 심슨(O.J. Simpson)은 전 부인과 그 애인을 잔혹하게 살해한 혐의로 법정에 섰지만 증거불충분으로 풀려나게 된다. CIA에서 베테랑 심문관으로 활약했던 필립 휴스턴(Philip Hcuston)은 심슨에 대해 초반 5초만 취조를 잘했어도 충분히 기소할 수 있었을 것이라고 말한다.

CIA 역시 2가지 반응을 본다. 우선 무의식적으로 튀어나오는 언어적 반응이다. 이를테면 질문에 즉시 답하지 않거나 분명하게 부정하지 않는 것, 공격적으로 태도가 돌변하거나 기억을 선택적으로 말하는 것 등이다. "예" 혹은 "아니오"로 답하라고 했는데 "난 절대 그런 짓을 하지 않아요" 같이 포괄적인 대답을 하는 것도 거짓말의 증거다.

비언어적 반응으로는 눈 깜빡임, 헛기침이나 침 삼키기, 눈의 초점 이동, 차림새 정돈하기 등이 있다. 또한 심문하는 사람과의 사이에 컵이나 휴지통 같은 장벽이 될 만한 물체를 무의식적으로 놓는다거나, 말하면서 손으로 코를 만지거나 입을 가리는 행동도 거짓말의 단서일 수 있다.

거짓말을 가려내는
밝은 눈을 갖자

인터넷과 소셜미디어가 일상화되면서 거짓말의 전파 속도와 범위가 무한정으로 빨라지고 넓어지고 있다. 거짓말로 인한 폐해와 함께 거짓말이 들통날 확률도 더 커졌다는 말이다. 더구나 파멜라 메이어 같은 거짓말 분석가들이 활약하고, 생리적 신호는 물론 뇌파까지 측정하는 첨단 거짓말 탐지기까지 보편화되고 있는 상황에서 거짓말은 애당초 안 하는 게 상책이다.

특히 정치인들의 거짓말이 문제다. 정치에 대한 불신과 냉소가 사라지기 위해서는 국민들이 선거철에 더 예민해져야 한다. 후보자들의 말과 표정은 하나같이 그럴싸하다. 겉모습에 현혹되지 말고 진실과 거짓을 언어적·비언어적으로 잘 따져보자. 공약(公約)은 국민과의 약속이지, 안 지켜도 그만인 선의의 거짓말이 아니다.

당근과 채찍,
당나귀의 추억

당근과 채찍으로 움직이는 시대는 지났다.
변화된 시대에 맞는 새로운 동기부여가 필요하다.

'당근과 채찍(carrot & stick)', 고집스러운 당나귀를 움직이게 하려고 눈앞에는 당근을 매달고 뒤로는 채찍을 휘둘렀다는 데서 유래한 말이다. 당근은 보상을, 채찍은 처벌을 의미한다. 1942년에 미국의 심리학자 레오 크레스피(Leo Crespi)는 일의 능률을 올리려면 당근과 채찍의 강도가 세져야 함을 실험을 통해 입증한 바 있다. 일명 '크레스피 효과'다.

학교든 회사든 공공이든 민간이든 우리는 지금 당근과 채찍으로 촘촘히 짜여진 틀 속에서 살아가고 있다. 그런데 당근과 채찍은 과연 항상 그렇게 효과적일까? 미국 부통령을 지낸 앨 고어(Al

Gore)의 스피치라이터였고 지금은 경력관리 분야의 전문가로 활동중인 댄 핑크(Dan Pink)는 당근과 채찍이라는 전통적인 동기부여 수단에 의문을 제기한다.

1930년대 독일의 심리학자 카를 던커(Karl Duncker)가 고안한 행동과학 분야 실험 중에 촛불문제(candle problem)라는 것이 있다. 초 한 자루와 성냥, 그리고 압정이 담긴 상자가 있는데, 초에 불을 붙이고 이 촛불을 벽에 붙이는 것이 과제다. 다만 촛농이 바닥에 떨어져서는 안 된다. 제일 먼저 떠오르는 생각은 압정으로 초를 벽에 붙이는 것이다. 하지만 초가 두꺼워 압정으로 고정하는 게 쉽지 않다. 성냥으로 초의 옆을 녹여 벽에 붙여볼 수도 있지만 이것도 쉽지 않다. 간신히 붙인다고 해도 촛농이 흘러내리는 것을 어찌지 못한다. 결국 5분에서 10분 정도 이런저런 시도를 하고 나서야 대부분의 사람들이 정답을 찾아낸다.

압정이 담겨 있던 상자를 비우고 그 위에 촛불을 세운 후, 압정으로 상자를 벽에 고정하면 된다! 여기서 핵심은 압정 상자를 단지 압정을 담아놓는 용도가 아니라 촛불을 세워놓는 용도로 발상을 전환해보는 것이다. 즉 기능적인 고정관념에서 벗어나는 게 관건이다.

미국의 프린스턴대학에서는 촛불문제를 이용해서 동기부여(motivation)의 효과를 실험했다. 우선 실험 참가자들을 두 그룹으로 나눈다. 첫 번째 그룹에게는 아무런 보상 없이 그냥 문제를 풀어보라고 했고, 두 번째 그룹에게는 가장 빨리 문제를 푼 사람에게 20달러, 상위 25% 이내로 빨리 푸는 사람들에게 5달러를

촛불문제(candle problem)(왼쪽)와 그 해법(오른쪽)
자료: www.39solutions.com

주겠다고 했다.

과연 어느 그룹이 얼마나 빨리 문제를 풀었을까? 상식적으로는 금전적 보상을 약속 받은 두 번째 그룹이 눈에 불을 켜고 더 빨리 풀었을 것 같다. 하지만 놀랍게도 두 번째 그룹이 3.5분 정도 더 시간이 걸렸다고 한다. 이 실험은 거의 40년 동안 재현되어 왔는데 결과는 늘 마찬가지였다.

실험 방식을 약간 바꾸었다. 다른 조건은 동일한데 이번에는 압정을 상자에 담아놓지 않고 책상 위에 쏟아놓았다. 물론 상자도 빈 상태로 책상에 놓았다. 이 경우에는 두 그룹 중 금전적 인센티브를 받은 그룹이 다른 그룹을 완전히 압도했다. 도대체 어디에서 차이가 나는 걸까?

보상은 본질적으로 집중력을 높이지만 그 반대급부로 시야를 좁히게 된다. 따라서 압정들을 박스에 넣어놓지 않고 책상 위에 쏟아놓은 두 번째 촛불문제에서처럼 작업이 단순할수록 매우 효과적이다. 하지만 박스에 압정이 담겨 있으면 해답이 바로 떠오르지 않는다. 문제해결을 위해 좀더 넓은 시각의 창의성이 필요하기 때문이다. 이런 경우라면 금전적 보상이 오히려 시야를 좁히고 생각을 굳게 만들어서 창의성 발휘에 제약이 된다.

상황 특성에 맞는
동기부여 방식

▶   동기 유발에는 외적 요인과 내적 요인이 있다. 지금까지 우리가 당연시해온 비즈니스 운영체계, 즉 어떻게 동기를 부여해서 인력을 활용할 것인지에 대한 사고는 기본적으로 당근과 채찍이라는 외적 동기부여 요인에 편향되어 있다. 과거의 비교적 단순한 업무에는 이러한 외적 요인이 잘 통했다. 특히 반복적이고, 규칙 기반의 좌뇌를 주로 쓰는 작업들에 주효했다. 하지만 이러한 방식은 우뇌를 많이 써야 하는 창의적이고 복잡하며 개념적인 능력이 요구되는 업무에는 적합하지 않다. 오히려 역효과만 낼 뿐이다.

영국의 런던정치경제대학에서는 성과주의를 도입한 51개 기업의 사례를 조사했는데, 결론은 경제적 인센티브가 전체 성과에 부정적인 영향을 미칠 수 있다는 것이었다. 지금 혹은 앞으로 우리가 직면하게 될 '낯설고 개념적인 문제'의 해결을 위해서는 더 달콤한 당근으로 유혹하거나, 더 가혹한 처벌로 위협하는 잘못된 결정을 피해야 한다.

　이제는 내적 동기부여에 집중해야 할 때다. 자신이 좋아서, 재미있어서 혹은 중요하다고 생각해서 자발적으로 일을 하게 만들어야 한다. 댄 핑크는 특히 주도성(autonomy), 전문성(mastery), 목적성(purpose)이 새로운 비즈니스 운영 방식이 되어야 한다고 주장한다. 주도성은 우리 삶의 방향을 결정하고 싶어 하는 욕망, 전문성은 좀더 잘하고자 하는 욕망, 목적성은 무언가 의미 있고 중요한 일을 하고 싶어 하는 욕망을 말한다.

　호주의 촉망받는 소프트웨어 스타트업인 아틀라시안은 1년에 몇 차례 회사의 엔지니어들에게 24시간 동안 정규 업무 이외의 무슨 일이든 찾아 하도록 지시했다. 그리고 하루 동안 자신이 재미 삼아 한 일을 팀 동료들에게 자랑하고 서로 어울려 맥주를 마시는 시간을 할애했다. 놀랍게도 주도적으로 일할 수 있는 그 하루 동안 엄청나게 많은 소프트웨어 버그 수정과 새로운 아이디어들이 등장했다. 지금 아틀라시안은 이러한 자유시간의 비중을 전체 일과 시간의 20%로 끌어올렸다(구글은 오래전부터 이러한 제도를 시행하고 있는데, 한 해 신제품의 절반 정도가 이 20%의 시간에서 만들어진다).

　이보다 더 급진적인 경우도 있다. '결과만 내면 되는 작업 환경(ROWE ; Results Only Work Environment)'이라는 것인데, 작업자들은 정해진 시간에 꼭 사무실에 있을 필요도 없고, 아예 나오지 않아도 된다. 그들은 그저 자기가 맡은 일만 완수하면 된다. 언제, 어디서, 어떻게 하는지는 전적으로 작업자 마음이다. 미국 몇몇 기업들이 택하고 있는 이 로우(ROWE) 제도는 놀랍게도 업무의 생산성과 직원들의 몰입도 및 만족도를 높였고, 이직률도 크게 떨어뜨리고 있다고 한다. 2017년 7월 일본의 도요타 자동차도 이와 유사한 계획을 도입하겠다고 발표한 바 있다.

보상에 대한
근본적 재검토 필요

▶   1990년대 중반에 마이크로소프트는 엔카르타(encarta)라는 이름의 전자 백과사전 제작에 착수했다. 마이크로소프트답게 돈도 많이 들였고, 작업자들에게 적절한 인센티브도 주었으며, 또 예산과 시간도 철저하게 관리했다. 하지만 지금 엔카르타는 존재하지 않는다. 불과 몇 년 후에 돈 한 푼 들이지 않고 그저 재미 삼아 여러 사람들이 온라인상에서 만든 백과사전인 위키피디아(wikipedia)에게 무참히 무너졌기 때문이다.

공자는 "아는 사람은 좋아하는 사람만 못하고, 좋아하는 사람은 즐기는 사람만 못하다(知之者 不如好之者, 好之者不如樂之者)"라고 말했다. 공자도 상상 못했을 지금처럼 고도화된 시대에 '~를 하면 ~를 준다' 식의 보상체계는 진부하다 못해 원시적이다. 어떤 성과를, 어떻게 측정하고, 무엇으로 보상할 것인지에 대한 생각을 근본적으로 재검토해야 할 때다. 우리는 더이상 당근에 환호하고 채찍에 몸을 떠는 그런 당나귀가 아니다.

금수저가 아닌
흙수저를 뽑아라

금수저는 모르는 흙수저만의 비밀무기를 아는가?
흙수저에게는 남다른 열정과 목적의식이 있다.

바야흐로 스펙(spec)의 시대다. 스펙은 입시생이나 취준생들의 공력을 엿볼 수 있는 각종 시험의 점수, 자격증, 실적 같은 것들을 말한다. 제품이나 기계의 사양(仕樣)을 뜻하는 영어 단어 '스페시피케이션(specification)'에서 따왔다. 스펙이 없으면 입학도, 취직도, 심지어 연애도 힘들다. 그래서 너 나 할 것 없이 스펙 쌓기에 혈안이다.

하지만 아무리 노력을 해도 감히 넘볼 수 없는 스펙이 있다. 바로 호적등본이다. TOEIC 점수나 HSK 등급, 각종 자격증 수십 개보다 부모의 신분과 재력의 효과가 더 크다는 말이다. 여기서 등장한 것이 '수저계급론'이다.

태초에 누가 창안했는지는 알 길이 없으나 수저계급에는 금수저, 은수저, 동수저, 흙수저 등이 있다. 영어 표현에 부모 잘 만나 호강하는 사람을 지칭할 때 "은수저를 물고 태어났다(born with a silver spoon in one's mouth)"라고 하는데, 수저계급론은 이 은수저 위, 아래로 몇 개의 등급을 더 붙였다. 그만큼 계층 간의 차이가 크고, 또 그 차이가 갈수록 좁혀지지 않고 있음을 반영한다. 역사가 입증하듯 계급론은 개인의 상승 의지를 무력화시킨다. 또한 계급의 갈피마다 켜켜이 쌓인 체념과 분노는 결국 사회를 병들게 하고 무너지게 한다. 수저계급론은 우리 사회의 음침하고 어두운 그림자를 드러내는 한 편의 웃기고도 슬픈 독백으로 들린다.

흙수저를
뽑아야 하는 이유

● 　우리만 그런 건 아닌가 보다. 아메리칸 드림의 나라 미국은 한술 더 떠서 돈뿐만 아니라 피부색, 출신지, 거주지 등에 따라서도 알게 모르게 신분(계급)이 갈린다. 아이비리그 같은 명문 대학들은 금수저들의 차지가 된 지 이미 오래고, 겉으로는 다양성을 외치는 멀끔한 회사들 중에서도 실상은 금수저, 은수저만 선호하는 곳이 많다고 한다.

과연 세상은 금수저들의 독무대가 될 것인가? 세계적인 물류

운송업체 UPS의 인사전문가 레지나 하틀리(Regina Hartley)는 색다른 이야기를 한다. 사람을 뽑을 때 같은 인건비라면 금수저보다 흙수저를 뽑으라는 것이다. 과연 이유가 무엇일까?

하틀리는 UPS에서 수년 간 인사업무를 하면서 흙수저들의 변변치 않은 이력서들을 휴지통에 던져버리기 일쑤였다. 그들의 이력서는 그렇게 정당한 평가를 받을 기회조차 얻지 못했다. 그러다 문득 다른 각도에서 생각하게 되었다. 흔히 흙수저들을 판단할 때 게으르고, 일관성과 집중력이 결여되며, 행동도 제멋대로일 거라고 생각한다. 하지만 혹시 이것이 잘못된 선입견은 아닐까? 그들의 뒤죽박죽인 이력은 어쩌면 그만큼 남들은 모르는 최악의 역경을 딛고 치열하게 살아왔다는 생생한 증거일 수 있지 않을까?

통상 역경을 겪고 나면 오랫동안 정신적 후유증, 즉 트라우마(trauma)가 남는다. 트라우마는 두고두고 문제를 일으키기 때문에 정신의학에서는 주로 그 부작용에 초점이 맞추어져 왔다. 하지만 연구가 계속되면서 놀라운 사실이 밝혀졌다. 트라우마가 오히려 개인의 성장과 발전에 도움이 될 수 있다는 것이다. 학문적으로는 이를 '외상 후 성장(post traumatic growth)'이라고 부른다. 즉 아픈 만큼 성숙해진다는 뜻이다.

실제로 그렇다. 전 세계적으로 성공한 사업가나 리더들 중에 고생한 기억이 없는 사람은 드물다. 가난했거나 아팠거나 버림받았던 경우도 부지기수다. 심지어 부모의 알코올 중독이나 일방적인 폭력에 휘말렸던 사람도 있다. 유년시절의 역경이 아이들에게 미치는 영향을 고찰한 한 연구에 의하면 최악의 상황에 놓여졌던

698명의 아이들 중 1/3 이상이 건강하고 성공적인 삶을 산 것으로 나타났다.

특히 성공한 기업가들 중에는 묘하게도 눈앞에서 글자가 빙빙 도는 난독증(難讀症)으로 고생한 사람이 많다. CNN의 설립자 테드 터너(Ted Turner), 버진그룹의 리처드 브랜슨(Richard Branson), 시스코 시스템즈의 존 챔버스(John Chambers), 이케아의 잉그바르 캄프라드(Ingvar Kamprad), 자산운용사 찰스 슈왑의 창업자 찰스 슈왑(Charles Schwab) 등은 모두 난독증을 앓았다.

레오나르도 다빈치(Leonardo da Vinci), 알버트 아인슈타인 (Albert Einstein), 토머스 에디슨(Thomas Edison), 파블로 피카소(Pablo Picasso) 같은 당대의 천재들도 난독증이었다. 우리에게 친근한 영화배우 성룡(Jackie Chan)과 톰 크루즈(Tom Cruise)도 마찬가지다. 놀라운 사실은 이들이 난독증이라는 치명적인 학습 장애를 오히려 자신에게 바람직한 발전의 계기로 활용했다는 점이다. 읽고 쓰지 못하는 대신 오히려 사소한 것에도 주의를 잘 기울이고, 남의 말에 더 경청하는 습관을 키웠기 때문이다.

흙수저의 비밀 무기는
열정과 목적의식

● 　달리 기댈 만한 구석이 없는 흙수저들은 '자신을 통제할 수 있는 건 오로지 자신밖에 없다'는 믿음으로 움직인다. 일이 잘

안 풀릴 때는 쉽게 좌절하기보다 '더 나은 결과를 위해 어떻게 해야 할지'를 끊임없이 자문한다. 또한 스스로를 무너지지 않게 잡아주는 열정과 목적의식으로 무장되어 있다.

지독한 가난과 술주정뱅이 아버지, 연이은 불운과 난독증으로부터 살아남았다면 지금 하고 있는 일이나 사업이 조금 안 풀리는 것쯤은 아무런 문제도 되지 않는다. 처음부터 순탄한 길만 걸어온 금수저들이 어떻게 눈앞에 놓인 수많은 역경과 가시밭길을 헤쳐갈 수 있겠는가? 실제 명문대 졸업생들 중에는 대수롭지 않은 일에 좌절하고 상심하다가 애써 뽑아준 회사에 미련 없이 사표를 던지는 경우도 많다고 한다.

하틀리는 흙수저를 뽑을 것을 강력히 권한다. 그런 말을 하는 그녀 자신도 흙수저 출신이다. 그녀의 아버지는 망상성 정신분열증 환자여서 한 직장에 오래 붙어있지 못했다. 당연히 가족의 삶도 피폐할 수밖에 없었다. 그녀의 가족은 뉴욕 브루클린의 빈민가에 세 들어 살았고, 당연히 자동차, 세탁기, 심지어 전화기조차 가져본 적이 없었다. 하지만 그녀는 금수저의 자부심 대신 흙수저의 근력을 키웠다. 주변의 눈총과 비아냥을 약으로 삼았다. 어두운 과거에 갇히지 않고 밝은 미래에 집중했다. 그것이 지금의 그녀를 만들었고, 흙수저를 바라보는 긍정적 시각을 갖게 했다.

지금까지의 성장 공식은 끝났다. 과거에 우리가 선택했던 빠른 추격자(fast follower) 모델에는 문제를 푸는 데 능한 금수저들이 제격이었다. 하지만 이제는 무언가 새로운 것, 최초의 것을 만들어내야 하는 창조적 리더(creative leader)의 시대다. 여기에는 온실 속의 화초인 금수저보다 빈(貧)하게 태어나 험(險)하게 자란 흙수저들이 제격이다.

　다음 이력서를 한번 살펴보자. '어릴 때 부모에게 버림받아 입양됨. 대학을 갔으나 중간에 포기하고 자퇴. 번듯한 직장 없이 여러 곳을 전전함. 느닷없이 명상을 하겠다며 인도에서 1년쯤 도(道)를 닦고 옴.' 당신이 인사 담당자라면 이런 사람을 뽑겠는가? 이름도 괴상하다. 잡스(Jobs), 직업이 많았다는 뜻인가? 풀네임은 스티브 잡스(Steve Jobs)다.

　미국 서부영화를 보면 깔끔한 검정 정장에 중절모를 쓴 은행원들이 나온다. 분명 당대의 금수저들이다. 반면 넝마를 걸치고, 먼지를 뒤집어쓴 채, 말을 타고 소떼를 모는 카우보이들은 흙수저쯤 되겠다. 그런데 악당들을 몰아내고 서부를 개척하는 건 결국 언제나 카우보이들의 몫이다.

여성들이여,
C-스위트를 노려라

여자라면 셰릴 샌드버그의 충고를 기억하자.
"그만두기 전에는 그만두지 말아야 한다!"

'낭자(娘子)'라는 단어가 있다. 결혼 안 한 처녀를 높여 부르던 말인데 지금은 일상에서 거의 쓰이지 않는다. 아마 뜻을 모르는 사람도 꽤 많을 것이다. 그런데 이 단어 앞에 다른 단어를 붙이면 전 국민이 즐겨 쓰는 합성어가 된다. 바로 '태극낭자'다. 우리나라 여자 선수들은 평소에는 그다지 매스컴의 관심을 받지 못하지만 국제 경기만 나가면 메달을 쓸어온다. 반면 남자 선수들은 하필 꼭 심판이 편파적이어서, 현지 날씨가 엄청 춥거나 뜨거워서, 아니면 상대팀의 비신사적인 반칙 때문에 풀 죽은 모습으로 돌아오기 일쑤다. '태극도령'이라는 말이 없는 이유다.

필자도 남자인 까닭에 썩 인정하고 싶지는 않지만 인류의 미래는 여자들의 손에 달려 있다고 해도 과언이 아니다. 어렸을 때부터 남자에 비해 여자가 훨씬 더 상냥하고 붙임성이 좋다. 학교에 가면 발표든 시험이든 항상 여자애들이 앞서간다. 직장에서도 여자들이 일에 대한 의욕이나 책임감에서 더 두드러진다. 그래서 주눅 들고 기죽은 남자들은 여자들 앞에서 당당할 수 있는 다른 무언가를 찾는다. 운전중에 '김여사'를 발견하면 그렇게 해맑게 좋아하는 이유다. 그렇게 해서라도 망가진 자존심을 회복하고 싶은 것이다.

이미 사회 곳곳에서 여성의 파워가 강해지고 있다. 셰릴 샌드버그(Sheryl Sandberg)도 그 중 한명이다. 하버드대학 경제학과를 졸업하고 세계은행과 맥킨지 컨설턴트, 구글 부회장을 거쳐 2008년부터는 페이스북 최고운영책임자(COO)로 재직중인 그녀는 2014년 개인 순(純)보유 자산이 10억 5000만 달러, 우리 돈으로 1조 원이 훨씬 넘는다고 한다. 더욱이 이 많은 돈을 부모에게서 물려받은 게 아니라 자기 손으로 스스로 벌어 모았다.

샌드버그는 2015년 일하는 여성을 소재로 한 책『린인(lean in)』을 출간한 이후 여성의 사회 진출을 지원하는 '린인 서클'을 만들어 운영하고 있다('lean in'은 상체를 숙여 적극적으로 임하라는 뜻이다). 그녀는 직장 내 여성의 숫자가 많아지기는 했지만, 최고의 위치에 오르는 비율은 여전히 형편없다고 지적한다. 직장 여성들이 고위직까지 가기 전에 중도에 그만두는 경우가 많기 때문이다. 테드 무대에 선 그녀는 'C-스위트'를 목표로 하는 여성들에게

3가지 충고를 던진다(C-스위트는 CEO, CFO 등 직함에 Chief의 'C'가 들어가는 고위 경영진을 의미한다). 미리 단정하지는 말자. 양성평등 구호를 외치며 남녀 대결의 구도로 몰고 가는 흔한 페미니즘적인 이야기가 아니다. 직장 여성 개개인이 반드시 기억해야 하고, 또 주변의 여성 동료와 딸들에게 들려주면 좋을, 피부에 와닿는 따끔한 조언들이다.

최고를 꿈꾸는
여성을 향한 조언

●   미국에서 대학을 갓 졸업한 사회 초년생을 대상으로 한 조사에 의하면, 남성은 57%가 첫 연봉에 대해 협상을 하는 반면 여성은 그 비율이 7%에 불과하다고 한다. 이것이 의미하는 것은 여성이 자신의 능력을 과소평가한다는 사실이다. 남성은 자신의 성공을 스스로의 공으로 돌리지만, 여성은 동료의 덕분이거나 운이 좋았기 때문이라고 여기는 경향이 크다. 이래서는 최고의 위치에 오르지 못한다. 샌드버그는 여성이 최고의 위치에 오르기 위해서는 3가지를 명심해야 한다고 주장한다.

첫째, 테이블에 앉아라(sit at the table). 여성이 스스로 위축되는 것은 남성 편향적인 사회의 인식 탓이 크다. 하버드 비즈니스 스쿨에서 진행한 연구 결과가 이를 잘 보여준다. 실리콘밸리에서 성공한 어떤 사업가의 성장 과정을 학생들에게 들려준 후 받은 느낌을 물었다. 그런데 한 그룹에게는 그 사람이 하워드(Howard)라는 이름의 남성이라고 했고, 다른 그룹에게는 하이디(Heidi)라는 이름의 여성이라고 소개했다.

학생들의 반응은 달랐다. 하워드라는 남성에 대해서는 상사로 모시고 싶고 개인적으로도 가까워지고 싶다고 답을 한 반면, 하이디에 대해서는 "잘 모르겠네요. 좀 독단적이고 이기적일 것 같아요"라는 답을 했다. 하지만 실제로 실리콘밸리에서 성공한 사업가는 여성인 하이디였다. 성(性)에 대한 이러한 편견을 깨려면 여성들 스스로 구석자리가 아니라 당당히 테이블 한가운데 앉아야 한다. 샌드버그는 자신이 성공할 자격이 있다고 확신해야만 실제로도 성공을 쟁취할 수 있음을 강조한다.

둘째, 배우자를 진정한 배우자로 만들어라(make your partner a real partner). 아이가 있는 맞벌이 가정의 경우 아내가 남편보다 가사는 2배, 육아는 3배 정도 더 시간을 투자한다고 한다. 남편은 직업이 하나지만, 아내는 여러 개인 셈이다. 이러면 여성들이 직장을 포기할 수밖에 없다. 집안일이야말로 세상에서 가장 힘든 일이기 때문에 합리적으로 분담해야 마땅하다. 남편을 연애의 파트너뿐만 아니라 인생의 파트너로 만들어야 한다. 연구에 따르면 집안일을 평등하게 하는 가정일수록 이혼율이 절반이고, 부부간에 훨씬 더 친밀한 관계를 유지한다고 한다.

셋째, 그만두기 전에는 그만두지 말아라(don't leave before you leave). 직장 여성들은 육아를 고민하는 그 순간부터 미리 소극적으로 행동하기 시작한다. 그때부터 더이상 승진에 목메지 않

여성들을 향해 조언을 하고 있는 셰릴 샌드버그
자료: www.ted.com

고, 새로운 프로젝트 또한 맡지 않으려는 수동적인 태도를 보인
다. 서서히 뒤로 물러서서 기대려고만 한다. 샌드버그에게 어떤
여직원이 찾아와 육아 문제를 상의한 적이 있었다. 얼굴을 보니
꽤 젊어 보여서 "이제 아이를 가질 계획인가요?"라고 물었더니
"아니요, 전 결혼도 안 했는데요"라는 답이 돌아왔다. 나중에 알아
봤더니 이 여직원에게는 아직 남자친구조차 없었다. 회사에서 발
을 뺄수록 점점 일이 따분해지고 재미없게 되는데, 그러면 아이
를 낳고 출산휴가가 끝나도 복귀할 마음이 안 들게 된다. 너무 먼
미래까지 미리 성급하게 고민할 필요가 없다. 아이를 돌보기 위
해 일을 쉬어야 한다면 마지막 그날까지 계속 자신이 맡은 역할
에 최선을 다해야 한다.

여초시대에 걸맞는
적극적인 태도

● 　　바야흐로 여초(女超)시대다. 사회 각 분야에서 활약하는
여성들이 점점 더 많아지고 있다. 당장이라도 양성평등을 넘어
여성이 우위를 차지하는 사회가 올 것만 같다. 하지만 한 꺼풀
벗기고 들여다보면 이야기는 달라진다. 2015년 영국 시사주간
지 〈이코노미스트〉의 보도에 따르면 우리나라의 유리천장(glass
ceiling) 지수는 OECD 28개 회원국 가운데 꼴찌라고 한다. '유
리천장'은 여성의 사회적 참여와 직장 내 승진을 가로막는 보이
지 않는 장벽을 지칭하는데, 우리나라는 OECD 평균 60점에서
턱없이 모자른 25.6점을 기록한 것이다. 2014년 다국적 투자은
행 크레딧스위스가 전 세계 36개국 3천여 개 기업의 고위 경영
진 2만 8천여 명을 대상으로 여성임원 비율을 조사해봤더니 한국
은 1.2%로 이 역시 전 세계 꼴찌였다.

　　우리나라 여성의 교육 수준이 OECD 국가 중 1위인 점을 고려
할 때 도무지 납득이 안 되는 현실이다. 샌드버그가 확신하는 것
처럼 미래 어느 시점에 세계의 반이, 그리고 기업의 반이 여성에
의해 이끌어진다면 세상이 지금보다 더 좋아질지 모른다. 제도적
으로 여성의 사회 진출, 특히 고위직 진출을 도와줄 수 있는 노력
이 필요하다. 남성에 대한 역차별이라는 볼멘소리를 할 때가 아
니다. 일단 세계 꼴찌에서 벗어나고 보자.

　　인식도 바뀌어야 한다. 특히 이 땅의 남성들은 태어나는 순간

부터 부모와 사회로부터 주입되어 평생 동안 고착화된 여성에 대한 고루한 생각을 바꾸어야 한다. 자대를 배치 받은 신병에게 "여자친구 있습니까?" "누나 예쁩니까?"라고 물어보는 건 그 또래 병사들의 애교라 치자. 하지만 취업 면접 때 여자 지원자에게 "남자친구 있나요?" "결혼은 언제 할 건가요?"라고 묻는 건 시대착오적이다. 운전중에 앞 차가 이상한 행동을 해도 '김여사'라고 단정 짓지 말자. 통계적으로 남자의 교통사고 확률이 훨씬 더 높다.

마사이 소년의
사자 쫓는 방법

제4차 산업혁명 시대의 가장 중요한 능력은 창의력이다.
창의성의 원천은 일상의 절실함이다.

리차드 투레레(Richard Turere)는 아프리카에 사는 마사이족(族) 소년이다. 마사이라고 해서 얼굴을 뻘겋게 칠하고 날카로운 창을 겨누고 있는 모습을 떠올리면 큰 오산이다. 세상이 변했다. 투레레 가족들은 케냐 나이로비 국립공원의 남쪽 사바나 지역에서 소를 키우며 산다. 마사이 부족 사회에서 가축은 하늘이 준 선물이라는 믿음이 있다. 그래서 마사이족은 가축을 가족처럼 소중히 여긴다. 현실적으로도 마사이족 빈민층에게 가축, 특히 소는 재산 1호일 수밖에 없다. 소년 투레레의 마을에서는 주로 6세부터 9세까지의 아이들이 소를 돌본다.

하지만 문제가 하나 있었다. 나이로비 국립공원에는 따로 담장이 없기 때문에 사자와 같은 포식동물의 습격을 막을 방법이 없었던 것이다. 특히 근래 사자들의 공격이 잦아지면서 한밤중에 소가 줄줄이 죽어나가는 일이 발생했다. 투레레는 사자가 미웠다. 하지만 미워하는 것만으로 문제는 해결되지 않는다. 어떻게든 소들을 지킬 방법을 찾아야 했다. 가난한 마사이 소년은 과연 어떻게 사자들을 몰아낼 수 있었을까?

마사이 소년이 고안한
사자퇴치법

▶ 투레레가 처음 떠올린 아이디어는 불을 이용하는 것이었다. 사자가 불을 무서워할 것이라고 생각했기 때문이다. 하지만 그다지 효과가 없었다. 불은 오히려 사자들이 한밤중에 외양간을 더 잘 찾을 수 있게 해줄 뿐이었다. 투레레가 생각해낸 두 번째 아이디어는 허수아비였다. 그러나 사자들은 그리 호락호락하지 않았다. 하루 이틀은 허수아비를 보고 그냥 돌아갔지만, 다음 날 와서는 허수아비가 움직이지 않는 것을 눈치채고는 거침없이 소들을 물어 갔다.

새로운 방법이 필요했다. 그러던 어느 날 밤, 투레레는 횃불을 들고 외양간 근처를 돌고 있었는데 그날따라 사자들이 덤벼들지 않았다. 투레레는 속으로 "유레카"를 외쳤다. 사자들은 그냥 불빛이 아니라 움직이는 불빛을 무서워했던 것이다.

다음 날 아침 일찍부터 투레레는 주변에서 고물들을 뒤지기 시작했다. 우선 오래된 자동차 배터리와 오토바이 방향등, 그리고 그 방향등을 켜고 끌 수 있는 스위치를 찾았다. 깨진 손전등에서는 아직 쓸 만한 전구들을 구할 수 있었다. 소년은 이러한 재료들을 가지고 일명 '사자불(lion lights)'을 만들어냈다.

원리는 간단하다. 먼저 태양광 패널에 전선을 연결해서 배터리를 충전시킨다. 그다음 배터리에서 나온 전력으로 전구에 불을 밝히고, 스위치를 이용해 전구들이 순서대로 점멸하게 만든다. 마지막으로 전구들을 사자들이 접근하는 방향을 향해 늘어놓으면 완성이다. 밤에 사자들이 와서 보면 불빛이 일렬로 번쩍여서 마치 사람이 횃불을 들고 외양간 주위를 돌고 있는 것처럼 보인다.

사자불을 설치한 다음부터는 단 한 번도 사자들의 습격이 없었다고 한다. 사자불의 효력을 눈으로 확인한 이웃들은 투레레에게 의뢰를 했고, 투레레는 마을의 7가구에 기꺼이 사자불을 설치해 주었다. 이게 끝이 아니다. 투레레의 발명품은 입소문을 타고 점차 케냐 전역에 퍼졌고, 사자뿐만 아니라 하이에나, 표범 등 여타 포식동물들의 접근을 막는 데 유용하게 쓰이고 있다. 또한 코끼리 떼가 농장으로 접근해서 농작물을 밟지 못하게 하는 데도 사용되고 있다.

사자불을 발명한 덕분에 투레레는 장학금을 받고 케냐의 최고 명문 브룩하우스 국제학교에 다니게 되었다. 투레레는 학교 친구들을 고향 마을에 데려가서 사자불의 원리를 직접 보여주고, 인

'사자불'의 모습(왼쪽)과 투레레가 직접 시범을 보이는 모습(오른쪽)
자료: fonnap.files.wordpress.com

근의 다른 마을에 함께 설치해주는 일을 계속했다. 학교 차원에서도 가축 보호를 위한 모금 활동을 시작했고, 혁신적인 아이디어의 중요성에 대한 인식을 키우는 등 투레레의 작은 아이디어는 케냐 사회에 큰 반향을 일으켰다.

　사바나 초원에서 소 떼를 몰던 한 소년의 간절함, 그리고 거기서 태어난 소박한 발명품이 테드 강연장을 감동과 기쁨으로 물들였다. 기술 그 자체를 위한 기술이 아니라 소년의 간절함이 만들어낸 작은 기적의 산물이었기 때문이다. 투레레를 통해 진정한 혁신은 상투적이고 편협된 생각의 굴레에 갇히지 않은 '삶의 절실함'에서 나온다는 사실을 다시 확인하게 된다. 투레레의 사자불이 더욱 기특한 것은 소도 살리고, 사자도 살린다는 데 있다(가축을 지키려는 노력으로 인해 매년 사자의 개체수가 크게 줄고 있다). 소와 사자, 인간과 자연을 함께 지켜냈다는 점에서 소년의 때 묻지 않은 순수함과 따뜻함이 느껴진다.

투레레는 테드 강연에 초청을 받은 덕분에 난생 처음으로 비행기를 타봤다고 한다. 소 떼를 몰다가 머리 위로 날아가는 비행기를 볼 때면 언젠가 자신도 꼭 비행기를 타보겠다고 생각했는데, 사자불 덕분에 평생의 소원을 이룬 것이다. 이제 투레레의 새로운 꿈은 비행기 엔지니어가 되는 것이라고 한다. 사바나 평원에서 주운 고물들로 세상을 바꾼 그가 다음에는 어떤 비행기를 만들지 벌써부터 궁금해진다.

창의성의 원천은
삶의 절실함

▶ '빠른 추격자' 전략은 시효를 다했다. 제4차 산업혁명 시대의 살길은 창의력뿐이다. 이제 스티브 잡스나 엘론 머스크(Elon Musk)처럼 세상에 없던 무언가를 만들어내야 한다. 그렇다면 결국 머리싸움이다. 하지만 안타깝게도 머리 좋기로 유명한 한국의 학생들은 그 좋은 머리를 닥치는 대로 외우고 정답을 맞추는 요령을 배우는 데 다 소비하고 있다. 대학에 가서도 면접의 기술을 익히고 취업을 준비하는 데 진이 빠져 창의력을 발휘할 이유도, 계기도 찾지 못한다. 막상 취업에 성공해도 크게 달라지지 않는다. '모난 돌이 정 맞는' 분위기 속에서 관료적이고 경직된 시스템에 몸과 머리를 끼워 맞출 뿐이다.

이래서는 미래를 기약할 수 없다. 교육제도를 비롯한 한국 사회 전체의 시스템은 과거 산업화 시대에 최적화되어 있다. 이미 존재하는 정답을 찾을 때까지 효율을 극대화하고 낭비를 최소화하는 체제다. 덕분에 짧은 시간에 이만큼 성장할 수 있었던 건 분명하다. 하지만 지금까지 당연시했던 이 체제와 사회 분위기가 어느 순간 족쇄가 되어 우리의 발목을 잡고 있다. 이제 거추장스러운 애벌레의 껍질을 벗을 때다. 그래야 날 수 있다.

여담으로 겁을 상실한 멧돼지들이 이제는 서울 한복판까지 출몰하고 있다고 한다. 얼마 전에는 광화문 정부청사를 유유히 지나 세종대왕 동상 앞까지 내려왔다. 엽사를 동원해 사살하는 것으로는 증가하는 개체수를 당해내지 못한다. 아프리카의 사자불처럼 사람도 살고 멧돼지도 살리는 기발한 방법, 어디 없을까?

맥가이버 기술이
세상을 밝힌다

종이로 만든 50센트짜리 현미경의 기적이
저개발국 질병 진단의 획기적인 돌파구가 되고 있다.

A 50-cent microscope that folds like origami

초등학생 시절, 골목 어귀에서 아이들과 심각하게 토론했던 주제
는 'A와 B가 싸우면 누가 이기나'였다. 김일과 안토니오 이노키
(Inoki Antonio)가 싸우면? 홍수환과 무하마드 알리(Muhammad
Ali)가 붙으면? 차범근과 펠레(Pele)가 겨루면? 몇 차례 유치한 설
전(舌戰)이 오가지만 답은 대개 정해져 있었다. 치사한 반칙과 편
파적 판정에도 불구하고 결국 한국 선수가 이긴다.

그럼 종목을 달리해서 〈007〉의 주인공 제임스 본드(James
Bond)와 맥가이버(MacGyver)가 싸우면 어떻게 될까? 이건 좀 생
각이 필요하다. 우선 제임스 본드는 듣도 보도 못한 온갖 첨단무

기가 있다. 자동차가 방탄인 것은 당연하고, 버튼을 누르면 미사일도 나간다. 꼭지 부분을 돌리면 레이저가 나가는 만년필도 있다. 반면 맥가이버는 빈손으로 껄렁거리며 아이스크림이나 물고 다닌다. 하지만 위기에 몰리면 주변에 있는 잡동사니로 기막힌 무기를 뚝딱 만들어낸다. 범접하기 어려운 창의력이다. 무기가 다 떨어져도 계속 싸울 수 있다는 점에서 맥가이버의 승(勝)이다.

기술도 마찬가지다. 지금까지 우리는 〈007〉 같은 식의 첨단기술 개발에 몰두해왔다. 더 빠르고, 더 강하고, 그래서 더 비싼 기술들이다. 하지만 현실은 이와 다르다. 약간 느리고, 왠지 어설퍼도 제때 제 역할을 해내면 그만이다. 가격까지 싸다면 금상첨화다. 특히 가난하고 소외받는 사람들에게는 어깨에 잔뜩 힘이 들어간 제임스 본드보다는 소탈하고 친절한 맥가이버 쪽이 훨씬 잘 어울린다. 맥가이버형 기술이 필요한 이유다.

종이로 만든
접이식 현미경

● 미국 스탠포드대학 바이오공학과에 재직중인 마누 프라카시(Manu Prakash) 교수는 저개발국 빈민들이 환영할 만한 맥가이버형 현미경을 선보였다. 그것도 단돈 50센트라는 믿기지 않는 가격에 말이다.

17세기 중반 발명된 현미경은 의학 분야에 혁명을 가져왔다. 각

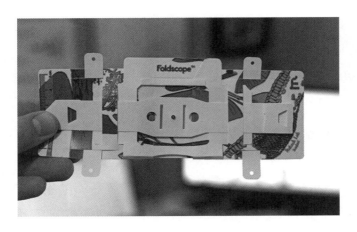

종이로 만든 현미경, 폴드스코프. 휴대가 용이하고 무엇보다 저렴하다.
자료: www.foldscope.com

종 질병의 원인이 되는 세균과 바이러스를 육안으로 확인하게 해주었기 때문이다. 그러나 수백 년이 지난 지금까지도 현미경은 가난한 나라 사람들에게는 그림의 떡이다. 그 결과 매해 수백만 명의 사람들이 검사조차 제대로 못 받아보고 사망에 이른다. 자신이 무슨 병에 걸렸는지도 모른 채 사망하는 것이다. 프라카 교수는 개발도상국이나 제3세계 사람들의 질병 진단에 도움을 줄 수 있는 저렴한 현미경 개발을 목표로 삼았다. 그렇게 탄생한 것이 종이로 만든 현미경, 일명 '폴드스코프(foldscope)'다.

제작 방법은 간단하다. 도면을 종이에 인쇄한 다음 선을 따라 접기만 하면 된다. 어렸을 적에 마분지를 접어 만든 잠망경이나 만화경 등과 원리가 유사하다. 폴드스코프는 종이로 된 지지대 안에 렌즈와 배터리, 그리고 LED 전등으로 구성되어 있다. 검사시료가 놓인 슬라이드를 그 사이로 밀어 넣으면 된다. 종이로 만들었다고 해서 장난감 정도로 여기면 오산이다. 배율이 최대 2천 배에 달하고, 진단 용도에 맞게 형광·편광·투사 현미경 등 구색도 갖추어져 있다. 실제로 프라카시 교수는 테드 강연중에 30여 종류의 폴드스코프를 '서류봉투'에서 꺼내 보여주기도 했다.

휴대성과 내구성이 뛰어난 폴드스코프는 작동 방법도 매우 간단하다. 눈썹이 렌즈에 닿을 정도로 눈을 폴드스코프에 가까이 대고 관찰하고 싶은 물체를 보면 된다. 초점이 맞지 않으면 손으로 슬라이드를 상하좌우 밀면서 맞춘다. 그러면 이내 눈앞에 환상적인 초미세 세계가 펼쳐진다. 이렇게 개발된 폴드스코프는 아프리카와 동남아 지역에 질병 진단 도구로 보급되고 있다. 프라카시 교수가 재직중인 스탠포드대학은 최근에 폴드스코프를 해마다 10억 개 이상 생산하겠다는 계획을 밝히기도 했다.

인간의 얼굴을 한
적정기술

▶ 폴드스코프는 한마디로 '적정기술(適正技術, appropriate technology)'에 해당되는데, 해당 지역의 환경이나 경제·사회적 여건에 맞도록 만들어진 기술을 말한다. 이러한 적정기술은 특히 저개발국·저소득층의 삶의 질 향상과 빈곤퇴치 등에 초점을 맞춘다. 따라서 저비용의 간단한 기술과 현지에서 쉽게 구할 수 있

는 재료로 구성된다는 것이 특징이다.

적정기술의 개념은 1973년 『작은 것이 아름답다(small is beautiful)』를 출간한 독일 출신의 영국 경제학자 에른스트 슈마허(Ernst Schumacher)로부터 시작되었다. 슈마허는 소규모 자본과 소박한 기술을 바탕으로 지역 주민의 빈곤 문제를 해결하고 자립을 돕는 '인간의 얼굴을 한 기술', 즉 중간기술(intermediate technology)의 필요성을 강조했다. 이후 중간기술이라는 용어는 좀더 의미가 확장되어 적정기술, 대안기술, 따뜻한 기술, 착한 기술 등으로 불리게 된다.

소아정신과 의사였던 폴 폴락(Paul Polak)도 적정기술을 이야기할 때 빼놓을 수 없는 인물이다. 폴락은 "공학자의 90%가 부유한 10%를 위해 일하고 있다"며 "우리의 역량을 소외된 90%를 위해 써야 한다"고 강조했다. 그는 실제로 물이 부족한 저개발국 빈농을 위해 발로 밟아 지하수를 끌어 올리는 페달펌프를 개발해 방글라데시에 150만 대, 전 세계적으로 300만 대를 판매하기도 했다. 그것도 대당 25달러라는 저렴한 가격에 말이다.

그 외에도 적정기술의 사례는 많다. 물이 부족한 아프리카 오지에서 한 번에 75L의 물을 굴려 옮길 수 있는 원주형 식수통 큐드럼(q drum)이나, 오염된 물에서 박테리아와 기생충 등을 걸러주는 3.5달러짜리 휴대용 정수기 라이프스트로(lifestraw), 물과 약간의 표백제(10ml)만으로 태양광을 이용해 40~60W 밝기의 빛을 내는 페트병 전구 등의 기술은 빈민들에게 깨끗한 물과 빛을 선물했다는 찬사를 받고 있다.

최근에는 하버드대학 여학생 2명이 빈곤층 어린이들이 가지고 노는 동안 전기를 생산하고 저장할 수 있는 축구공, '소켓(soccket)'을 개발해 큰 박수를 받았다(soccket은 축구를 뜻하는 soccer와 전기 용품 socket을 합성한 용어). 당시 버락 오바마(Barack Obama) 대통령이 "아이들이 3시간 정도 공을 차면 30분 정도의 전기가 나오나요?"라고 묻자 "30분 정도 차면 3시간 분량의 전기가 나온다"고 대답해 화제가 된 적도 있다. 2011년 소켓 개발자들이 설립한 사회적 기업 '언차티드 플레이(uncharted play)'에서는 이 공을 99달러에 판매한다. 판매 수익은 아프리카 등에 무료로 소켓 축구공을 보내는 데 쓰이고 있다.

적정기술이 접목된 제품은 명분에 비해 시장성이 낮기 때문에 기업 혼자만의 힘으로 기술을 개발하고 제품화하는 게 쉽지 않다. 이럴 때 정부가 나서서 적정기술 개발을 이끌고 제품화와 마케팅을 도와줄 필요가 있다. 우리나라도 출연연구소와 민간 기업이 함께 적정기술 개발에 나서고, 정기적으로 투자설명회나 시연회 등을 통해 홍보에 나선다면 큰 도움이 될 것이다.

지금은 국제 구호활동이 한 국가의 체면과 품격을 대변하는 시대다. 우리나라는 일본만큼 돈이 많지도, 중국처럼 인구가 많지도 않다. 하지만 명석한 인재와 기술력이 있다. 더구나 적정기술은 아이디어로 승부해야 하는 중소기업과 청년 벤처에 제격이다. 한국이 적정기술 개발의 최고 선진국이 되기를 기대해본다.

벤처의 한 방은
절묘한 타이밍

벤처의 성패를 결정짓는 제1요인은 타이밍이고,
팀의 능력과 아이디어는 그다음이다.

벤처가 화두다. 벤처는 대기업들이 갖지 못한 빠른 스피드와 적
응력으로 지금처럼 변화무쌍한 시대를 헤쳐가는 데 제격이다. 시
장과 기술의 급격한 변화는 벤처에게 곧 새로운 기회가 되고, 이
로부터 창의의 꽃이 피어난다.

골목 어딘가에서 들리는 아이들의 웃고 떠드는 소리가 한 마을
의 건강함을 대변하듯이, 벤처의 기발하고 엉뚱한 아이디어가 그
나라의 전체 경제를 젊게 하고 활력을 유지시킨다. 궁극적으로
벤처와 대기업 간에 유기적이고 선순환적인 협력 구도가 정착되
어야 비로소 건강한 산업 생태계가 완성된다. 대형 물류트럭(대기

업)이 고속도로를 쌩쌩 달리고, 택배 오토바이(벤처)가 주택가 골목을 곡예하듯 누벼야 비로소 전체 물류의 흐름이 완성되는 것과 같은 이치다.

문제는 벤처의 성공 확률이 지극히 낮다는 데 있다. 벤처의 성지(聖地)라고 할 수 있는 미국의 실리콘밸리에서조차 새롭게 생겨나는 벤처들보다 더 많은 수의 업체들이 소리 소문 없이 문을 닫는다. 구글이나 페이스북, 테슬라처럼 독보적인 위상을 굳히는 업체는 극소수에 불과하다. 기업 가치가 10억 달러 이상인 벤처를 상상의 동물인 '유니콘(unicorn)'이라고 부르는 이유다. 유니콘 기업의 10배인 100억 달러 가치의 벤처는 뿔이 10개 달린 유니콘, 즉 '데카콘(decacorn)'이다. 데카콘에 해당하는 알파벳(구글의 모회사)과 페이스북의 시가총액은 2017년 10월 31일 기준, 각각 7,108억 달러와 5,224억 달러에 달한다.

벤처 성패의 제1요인은
결국 타이밍이다

▶ 미국의 캘리포니아주 패서디나에는 벤처 인큐베이팅을 전문으로 하는 아이디어랩(idea lab)이라는 회사가 있다. 1996년에 이 회사를 설립한 빌 그로스(Bill Gross)는 그동안 100개 이상의 벤처를 만들어 키워낸 바 있으며, 지금도 환경·정보통신·자동화·인터넷 서비스 분야의 벤처들을 육성중이다. 그는 벤처의 성

패를 결정하는 요인이 무엇인지에 대해 관심을 갖고, 수백 개의 벤처 업체의 사례를 연구해서 성공 요인을 5가지로 추려냈다.

첫 번째는 아이디어다. 빌 그로스는 자신의 회사 이름을 '아이디어랩'이라고 지었을 정도로 벤처의 생명은 아이디어에 있다고 주장한다. 사람들이 솔깃해할 만한 아이디어가 벤처의 첫 출발인 것은 지극히 당연하다. 두 번째는 팀의 능력이다. 복싱 경기중에 상대 선수의 귀를 물어뜯었던 마이크 타이슨(Mike Tyson)은 훗날 이런 명언을 남겼다. "누구나 계획을 가지고 있어요. 얼굴을 한 대 맞기 전까지는요." 벤처도 마찬가지다. 고객에게 한 방 맞았을 때 그 팀이 어떻게 대응하느냐가 중요하다.

세 번째는 비즈니스 모델이다. 고객들로부터 어떻게 수익을 창출해낼 것인지가 명확하지 않으면 살아남을 수 있다. 미래에 대한 화려한 청사진만으로는 하루 앞도 보장할 수 없다. 네 번째는 펀딩이다. 자금조달이 원활하지 않으면 기술개발도, 마케팅도 불가능하다. 창업 자금을 지원해줄 전주(錢主)들조차 설득하지 못한다면 나중에 까탈스러운 고객들은 어떻게 만족시킬 수 있겠는가? 마지막은 타이밍이다. 아무리 좋은 아이디어라도 시장이 기꺼이 받아줄 준비가 안 되어 있다면 허사다. 반대로 타이밍이 너무 늦으면 시작부터 뒤쳐지는 꼴이 된다.

이상의 5가지 요인 모두 벤처의 성공에 매우 결정적일 것은 틀림없다. 그런데 이 중 중요도가 가장 높은 것을 꼽는다면 무엇일까? 빌 그로스는 아이디어랩에서 설립한 100개 업체 중에서 수십억 달러의 성공을 거둔 5개 업체(citysearch, carsdirect, goto,

빌 그로스가 설립한 아이디어랩에서 현재 인큐베이팅중인 벤처기업들
자료: www.idealab.com

netzero, tickets.com)와 완전히 실패한 5개 업체(z.com, insider pages, mylife, desktop factory, peoplelink)를 선정했다. 그리고 외부 벤처 중에서도 성공한 5개 업체(airbnb, instagram, uber, youtube, linkedIn)와 실패한 5개 업체(webvan, kozmo, pets.com, flooz, friendster)를 선정했다.

그다음에 이들 20개 업체의 성공과 실패를 설명하는 데 있어 5가지 요인들 간의 중요성에 대해 점수를 매겼다. 그 결과는 놀라웠다. 벤처의 성패를 결정짓는 가장 중요한 요인은 다름 아닌 타이밍이었다. 그다음이 팀의 능력, 아이디어 순이었으며, 비즈니스 모델과 펀딩은 상대적으로 덜 중요한 것으로 나타났다.

숙박공유 서비스 업체 에어비앤비(airbnb)의 경우를 보자. 처음에는 많은 투자자들이 이 회사에 대한 투자를 꺼렸다. 낯선 사람

에게 자기 집이나 방을 선뜻 빌려줄 사람이 아무도 없을 거라는 생각 때문이다. 그런데 얼마 후 경기 불황이 닥치자 돈이 궁해진 집주인들은 푼돈이라도 벌겠다는 요량으로 기꺼이 낯선 여행객들에게 현관문을 열어주게 된다. 에어비앤비는 2015년 6월, 15억 달러 가량의 투자를 유치하며 기업가치가 255억 달러(약 28조 원)까지 치솟았다. 시기를 잘 만난 덕분이다.

반면에 아이디어랩에서 설립했던 온라인 엔터테인먼트 회사인 z.com은 펀딩도 잘 받았고, 비즈니스 모델도 훌륭했으며, 심지어 할리우드 스타들을 사업에 끌어들이는 수완을 발휘하기도 했다. 하지만 타이밍이 문제였다. 서비스를 시작한 1999~2000년에는 미국의 인터넷 보급률이 별로 높지 않았고, 비디오를 보려면 사용자들이 브라우저에 추가 코덱을 설치하는 불편함을 감수해야 했다. 결국 z.com은 2003년에 파산하고 만다. 그런데 그로부터 딱 2년 뒤 미국 광대역 인터넷 보급률이 50%를 넘어서고, 어도비 플래시의 등장으로 코덱 설치 문제도 해결되게 된다. 이때 딱 맞추어 등장한 유튜브는 뚜렷한 비즈니스 모델 없이도 크게 성공할 수 있었다.

이처럼 타이밍이 안 맞으면 다른 모든 성공 조건도 무용지물이다. 따라서 아무리 좋은 아이디어가 있어도 현재의 소비자들이 과연 지갑을 열 준비가 되어 있는지를 냉철하게 판단하고 움직여야 한다. 벤처 창업자의 자기 확신과 열정이 지나쳐 속도 조절에 실패하게 되면 시장의 싸늘한 시선과 마주치게 되는 건 시간문제다.

진짜 벤처란
무엇인가?

▶   우리 경제가 과거 일본과 같은 장기침체의 늪에 빠지는 건 아닌지 걱정하는 목소리가 높다. 지금까지의 정부 주도 혹은 대기업 주도의 성장 방식으로는 딱히 이렇다 할 돌파구를 찾기가 막막한 상황이다. 그러니 벤처에 더더욱 눈길이 갈 수밖에 없다. 지난 정부도 '창조경제'를 표방하며 벤처 육성에 팔을 걷어붙였다. 전국 각지에 창조경제혁신센터라는 묵직한 이름의 벤처 인큐베이팅 센터를 17개나 만들었다. 피 같은 세금으로 벤처 육성에 나서는 모습은 비장하기까지 했다. 하지만 최소한 현 시점에서 봤을 때 결과는 그다지 신통하지 않은 듯하다.

미국의 실리콘밸리, 영국의 테크시티, 중국의 중관춘, 이스라엘의 실리콘 와디 등에서 각국 정부가 어떤 역할을 했는지 눈여겨볼 필요가 있다. 결론부터 말하자면 정부는 벤처에게 영양제만 주려 하지 말고, 험한 세상에 맞설 수 있는 내공을 키워주는 방향으로 지원해야 한다. 고인이 된 스티브 잡스의 말을 빌리자면 "계속 갈망하고 우직하게 전진(Stay hungry, Stay foolish)"하는 벤처가 진짜 벤처다. 아파트 베란다에서 키만 웃자라는 토마토처럼 보육센터에서 곱게 큰 벤처는 무늬만 벤처일 뿐이다. 마이크로소프트, 애플, 구글 등 내로라하는 세계 최고의 벤처들이 태어난 곳은 하나같이 허름한 창고였다. 중국의 샤오미와 알리바바가 태어난 곳도 베이징 중관춘의 허름한 호텔방이었음을 기억해야 한다.

최근 우리나라 벤처 업계에서 가장 주목을 받았던 기업은 1천만 명이 가입한 국민 네비게이션 '김기사' 애플리케이션을 만든 록앤올이다. 자본금 1억 5천만 원으로 시작해서 5년 만인 2015년에 626억 원의 몸값을 받고 국내 벤처 업계 선배격인 다음카카오에 회사를 넘겼다. 설립 타이밍과 청산 타이밍 모두 기가 막혔다. 성공의 비결을 묻는 질문에 CEO는 '할 수 있다'는 마인드와 '조언을 경청'하는 마음가짐을 들었다. 대기업이 끌어줘서, 정부가 도와줘서 성공한 게 아니라는 말이다. 이런 게 바로 진짜 벤처다.

기업의 역할은
어디까지인가?

경쟁의 신(神)으로 불렸던 마이클 포터 교수가
이제 기업의 역할로 공유가치창출(CSV)을 제안한다.

300년 이상 12대에 걸쳐 엄청난 부를 일군 경주 최부잣집에는
육훈(六訓)이 전해져 내려온다. 육훈은 대대손손 명심해야 할 6가
지 가훈이다. 이 중에 "사방 100리 안에 굶어 죽는 사람이 없게
하라"라는 말이 있다. 있는 자, 가진 자가 그보다 못한 자들을 도
와줘야 한다는 노블레스 오블리주의 전형을 보여준다. 현대식 표
현으로는 CSR(Corporate Social Responsibility, 기업의 사회적 책임)
에 해당된다. 지금 많은 기업들이 연탄을 나르고, 모내기를 돕고,
배식봉사를 하는 이유다.

　육훈 중에 "재산은 1만 석 이상 모으지 말라"는 말도 있다. 굳이

그럴 필요가 있을까 싶지만 여기에도 나름의 이유가 있다. 1만 석 이상의 재산을 모으려면 당시로서는 소작농을 쥐어짤 수밖에 없는데, 그렇게 되면 장기적으로 소작 시스템에 균열이 생겨 결국 최씨 집안에도 손해다. 실제로 최씨 집안은 다른 부잣집들보다 30% 정도 소작료를 낮게 받았다고 한다. 그러니 소작인들이 최 부잣집 농사를 지으려고 줄을 섰고, 시키지 않아도 더 열심히 일을 했을 수밖에 없다. 역시 일반인들과는 생각의 레벨이 다르다. 일방적인 시혜 차원의 CSR을 넘어 지주와 소작농 모두에게 이득이 되는 이러한 윈윈(win-win) 해법은 미국 하버드 경영대학원의 마이클 포터(Michael Porter) 교수가 말하는 공유가치창출(CSV ; Creating Shared Value)과 맥을 같이 한다.

기업의 역할,
CSR에서 CSV로 확대

● 　　마이클 포터 교수는 1980년 『경쟁전략(competitive strategy)』, 1985년 『경쟁우위(competitive advantage)』라는 저서를 통해 경쟁에서 이기는 방법을 설파했던 '경쟁의 신(神)'이었다. 그의 가르침을 따라 전 세계 기업들은 원가를 줄이거나 세부 시장에 집중하려 노력했고, 가치사슬을 분석해 차별화를 꾀했다. 그로부터 30여 년이 지난 2011년, 그가 현대 자본주의의 탐욕과 불평등을 해결할 수 있는 대안으로 기업의 CSV를 들고 나왔다.

오늘날 세계는 갖가지 문제에 직면해 있다. 기후변화, 환경오염, 물 부족, 사막화, 삼림 훼손, 식량 부족, 전염병 빈발 등 하나같이 쉽지 않은 현안들이다. 이러한 사회적 문제들을 해결하기 위해 지금까지는 주로 정부, NGO, 자선단체 등이 나섰다. 포터 교수 스스로도 지금까지 4개의 비영리 단체를 설립해서 사회문제 해결에 뛰어든 바 있다. 하지만 수십 년간의 순수한 노력에 비해 결과는 실망스럽기 그지없다. 여전히 우리 주변의 문제들은 그대로이고, 갈수록 새로운 문제들이 더해지는 형국이다.

이렇게 된 이유에 대해 포터 교수는 투입 자원의 절대 부족을 지적한다. 비영리 단체의 힘만으로는 역부족이라는 말이다. 그렇다면 답은 하나밖에 없다. 기업의 힘을 빌리는 것이다. 사실 자본주의 사회에서 기업은 모든 부(富)의 원천이다. 기업이 시장의 수요를 충족하며 이윤을 남길 때, 비로소 그 이윤을 가지고 세금도 내고, 소득도 누리며, 기부도 할 수 있다. 그런 의미에서 기업의 이윤은 경제 주체의 행동을 이끌어내고 실질적인 변화를 만들어내는 마법의 힘을 갖고 있다. 이윤과 연결시킬 수만 있다면 아무리 큰 사회문제라도 지속가능한 해결의 실마리를 찾을 수 있다.

문제는 과연 기업이 자발적으로 나서겠는가 하는 점인데, 자본주의 시스템의 성숙과 맞물려 점점 희망의 싹이 보이고 있다. 흔히 사회적 성과와 경제적 성과 간에는 상충관계(trade off)가 있다는 게 정설이었다. 지금까지 기업들은 경제적 성과(이윤)를 위해 사회적 성과(깨끗한 환경, 안전한 작업 공간 등)를 훼손하는 경우가 많았고, 이로 인해 대중의 반기업 정서를 자초한 측면이 있다. 하지만 우리는 이미 변화를 목격하고 있다. 공해 발생을 줄임으로써 비용을 절감하고, 공정을 더 효율적으로 만드는 기업이 늘고 있기 때문이다. 작업 환경을 안전하게 바꿈으로써 안전사고에 따르는 비용을 줄이고, 생산성을 높이려는 기업들도 많아지고 있다.

사회문제에 있어서도 기업의 역할은 변하고 있다. 일례로 스위스 식품업체 네슬레는 코트디부아르에서의 코코아 생산과 인도에서의 우유 생산 과정에서 자신들이 보유한 신품종과 경작 및 가공 기술을 현지 농부들에게 전수해준다. 그 결과 현지 농가의 수입이 300% 가량 늘어나는 것은 물론 네슬레도 양질의 원료를 손쉽게 확보할 수 있었다. 놀라운 것은 불과 1980년대까지만 해도 네슬레는 제3세계 밀림 파괴와 아동 노동력 착취의 오명에 시달렸던 기업이라는 점이다. 실로 극적인 반전이 아닐 수 없다.

영국 이동통신업체 보다폰은 아프리카에 보급하는 휴대전화에 모바일 송금서비스를 기본으로 장착했다. 은행 네트워크가 취약한 아프리카 소비자들의 편익을 증진하기 위해서였지만, 그로 인해 보다폰도 3년 만에 1,400만 명의 가입자를 모으는 대성공을 거둘 수 있었다.

그 외에도 사례는 많다. 인도 서부 마하라슈트라주에 본사를 둔 재인 관개 시스템(jain irrigation systems)은 '같은 물로 더 많은 작물(more crop per drop)'이라는 슬로건 아래 태양광 물펌프와 정밀농업 및 관개기술을 영세 농부들에게 제공하고 있다. 그 결과 물 사용을 대폭 줄여 수백만 명에 달하는 농부들의 삶을 개선시킬 수 있었다. 브라질 삼림 업체인 피브리아는 오래된 숲을 파괴하는 대신 성장이 빠른 유칼립투스 나무를 키워 한 ha(헥타르, 1ha는 1만 m²)당 훨씬 더 많은 펄프와 종이를 생산해낸다. 시스코는 지금까지 전 세계 400만 명의 사람들에게 IT기술을 교육시켜 고용창출은 물론 IT기술의 확산 및 연관 산업의 성장을 이끌고 있다. 국내 대형 유통업체 중에서도 전국 방방곡곡에 숨겨져 있는 전통 먹거리를 발굴해 전시 및 판매의 기회를 줌으로써 지역경제와 유통업체가 모두 득을 보는 사례들이 나오고 있다.

시대 변화에 부응한
기업의 새로운 위상과 역할

▶   기업이 현대 자본주의 사회의 꽃이라는 데 토를 달 사람은 없다. 그런데 정권이 바뀔 때마다 정부가 '친(親)기업'인지 '반(反)기업'인지 하는 논란이 끊이지 않는 이유는 무엇일까? 가장 큰 이유는 시대의 변화에 맞는 위상과 정체성을 기업 스스로 재정립하지 못한 데 있다. 과거 무작정 돈만 버는 역할에서, 이제 때때로 생색을 내는 역할로 진화했다면, 앞으로는 사회문제 해결의 주역으로 나서야 한다. 기업이 더이상 뒤에서 눈치만 보고 있을 때가 아니다.

우리 기업들이 그토록 갈망하는 100년 기업, 더 나아가 최부잣집 같은 300년 기업이 되려면 거기에 어울리는 긴 안목이 필요하다. 앞으로는 소비자의 가치, 기업의 가치, 사회적 가치가 상호

조화를 이룰 수 있어야 한다. 특히 수익 창출 이후에 사회 공헌을 하는 것이 아니라 기업 활동 자체가 경제적 가치와 사회적 가치를 동시에 추구하는 방향으로 가야 한다. 포터 교수의 표현을 빌리자면 이것이 바로 사업모델로 사회문제를 다루는 비법이고, 더 높은 차원의 자본주의로 가는 길이다.

소비자들의 인식과 소비 행태도 바뀌고 있다. 저렴한 상품만 찾던 시대에서, 같은 값이면 부록이나 덤에 혹하는 시대를 지나, 친환경 제품에 안심하는 시대를 거쳐, 이제 기업의 성품을 따지는 시대로 변하고 있다. 이러한 소비자들의 기대에 발맞추지 못하는 기업이라면 당장 문을 닫아도 할 말이 없다. 개처럼 벌어 정승처럼 쓰는 시대는 끝났다. 이제 정승처럼 벌어야 대접받는다.

테드 강연 막바지, 포터 교수의 마지막 외침은 시사하는 바가 크다. "기업들이 스스로를 다르게 본다면, 또 소비자들도 기업들을 다르게 본다면 세상을 바꿀 수 있을 것이라고 확신합니다." 한때 싸우는 법을 가르쳤던 포터 교수가 이제 무기를 내려놓고 다른 시각으로 세상을 보라고 주문하고 있다. 그 정점에 바로 공유가치창출이 있다.

갈등은 양날의 칼이다. 정반합(正反合)을 거쳐 한 단계 더 나은 길로 이어질 때도 있지만, 종종 공멸의 나락을 불러오기도 한다. 우리 주위에는 시대착오적인 갑을관계, 온라인상의 언어폭력, 국가 권력의 남용, 직업을 둘러싼 기싸움, 계층 간의 소득격차 등 갈등을 유발하는 문제가 빈발하고, 전 세계적으로도 종교, 이념, 인종을 둘러싼 갈등이 지속되면서 끔찍한 테러와 폭력이 벌어지고 있다. 한 가지 희망은 알려진 문제는 더이상 문제가 아니라는 점이다.

3장

갈등을 넘어
빛나는 세상

TED

을이 빛나야
갑도 빛난다

'런치레이디'를 통해 우리는 이해와 감사가
갑을관계 개선의 출발점이라는 사실을 알 수 있다.

'갑을(甲乙) 공화국', 작금의 한국 사회를 한마디로 표현하기에 이
보다 더 적합한 말이 있을까? 불과 10여 년 전만 해도 갑과 을은
계약서에서나 볼 수 있는 비(非)일상 용어였다. 그런데 어느 순간
부터 우리 사회의 거의 모든 관계망을 재단하는 만능의 잣대가
되어버렸다. 이제 문제만 터지면 시시비비보다는 누가 갑이고 누
가 을인지부터 먼저 따진다.

　그러다 보니 갑은 을을 저만치 내려다보며 고삐를 쥔 손에 힘
을 더하고, 을은 갑 앞에서 설설 기면서도 뒤에서는 회심의 일격
을 벼른다. 사시사철 냉랭한 사회 분위기 속에서 도처에 갑질과

을질이 난무한다. 침 한 번 꿀꺽 삼키고 눈 한 번 흘기고 나면 그만인 문제에도 갑은 갑대로, 을은 을대로 분노를 주체하지 못한다. "내가 누군지 알아?"와 "네가 누군데?"가 난무하는 말싸움은 소모적이다 못해 유치하기까지 하다.

그럼에도 갑을관계 없는 완전한 평등사회를 만들자는 주장은 공허하다 못해 기만적이다. 사회는 시스템으로 굴러가야 하고, 그때그때의 입장에 따라 갑과 을이 나뉘어질 수밖에 없기 때문이다. 관건은 갑을 보는 삐딱한 시선과 을을 대하는 차가운 눈빛을 어떻게 해소 혹은 완화할 것인가이다. 그런 의미에서 미국의 유명 만화 작가인 자렛 크로소작(Jarrett Krosoczka)이 소개하는 미국 사회의 갑을관계 해빙 사례에 관심이 간다. 그의 이야기는 갑을의 프레임에서 좀처럼 벗어나지 못하는 우리 사회에 유쾌하면서도 의미심장한 힌트를 던진다.

만화 한 편이 바꾼
을의 삶

● 　2001년 어느 날, 초등학생 아이들에게 만화작가의 삶에 대해 설명해달라는 요청을 받고 크로소작은 오랜만에 모교를 방문했다. 거기서 그는 자신의 초등학생 시절, 당시 일했던 급식조리사 아주머니가 여전히 식당에서 바쁘게 일하는 모습을 발견한다. 반가운 마음에 다가가 인사를 건넸는데, 놀라운 일이 벌어진

전 세계에서 크게 히트한 크로소작의 만화 시리즈 『런치레이디』의 표지
자료: 자렛 크로소작(Jarrett Krosoczka), 〈lunch lady〉

다. 그녀가 자신의 이름을 어렴풋이 기억하고 있는 것이었다(비록 같은 초등학교에 다녔던 친척의 이름과 약간 혼동하기는 했지만). 잠깐이지만 그녀와 몇 마디 이야기를 나누면서 크로소작은 급식조리사도 생생한 감정을 지니고 있고, 나름의 삶이 있는 인간이라는 사실을 깨닫는다. 그때까지 크로소작에게 급식조리사라는 사람은 그저 소위 '밥하는 아줌마' 혹은 '식당에서 숟가락이랑 사는 사람'일 뿐이었다.

이 우연한 만남에서 영감을 얻어 크로소작은 나중에 자신의 히트작이 될 『런치레이디(lunch lady)』만화 시리즈를 만든다. 만화 속 급식조리사 아주머니는 생선 튀김으로 만든 쌍절곤을 휘두르며 사악한 사이보그나 스쿨버스 괴물, 돌연변이 수학경시대회 참가자들을 물리친다. 그리고 마지막에는 항상 머리에 쓰고 있던 헤어네트로 악당들을 포박한 뒤 이렇게 외친다. "정의의 맛이 어떠냐(justice is served)!"

크로소작은 『런치레이디』 출판기념회에 학교에서 만났던 급식 조리사 아주머니를 초대했고, 감사의 표시로 『런치레이디』 만화책과 포스터를 증정했다. 그로부터 2년 뒤 그녀는 세상을 떠나게 되는데, 장례식에 참석한 크로소작은 또 다시 놀라운 광경을 목격한다. 그녀의 관 옆에 자신이 선물한 런치레이디 포스터가 놓여 있는 것이 아니겠는가. 그녀는 눈을 감는 마지막 순간까지 그 포스터를 소중히 여겼다고 한다. 비록 남들에게는 하찮아 보였을지라도 자신이 평생을 바친 일과 삶이 비로소 세상 사람들에게 인정을 받았다고 생각했기 때문이었다.

이런 사연이 알려지면서 급식조리사에 대한 학생들과 사회의 시선에 잔잔한 변화가 일어났다. 크로소작은 미국 '학교영양협회'와 함께 '급식 영웅의 날(school lunch hero day)'을 만들어 미국 전역에 전파했다. 아이들이 식당 직원들을 위해 감사 행사를 여는 날이다. 기대했던 대로 아이들은 정말 기발한 아이디어들을 냈다. 색종이로 햄버거 카드나 종이꽃을 만들어 직원들에게 선물했고, 자기 학교에 있는 실제 급식조리사의 얼굴을 오려 붙인 만화를 그려 전시하기도 했다. 아이들이 각자 색종이에 사인을 해서 토핑을 올린 모형 '땡큐 피자'도 잔잔한 감동을 더했다.

더욱 놀라운 점은 평생을 숨죽이며 을의 삶을 살았던 급식조리사들도 변하기 시작했다는 것이다. 자신의 일에 대해 생전 처음으로 자부심을 갖게 된 한 급식조리사는 "지금까지 이 학교에서 나는 마치 지구 끝자락에 혼자 있는 것 같았어요. 누구도 우리를 주목하지 않는다고 생각했죠"라고 말한다. 캘리포니아의 또 다른 급식조리사는 배식 받는 아이들 한 명 한 명을 유심히 지켜본 뒤 아이들의 몸 상태가 조금이라도 이상하다고 생각되면 즉시 생활교사에게 알려주는 역할을 자청했다고 한다. 켄터키의 급식조리사들은 여름방학 동안에 끼니를 거르는 아이들을 위해 스쿨버스를 개조한 이동식 급식차를 만들어 매일 500명의 아이들에게 밥을 먹였다고 한다. 이쯤 되면 누가 그녀들을 을이라 깔볼 수 있겠는가.

이해와 감사가
갑을관계 해빙의 출발

▶ 　우리는 때와 장소, 처한 입장과 상황에 따라 언제든 갑이 되기도 하고, 을이 되기도 한다. 김 과장은 사장 앞에서 을(乙)은 커녕 저 밑에 위치한 병(丙), 정(丁)에 불과하지만, 하청업체를 방문할 때면 콧대 높은 갑이 된다. 승진이 빠른 최 부장은 회사 동기들 앞에서는 갑이지만, 고교 동창회에서 만나는 사(士)자 직업을 가진 친구들 앞에서는 을이다. 모처럼 사무실 군기를 잡으려던 정 차장은 또박또박 말대꾸하는 금수저 신참 앞에서 갑자기 을로 추락한다. 상황이 이런데 누가 갑이니 을이니 따져봐야 끝도 없다.

오늘 당신 앞에 군림했던 몇몇 갑들에 대한 분노는 잠시 누르고, 혹시라도 지금 당신에게 분노하고 있을 더 많은 을들을 떠올려보자. 아파트 경비원 아저씨, 사무실 청소부 아주머니, 그리고 생수를 배달하는 청년 등 그들이 없었다면 당신은 밤새 경비를 서고, 화장실 청소를 한 후, 생수통을 날라야 했다. 우리가 맞닥뜨리는 대부분의 갑을관계는 법의 심판이나 여론재판보다는 배려와 아량으로 대응해야 실마리가 풀린다. 결국 필요한 것은 자꾸 엇나가려는 갑과 을의 톱니를 맞춰줄 이해와 감사의 윤활유다.

『런치레이디』는 개인주의가 만연한 미국 사회에 꽃핀 갑을 공진화(共進化)의 모범 사례다. 아무도 눈길 한 번 주지 않던 급식조리사들이 실상 미국 어린이들을 키워온 숨은 영웅이었다는 작은 깨달음이 갑을 간의 냉랭함을 녹이고 큰 울림을 만들어내고 있다. 크로소작은 말한다. "감사의 말 한마디가 인생을 바꾼다. 듣는 사람은 물론이고, 말하는 사람의 인생까지도."

말은 칼보다 깊은
상처를 남긴다

사이버 불링의 희생양인 모니카 르윈스키가
'온정적 인터넷'의 확산을 호소하는 이유는 무엇일까?

모든 분란(紛亂)의 원인은 입이다. 예수님이 말씀하셨다. "혀는 우리 지체(肢體) 중에서 온몸을 더럽히고 삶의 수레바퀴를 불사르나니 그 사르는 것이 지옥불에서 나느니라." 부처님도 유사한 말씀을 남기셨다. "사람이 이 세상에 태어나면 입 안에 도끼가 함께 생긴다. 그것을 잘 간수하지 않으면 도리어 제 몸을 찍는다." 얼마 전 한국에 오셨던 프란치스코(Francis) 교황님은 『뒷담화만 하지 않아도 성인이 됩니다』라는 책까지 내셨다.

의전서열에서 결코 밀리지 않는 공자님도 "남에게 듣기 싫은 성난 말을 하지 말라. 남도 그렇게 너에게 대답할 것이다. 악이 가면 화가 돌아오니 욕설이 가고 주먹이 오간다"며 실감나는 경고를 남기셨다. 노자님도 "아는 자는 말하지 않고, 말하는 자는 알지 못한다"라 하셨고, 장자님도 "개가 짖는다고 해서 용하다고 볼 수 없고, 사람이 떠든다고 해서 영리하다고 볼 수 없다"라며 함부로 말하지 말 것을 주문하셨다.

  인간은 '입단속'에 대한 신과 성현의 말씀을 비교적 잘 지켰고, 덕분에 신이 만든 오프라인 세상은 나름 질서를 유지할 수 있었다. 그런데 불과 20~30년 전에 '온라인'이라는 이름의 새로운 세상이 인간의 손에서 덜컥 탄생했다. 오프라인의 커뮤니케이션 도구가 입이라면, 온라인에서는 손이다. 사람들은 온라인 세상에서는 더이상 입단속 따위에 신경 쓰지 않아도 되었다. 대신 마음껏 손을 놀리기 시작했다.

다시 돌아온 그녀,
'온정적 인터넷'을 호소하다

▶   얼마 지나지 않아 온라인 세상에는 독버섯이 자라나기 시작했다. 익명성(匿名性)이라는 방패를 두른 '사이버 불링(cyber bullying)'이다. 영어로 불링은 남을 괴롭히는 못된 짓을 뜻하는데, 사이버 불링은 온라인 공간에서 특정 개인이나 집단에 대해 온갖 비난, 욕설, 험담, 허위사실 등을 거침없이 유포하는 행위를 의미한다. 사이버 불링은 타인의 인격을 파괴하고, 기업과 정부의

공신력에 타격을 준다. 더 나아가 사회적 신뢰 상실로 이어져 공동체의 위기를 불러올 수 있다.

더 큰 문제는 유명 연예인에서부터 일반인에 이르기까지 공격의 대상을 가리지 않는다는 점이다. 디지털의 특성상 매우 빠른 속도로, 광범위하게, 점점 살을 붙여가며 퍼지기 때문에 피해자가 받는 고통은 상상을 초월한다. 괴로움에 못 이겨 스스로 목숨을 끊는 사람들이 속출할 정도다. 2014년 4월 '세월호 침몰'이라는 국가적 대참사 때도 피해자와 유가족들을 대상으로 섬뜩한 악플이 등장해 공분(公憤)을 산 적도 있다. 최근에는 스마트폰의 보급이 확대되면서 때와 장소에 구애받지 않고 온라인 그물망에 더욱 촘촘히 고통의 씨앗이 뿌려진다.

사이버 불링의 가장 큰 희생자 중 한 명인 모니카 르윈스키(Monica Lewinsky)는 1998년, 당시 50대 초반의 대통령과 부적절한 관계를 맺어 미국 정가를 태풍 속으로 몰고 갔던 20대의 백악관 인턴이었다. 사건이 터졌을 때 우리는 초강대국의 핵폭탄급 스캔들에 촉각을 곤두세웠고, 영어 공부를 핑계 삼아 그 두꺼운 스타보고서(starr report)를 해독하느라 정신이 없었다. 그 와중에 아무도 당사자인 르윈스키가 받았을 고통의 무게는 신경조차 쓰지 않았다.

한동안 세상과 담을 쌓고 은둔하다시피 지냈던 그녀가 세상 밖으로 다시 나왔다. 2015년 3월 캐나다 밴쿠버에서 '진실 혹은 대담(truth or dare)'이라는 주제로 열린 테드 강연 무대에 연사로 등장한 것이다. 그녀는 소위 백악관 스캔들, 혹은 지퍼게이트

누군가의 장난이 다른 사람에게는 죽음을 생각할 만큼의 큰 고통이 된다.
자료: www.shutterstock.com

(zippergate) 이후 자신의 삶은 완전히 망가졌고, 후회와 반성의 날들을 보내야 했다고 담담히 이야기한다. 하지만 평생을 방종한 여자, 매춘부, 백치 그리고 '그때 그 여자'라는 낙인이 찍힌 채 살아야 하는 것은 너무도 잔인한 것 아니냐고 되묻는다. 단지 22살의 철없는 나이에 미국 대통령을 사랑했다는 이유만으로.

르윈스키는 디지털 기술의 발달에 따른 '사이버 마녀사냥'을 강한 어조로 비판했다. 그녀는 "망신 주기(shaming)가 하나의 산업이 되었으며, 포털사이트에서는 클릭 수가 곧 돈으로 이어져 이 같은 상황이 계속되고 있다"면서 지난 20여 년간 인류의 문화적 토양 위에 모욕의 씨가 뿌려졌다고 말한다. 결국 우리의 무관심 속에서 누군가는 고통을 받고, 그 고통을 이용해 또 다른 누군가는 돈을 벌고 있었던 것이다.

몇 번이나 자살을 생각했던 르윈스키를 살린 것은 가족, 친구, 동료, 때로는 낯선 사람들로부터의 온정이었다. 그녀는 자신의 경험을 바탕으로 '온정적 인터넷(compassionate Internet)'을 향한 문화혁명의 필요성을 역설한다. 인터넷 이용자들은 남을 더 배려해야 하고, 미디어 종사자들도 막무가내 식으로 기사를 올려서는 안 된다는 이야기다. 그녀는 인류가 과거 인종차별 시대를 종식시켰던 것처럼 이제 인터넷상의 '온정 결핍(compassion deficit)'과 '공감 위기(empathy crisis)'를 이겨내자고 호소했다.

강연을 마치며 그녀는 용기를 내어 대중 곁으로 돌아온 이유를 밝혔다. "이제는 남들로부터 제 이야기를 듣는 게 아니라, 제 스스로 부끄러웠던 과거를 말할 시간이기 때문이죠. 저처럼 사이버 폭력으로 고통받는 수많은 사람을 돕고 싶어요". 르윈스키의 18분 동안의 강연이 끝나자 청중들은 기립박수로 화답했다. 그 중에는 클린턴 행정부에서 부통령을 지냈고, 르윈스키 스캔들의 여파로 2000년 미국 대선에서 석패했던 앨 고어(Al Gore)도 있었다.

사이버 불링의 폐해, 도를 넘어 심각한 수준

사촌이 땅을 사면 배가 아프다. 슬며시 화도 나고 자괴감, 허탈감도 든다. 문제는 그다음이다. 술로 헛헛한 마음을 달래도 좋고, 억지 축하를 건네며 의연한 척해도 좋다. 앞으로 더 친하게 지내야겠다는 다짐은 건설적이기까지 하다. 하지만 만일 온갖 악담을 적은 메모를 뒤에서 쓱 내민다든지, 인신공격으로 도배된 대자보를 사촌네 아파트 정문에 붙이면 어떻겠는가? 정확한 죄명은 모르겠지만 결코 곱게 끝나지는 않을 것이다.

이런 일이 온라인에서는 매 순간 벌어진다. 한국인터넷진흥원이 2013년 일반인 500명을 대상으로 조사한 결과를 보면 언어폭력이나 명예훼손, 스토킹, 신상정보 유출 등 사이버 불링을 경험한 성인은 전체의 33%, 초·중·고등학생도 30%에 이른다고 한다. 같은 해 교과부의 학교폭력 실태조사에 따르면 사이버 불링이 전체 폭력에서 차지하는 비율은 7.3%로 순위상 6번째에 해당되지만, 학생들이 가장 힘들어 하는 폭력 유형인 것으로 나타났다.

사이버 불링의 가해자들이 별다른 죄책감을 느끼지 않는다는 대목에 이르면 경악을 금할 수 없다. 그냥 '재미 삼아' 다른 사람을 정신적·육체적으로 죽이고 있는 것이다. 이제 인터넷을 더욱 따뜻하고 인간적인 공간으로 만드는 일에 정부와 민간이 모두 나서야 한다. 점잖은 조언이나 '앞으로 잘하자' 식의 계도만으로는 한계가 있다. 보다 구체적인 가이드라인과 실효성 있는 법적 제재를 고려해야 할 때다. 르윈스키의 말처럼 우리 모두는 온라인이든 오프라인이든 보다 더 온정적인 세상에 살 자격이 있다.

공안(公安)에 맞서
투명인간이 되다

리우 볼린의 사회 부조리를 겨냥한 침묵의 항변이
현대 사회에 묵직한 울림을 주고 있다.

자라면서 누구나 한 번쯤은 투명인간을 꿈꾼다. 이미 100년도 더
전에 허버트 웰스(Herbert Wells)가 투명인간에 대한 소설을 썼
고, 그 후로도 수많은 영화와 텔레비전 드라마의 소재로 투명인
간이 다루어졌다. 사연도 다양했던 것으로 기억되는데, 애초에 투
명하게 태어난 경우는 거의 없고 주로 특수한 투명소재(망토나 모
자 등)를 우연히 얻거나 아니면 유전자를 투명하게 만드는 기술을
발명해서 투명인간이 된다.

중국에는 실제로 투명인간이 산다. 리우 볼린(Liu Bolin)이라는
이름의 행위예술(performance arts) 작가가 그 주인공이다. 어느

날 리우 볼린은 예술적 기법을 동원해 투명인간이 될 결심을 한다. 그는 왜 투명인간이 되어야 했고, 그가 세상을 향해 외치려 했던 무언(無言)의 메시지는 무엇이었을까?

중국 정부에 맞서
투명인간이 되다

▶   리우 볼린의 어릴 적 꿈은 조각가였고, 좋은 대학을 나와 예술가로서 순탄한 삶을 시작했다. 그런데 지난 2005년 그에게 날벼락 같은 일이 벌어진다. 중국 공안(公安)이 갑자기 들이닥쳐 베이징 예술가들의 집결지였던 쓰워쟈춘(Suo Jia Cun)에 있던 그의 작업실을 강제로 철거해버린 것이다. 정치적으로 무언가 음험한 의도가 있었던 것인지 아니면 공안의 말대로 그저 국가에서 땅이 필요했던 것인지는 알 길이 없지만 리우 볼린은 졸지에 거리에 나앉게 된다. 그는 중국 정부의 강압적인 조치에 저항하기 위해, 더 나아가 중국 예술가들의 열악한 처지와 표현의 자유에 대한 갈망을 표출하기 위해 나서기로 했다.

흔히 집단에서 누군가를 따돌릴 때 투명인간 취급한다고 한다. 중국 정부에 의해 '따돌림'을 당한 리우 볼린은 스스로 투명인간이 되겠다는 해학적인 결심을 한다. 불합리한 사회에서 살아남으려면 자신의 신념이나 정체성을 철저히 숨겨야 한다. 될수록 눈에 안 띄어야 하고, 말도 가급적 줄이는 것이 좋다. 리우 볼린에게 투명인간이 되는 것은 가장 자연스러운 선택이었을지 모른다. 그렇게 그는 조용한 항변을 시작했다.

리우 볼린의 방법은 지극히 간단하지만 대단히 독창적이다. 그는 자신의 몸과 옷에 주위 사물과 같은 색상과 문양을 칠해 스스로를 배경에 완전히 일치시킨 뒤 그 모습을 사진으로 남기는 방법을 택했다. 배경 속으로 사라진다고 해야 할까, 아니면 녹아든다고 해야 할까?

자세히 들여다보지 않으면 사진 속에서 그의 존재를 확인하기가 쉽지 않다. 처음 보면 그저 재미있고 희한하다는 느낌이 들지만 곧 '왜 이런 사진을 찍었을까, 배경과 하나가 됨으로써 던지는 메시지는 무엇일까'를 생각하게 된다.

리우 볼린은 첫 번째 작품을 통해 자신의 폐쇄된 작업실을 배경으로 중국 정부에 대한 소심한 항의를 표현했다. 반쯤 무너진 작업실 사진이 썰렁하고 안쓰럽기만 한데, 그 한가운데 그가 있는 듯 없는 듯 무표정하게 서 있다. 이 작품을 만든 후에 그는 자신의 운명에 대해 생각하게 되었고, 중국 내에는 자신처럼 스스로의 처지를 혼란스러워하는 사람들이 많다는 데 생각이 미쳤다. 그는 본격적으로 그런 사연이 있는 장소를 찾아다니며, 그 배경 속으로 녹아 들어갔다. 그렇게 해서 '도시에 숨다(hiding in the city)' 연작 시리즈가 탄생했다. 그는 벽화의 일부가 되기도 하고, 멋진 자연경관이 되기도 한다. 감쪽같이 도서관의 책과 책장이 되기도 하고, 온갖 청량음료들로 채워진 슈퍼마켓 선반과 하나가 되기도 한다.

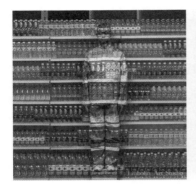

리우 볼린의 위장예술 작품 〈물(water)〉(왼쪽)과 〈해바라기(sunflower-no.2)〉(오른쪽)
자료: www.liubolinart.com

그의 의도는 물질이 넘쳐나는 현대 사회의 이면에서 갈수록 소
외되는 인간의 모습을 담는 것이다. 소외된 자는 말이 없다. 그저
사라져갈 뿐이다. 하지만 최소한 누군가는 희미해지는 그들의 존
재를 기억하고 기록해야 마땅하다. 리우 볼린이 그 역할을 자청
한 듯 싶다. 그의 위장예술 작품은 계속되었고, 인터넷은 물론 해
외 언론에서도 뜨거운 반응을 이끌어냈다. 테드 무대 위에 선 그
는 이렇게 말한다. "저는 투명해짐으로써 우리 문명과 그 발달 사
이의 모순적이고, 때로는 상쇄적인 관계에 대해 탐구하고 의문을
던집니다."

그의 작품 몇 개를 살펴보자. 〈퇴근(the laid-off workers)〉이라
는 작품에는 노동자로 보이는 사람들이 텅 빈 공장 벽 앞에 말없
이 서 있다. 중국이 계획경제에서 시장경제로 옮겨가는 과정에서
일자리를 잃고 삶의 터전을 상실한 2천만 명이 넘는 실직자들의

운명을 대변한다. 공장 벽에 걸린 '중국 공산당은 대의를 이끄는 원동력'이라는 문화혁명 슬로건이 허망하기만 하다.

〈라면(supermarket no.1)〉이라는 작품도 있다. 2012년 8월 중국 슈퍼마켓에서 파는 모든 유명 컵라면 용기에서 몸에 해로운 형광 물질이 발견되었다. 암을 유발할 수도 있는 치명적 물질이었다. 리우 볼린은 중국 내 식품안전의 실태를 고발하려는 목적으로 컵라면을 대량으로 사서 실제 슈퍼마켓 진열대처럼 스튜디오를 꾸미고, 꼬박 3~4일에 걸쳐 작품을 완성했다.

2015년에는 유엔 설립 70주년을 맞아 〈더 퓨처(the future)〉를 제작했다. 이번에도 그는 전 세계 193개 유엔 가입국의 다채로운 국기를 배경으로 투명인간이 되었다. 환경오염, 빈곤, 지구온난화 등 유엔의 글로벌 어젠다 해결을 촉구하는 목소리를 작품에 담았다고 한다.

파리에서 개인전을 열면서 당일의 헤드라인 뉴스 사진 두 점을 배경으로 한 작품도 있다. 중동의 전쟁을 다룬 사진과 프랑스 시위대의 데모 현장을 촬영한 사진이었다. 국가나 사회를 막론하고 모두 나름의 모순과 갈등이 존재한다는 걸 보여준다. 〈베니스(venice)〉라는 작품은 이탈리아 베니스를 무대로 한다. 지구온난화로 해수면이 상승하게 되면 몇십 년 안에 르네상스의 주 무대였던 베니스가 물에 잠긴다는 사실을 경고하기 위해 제작했다. 그 외에도 9·11 테러나 뉴욕 월가의 반(反)자본주의 시위처럼 현대 사회의 이슈가 있는 곳이라면 그는 어디든지 달려간다. 물론 투명인간의 모습으로 말이다.

위장예술이 말하는
침묵의 무게

●   리우 볼린의 작품은 모델을 배경 속에 숨기기 때문에 '위장예술(invisible art)'이라고 불린다. 하나의 작품을 완성하기까지 그는 한곳에서 꼼짝없이 최대 10시간이 넘는 시간을 서 있어야 한다. 하지만 그만한 가치는 충분하다. CNN 인터뷰에서 그가 한 말처럼 "감춤으로써 오히려 문제점이 더 부각되기 때문"이다. 즉 보는 사람들로 하여금 배경 속에 숨겨진 사회의 문제점을 새롭게 바라보게 할 수 있다.

리우 볼린은 자신의 작품 속으로 사라지면서 현대 사회의 정치·경제·사회적 이슈들에 대해 말없이 질문을 던진다. 그저 슬픈 듯 담담한 질문들이다. 핏대를 세우지도, 삿대질을 하지도 않는다. 이런 게 바로 진정한 존재감이 아닌가 싶다.

인터넷과 스마트폰이 보편화되면서 세상에는 온갖 말들이 봇물처럼 넘쳐난다. 귀를 막고 싶을 지경이다. 할 말은 해야겠지만 '안 해도 될 말'과 '안 해야 할 말'은 이제 좀 사라졌으면 싶다. 웅변은 은(銀)이요, 침묵은 금(金)이라 하지 않던가. 예전에 국내 모 휴대폰 광고의 카피에서처럼 입이라는 스피커는 "잠시 꺼두셔도" 되겠다. 그래야 "또 다른 세상을" 만날 수 있으니까. 리우 볼린의 작품은 손과 발은 퇴화하고 입만 진화하는 별난 세상을 향해 절제와 침묵의 가치를 새삼 일깨워 준다.

수의학과 의학의
운명적인 만남

동물과 인간을 구분해 차별하지 않는 의사가 있다.
그녀의 도전이 통합의학의 큰 길을 열고 있다.

반려견 3마리와 함께 산 지 벌써 8년째다. 그런데 표현이 서툴러서 그렇지 사람과 다를 바 없다. 사람처럼 기뻐하고 사람처럼 슬퍼한다. 때때로 분노하고 종종 낙담한다. 감기부터 위장병까지 사람과 똑같이 아파한다. 나이가 들어 생기는 암이나 성인병도 예외가 없다.

언젠가 예방접종 때문에 집 근처 동물병원에 간 적이 있다. 그날따라 병원이 한산해서 반려견들의 평소 생활습관에 대해 의사와 이런저런 이야기를 나눌 수 있었다. 일어설 때가 되어 병원을 나서다가 문득 생각이 나서 의사에게 질문을 던졌다. "제가 요즘 계속 더부룩하고 트림도 많이 나는데 왜 그런 건가요?" 일순간 누 전차단기의 퓨즈라도 나간 듯 정적이 찾아왔다. 잠시 후 의사가 멋쩍게 씩 웃었다. 예의상 같이 따라 웃기는 했지만 집으로 돌아오면서 기분이 영 묘했다. "명색이 의사인데, 무슨 말이라도 한마디 해주면 안 되나? 사람과 동물을 차별하는 것도 아니고 말이야."

UCLA 의과대학 교수인 바바라 내터슨-호로비츠(Barbara Natterson-Horowitz)는 사람과 동물을 차별하지 않는다. 본래 그녀는 심장병 전문의인데 인간뿐만 아니라 고릴라, 사자, 왈라비(캥거루과 동물)도 치료한다. LA 동물원에 출장 진료를 가기도 하고, UCLA 의료센터에서 수의사들과 머리를 맞대고 인간을 치료하기도 한다. 그녀는 어떻게 하면 인간의 신체적·정신적 건강이 인간 외의 다른 동물들에 대한 연구를 통해 개선될 수 있을지, 혹은 그 반대 방향의 가능성은 없는지에 대해 연구한다. 다 같은 생명체인데 사람 따로, 동물 따로 가릴 이유가 없다. 이런 게 진정 통섭(consilience)이고 융합(convergence)이다.

동물과 인간을
차별하지 않는 의사

● 　그녀가 수의학과 의학의 경계를 뛰어넘게 된 계기는 어느 날 LA 동물원 수의사에게서 걸려온 전화 때문이었다. 나이 든 침팬지 암컷의 얼굴 한쪽이 일그러졌는데 혹시 심장에 문제가 있

는 건 아닌지 알아봐줄 수 있느냐는 전화였다(그녀의 주 전공이 심장 사진 판독이다). 그녀는 즉시 동물원으로 달려가 진단을 했고, 결국 이 침팬지의 심장에는 문제가 없다는 걸 확인해줬다. 그 후로 그녀는 고릴라의 대동맥 상태를 점검하고, 앵무새의 심장에 혈류장애가 있는지를 체크했으며, 바다표범들의 심낭이 부었는지 확인하게 되었다. 수의사들과 협업으로 사자의 심장 수술을 하기도 했다.

사실 사람을 치료하는 의사들과 수의사들은 본질적으로 같은 질병과 장애를 다룬다. 상대하는 환자에 꼬리가 있느냐 없느냐가 차이라면 차이랄까. 출혈성심부전, 뇌종양, 백혈병, 당뇨, 관절염, 루게릭병, 유방암 등 다 마찬가지다. 심지어 우울증이나 불안, 강박, 식이장애 같은 정신병적인 증상도 동물이나 사람이나 구분이 없다. 의사들 스스로도 동물과 사람 간의 생물학적인 연관성을 인정한다. 사람이 복용하거나 처방받는 모든 약물은 사실 동물들에게 먼저 시험된 것들이기도 하다. 그럼에도 그동안 의학과 수의학 간에 본격적인 협업이 없었던 이유는 무엇일까? 혹시 인간이 모든 동물 중에서 최상위의 고등한 존재라는 막연한 우월감 때문은 아니었을까?

테드 무대에 선 호로비츠 교수는 의학이 수의학으로부터 큰 도움을 받을 수 있는 실제적인 사례 몇 가지를 소개한다.

#1. 1990년대 말, 인간 심장전문가들은 정서적인 충격에서 비롯되는 심부전증상을 '발견'하게 된다. 평생 모은 돈을 도박으로 몽

땅 날리거나, 결혼식 날 바람을 맞게 된다면 누구나 심장 박동에 문제가 생길 수 있다는 것이다. 하지만 이 '새로운' 증상은 전혀 새로운 것이 아니었고 또 인간에게만 특별히 발생하는 현상도 아님이 뒤늦게 판명되었다. 수의학자들은 이러한 종류의 심부전에 대해 1970년대부터 원숭이, 앵무새, 사슴, 토끼에 이르기까지 진단, 치료, 심지어 예방까지 해오고 있었다. 만약 이러한 수의학적 지식이 의학에 좀더 빨리 알려졌었다면 정신적 충격으로 운명을 달리한 많은 사람들의 생명을 구할 수 있었을 것이다.

#2. 무슨 이유에서인지 일부 환자들은 자해를 한다. 머리카락을 뽑기도 하고, 자신의 신체 부분에 상처를 내기도 한다. 명확한 이유는 여전히 베일에 싸여 있다. 동물들도 자해를 한다. 자신의 깃털을 뽑는 새들도 있고, 피가 날 때까지 옆구리를 물어뜯는 말들도 있다. 하지만 수의학자들은 매우 구체적이고 효과적으로 자해증상을 치료하고, 심지어는 예방하는 방법까지 이미 알고 있었다. 정신과 의사, 심리치료사들이 배워야 할 귀중한 지식임이 분명하다.

#3. 출산 후에 일부 여성은 심각한 우울증에 걸리고, 심지어 정신 이상이 되기도 한다. 갓 태어난 아기를 등한시하고, 극단적인 경우 해를 입히기까지 한다. 하지만 오래전부터 수의사들은 새끼를 갓 낳은 암말이 망아지에게 젖을 물리지 않고, 어떤 경우에는 뒷발로 차서 죽게 한다는 것을 알고 있었다. 그리고 이미 치료 방법

도 찾아냈다. 암말의 몸 안에 옥시토신(oxytocin)을 증가시키면 어미말이 새끼말에 대해 새로운 흥미를 느끼게 된다. 산부인과와 가정의학과 의사들이 배워야 할 부분이다.

통섭과 융합은 서로 다른 분야에 대한 인정에서 시작된다. 호로비츠 교수는 사실 의대보다 수의대가 더 대단하다고 인정한다. 의대에 가면 호모사피엔스 하나의 종(種)에 대해서만 배우지만 수의대에 가면 포유류, 양서류, 파충류, 어류, 그리고 조류에 관한 모든 것을 배우기 때문이다. 수의사들이 즐겨하는 농담도 있다. 하나의 종만 치료할 수 있는 수의사(veterinarians)를 무엇이라고 부를까? 답은 "의사(physicians)"란다.

수의학과 인간의학을 망라한 통합의학으로의 발전

▶ 　호로비츠 교수는 지금도 UCLA 의료센터와 LA 동물원을 오가며 의학과 수의학 간에 상호교류와 발전을 실천하고 있다. 2012년 출간한 『의사와 수의사가 만나다(zoobiquity)』에서는 인간과 동물에 대한 통합의학(one health)의 중요성을 강조한 바 있다. 그녀는 '다윈온라운드(darwin on rounds)'라는 프로그램을 통해 UCLA 의료센터의 인턴과 레지던트들이 동물전문가, 진화생물학자와 함께 일하도록 유도하고 있다. 또 의대와 수의대가 함께

동물보호센터에서는 하루 평균 50마리의 유실·유기동물이 안락사되고 있다.
자료: www.shutterstock.com

동물과 인간이 공유하는 질병과 장애를 토론하고 협업하도록 하기 위해 정기적으로 '주비쿼티(zoobiquity)'라는 컨퍼런스를 개최한다.

각박한 세상을 살기가 점점 더 외로워진 걸까? 국내에도 반려동물을 키우는 인구가 1천만 명에 육박한다. 전체 가구의 20% 정도가 동물과 함께 생활하고 있는 셈이다. 반려(伴侶)동물은 말 그대로 더불어 살아가는 가족이다. 더이상 장난감, 즉 애완(愛玩) 도구가 아니며, 돈벌이 수단은 더더욱 아니다. 그럼에도 현재 국내에서 자행되는 동물학대와 유기는 우려할 만한 수준이다.

2016년 한 해 동안 우리나라 동물보호센터에 의해 구조된 유실·유기동물은 9만여 마리에 달하며, 전년 대비 10% 정도가 증가한 수치다. 동물보호센터에 들어온 유실·유기동물은 10일 내에 주인이 찾으러 오지 않거나 새 주인을 만나지 못하면 안락사 대상이 되는데, 현재 하루에 평균 50마리 정도가 안락사된다고 한다. 수의학을 통해 의학이 도움을 받는 건 고사하고, 생명에 대한 최소한의 예의부터 갖추어야 한다. 다 같이 귀한 생명이다. 동물학대와 인간학대도 한 끗 차이다.

완전한 평등은
있을 수 없지만

구성원들의 잘못된 인식과 현실과의 간극을
투명하게 보여줄 때 불평등은 해소된다.

공수래공수거(空手來空手去), 도(道)를 깨우쳤거나 영혼이 맑은 사
람은 가능할지 모른다. 하지만 현실은 다르다. 부지런했든, 수완
이 특출났든, 아니면 그저 엄청나게 운이 좋았든 누군가는 생전
에 큰 부(富)를 이룬다. 그 부가 자식들에게 이어지면 그때부터
'공수래'가 아니다. 불평등이 시작되는 것이다.

  2011년 개봉한 SF영화 〈인 타임(in time)〉은 불평등이 돈을 넘
어 생명으로까지 이어지는 가상의 미래를 다룬다. 영화 속에서
모든 인간의 팔뚝에는 유전자 변형을 통해 '카운트 바디 시계'가
심어진다. 25세가 되면 이 시계가 작동을 시작하는데, 시계에 표

시된 시간만큼만 생명이 유지된다. 처음에 주어진 1년치의 시간이 다 소진되고 카운트가 '0'이 되는 순간, 세상과는 이별이다. 죽음 앞에 모든 인간은 평등하다고 했던가? 하지만 영화 속 실상은 그렇지 못하다. 돈으로 시간을 살 수 있기 때문이다. 부자들은 몇 세대에 걸쳐 영생을 누릴 수 있지만, 가난한 자들은 뚜벅뚜벅 다가오는 죽음 앞에서 하루하루 힘겹게 살아가야 한다. 그렇게 불평등은 심화된다.

2008년 『상식 밖의 경제학(predictably irrational)』으로 전 세계에 행동경제학 열풍을 몰고 온 미국 듀크대학의 댄 애리얼리(Dan Ariely) 교수는 미국 사회의 불평등에 대한 흥미 있는 설문조사를 했다. 우선 미국 사회를 소득에 따라 가장 가난한 집단부터 가장 부유한 집단까지 정확히 20%씩 다섯 그룹으로 나눈다. 미국 인구가 3억 명이라고 하면 각 집단은 6천만 명쯤 되겠다. 그의 질문은 2가지였는데, 하나는 '현재 부의 불평등 정도가 어느 정도라고 생각하는가'였고, 다른 하나는 '어느 정도의 불평등이 적합하다고 생각하는가'였다.

어느 정도의 불평등이 적당한 걸까?

첫 번째 질문에 대해 설문에 참여한 미국인들은 소득 최하위 그룹이 전체 부의 2.9%, 그다음 하위 그룹이 6.4%, 그다음이 12%, 그다음이 20%, 마지막으로 가장 부유한 그룹이 58%의 부를 차지하고 있을 거라고 추측했다. 그런데 실제 미국의 소득 분포 자료에 의하면 가장 가난한 그룹부터 각각 0.1%, 0.2%, 3.9%, 11.3%를 보유하고 있었고, 가장 부유한 그룹이 전체 부의 84.5%를 가지고 있었다. 잘사는 사람들은 일반인이 생각하는 것보다 훨씬 더 잘살고, 못사는 사람들은 훨씬 더 못살고 있다는 이야기다. 불평등의 실제 현실과 사람들의 인식 간에는 큰 차이가 있음을 알 수 있다.

두 번째 질문, 즉 5개 그룹 간에 어떻게 부가 배분되는 것이 가장 이상적인지에 대한 답변은 응답자 각자의 현재 소득수준이나 인종, 종교, 정치성향에 따라 좌우될 공산이 크다. 애리얼리 교수는 이를 최소화하기 위해 응답자들에게 미국의 정치 철학자 존 롤스(John Rawls)가 『정의론(theory of justice)』에서 제시한 '무지의 베일(veil of ignorance)'을 쓸 것을 요청했다. 즉 각자의 현재 이해관계를 떠나 만일 자신이 5개 그룹 중 어느 한 그룹에 무작위로 배치된다고 했을 때 가장 이상적이라고 생각하는 소득분배 비율을 물은 것이다.

설문조사 결과 미국인들은 최하위 그룹에 10%의 부를 할당했고, 그다음 그룹들에는 각각 14%, 21%, 22%, 32%를 할당했다. 여기서 2가지 중요한 사실을 알 수 있다. 우선 사람들은 이상적으로 완전한 평등을 원하지 않는다는 점이다(다섯 그룹에 똑같이 20%의 부를 할당하지 않았음에 주목하라). 유토피아라 할지라도 어느 정도의 불평등은 있어야 한다고 생각한다는 것이다. 또 하나는 불평

미국의 최상위 계층과 최하위 계층 간 격차가 점점 커지고 있다.
자료: pixabay.com

등을 용인해도 최상위 그룹은 최하위 그룹보다 3배 정도만 부유
한 게 적당하다고 생각했다는 점이다. 실제 현실인 845배와는 큰
차이가 있음을 알 수 있다.

　부의 편중이 점점 심화되는 양극화 현상은 자본주의의 모든
사회가 안고 있는 공통의 문제다. 애리얼리 교수는 '실제로 가진
것(what we have)'과 '가졌다고 생각하는 것(what we think we
have)', 그리고 '올바르다고 믿는 것(what we think is right)' 사이
에 큰 격차가 있다는 점이다. 따라서 불평등 문제를 해결하는 출
발점은 추상적이고 감정적인 접근이 아니라 구성원들에게 그들

의 인식과 기대치, 그리고 현실과의 간극을 투명하게 보여주는 데 있다. 그래야 제대로 개선의 실마리가 잡힌다.

남보다 좀더 갖고 싶은 것은 당연한 욕구고, 부의 사다리를 오르고 싶은 그 욕구야말로 자본주의 사회를 끌고 가는 추동력이다. 그 결과 부유한 사람과 가난한 사람이 나누어지는 것, 즉 불평등은 어쩔 수 없는 일이 되었다. 하지만 그 정도가 지나치면 곤란하다. 개개인의 의욕상실과 자포자기로 이어질 수 있고, 그러면 결국 시스템 전체가 위태로워진다. 더욱이 지금은 모바일, 소셜미디어 등 각종 유무선 미디어 기술의 발달로 과거에는 '모르고 지나쳤을' 사실들까지 '모른 체하기 어려운' 지경이 되었다. 이제 불평등에 대해 좀더 과학적이고 이성적인 논의가 이루어져야 할 때다.

불평등 문제에 대한
정확한 실태 파악이 먼저

●   첫 번째로 중요한 것은 수학 문제를 풀듯 답을 찾거나 계층 간의 힘겨루기로 승부를 내서는 안 된다는 점이다. 비록 더딜지라도 중간에서 절충하고 타협해야 한다. 아무리 '무지의 베일'을 고려해봤자 진정 머리를 비우고 새로 태어나지 않는 이상 개개인의 입장과 생각은 다르기 마련이다. 사기진작을 위해 성과급 차이를 크게 하는 회사가 있는 반면, 일부 지자체 노조처럼 성

과금을 다시 거두어서 균등하게 재배분하는 곳도 있다. 여기서 시시비비를 따지기 시작하면 참 피곤해진다.

두 번째로 중요한 것은 객관적 상황 파악이다. 현대 경영학의 아버지라고 불리는 피터 드러커(Peter Drucker)는 "측정할 수 없으면 관리할 수 없고, 관리할 수 없으면 개선할 수 없다"라고 했다. 감정을 앞세워 밀고 당기다 보면 한 발짝도 나가지 못하고 힘만 빠진다. 부자라고 해서 모두가 부모를 잘 만나 부자가 된 것이 아니듯, 빈자라고 해서 모두가 게으르고 무능력한 것은 아니다. 구체적이고 납득할 수 있는 불평등 지표 개발과 정확한 실태 파악, 그리고 사회 구성원들의 생각과 욕구를 수면 위로 드러내는 작업이 필요하다. 특히 불평등의 원인과 결과에 해당하는 부분을 구분하고, 임팩트가 큰 원인부터 우선순위를 정해서 해결해야 한다. 여론의 움직임이나 정치적 필요에 따라 온갖 불평등 이슈들을 동시다발적으로 건드리는 순간, 사회는 바로 혼란에 빠지게 된다.

불평등과 관련해 사지선다형 퀴즈를 하나 보자. CEO와 일반 직원의 임금 차이는 어느 정도가 적당할까? 5배? 10배? 50배? 100배? 2014년의 경우 미국은 평균 370배였고, 한국은 36배였다(미국은 S&P 500대 기업 기준, 한국은 시가총액 500대 기업 기준). 한국은 미국에 비해 임금의 격차가 1/10에 불과한데, 문제는 우리나라 일반 국민들은 12배 정도가 가장 적당하다고 생각하고 있다는 점이다(서울대 행정대학원 2013년 서베이 결과). 민간 부문의 사적 영역이라고 할 수 있는 기업 구성원들 간의 임금 분포에 대해서도 불평등의 인식이 짙게 드리워져 있음을 알 수 있다.

게릴라와 함께
크리스마스를

콜롬비아 좌익 반군의 마음을 움직인 원동력은
평화를 향한 신선하고 스마트한 발상이었다.

지구상에 마지막 남은 분단의 땅 한반도. 분단의 원인과 뼈아픈
기억, 여태껏 아물지 않는 상처 등을 이야기하면 한도 끝도 없을
것이다. 하지만 왜 60년이 지나도록 변함없이 그대로냐는 대목에
가서는 말문이 턱 막힌다. 관광을 위해 DMZ를 둘러보는 외국인
들이 우리 한민족을 속으로 어떻게 생각할지 떠올리면 그저 한숨
만 나온다.

　우리나라처럼 2개의 국가로 나누어진 것은 아니지만 불과 얼마
전까지만 해도 전쟁이 한창인 나라가 있었다. 바로 커피로 유명한
남미의 콜롬비아다. 콜롬비아는 한반도의 약 5배 면적에 달하는

비옥한 땅과 풍부한 생물·광물자원을 가진 나라다. 인구가 4천만 명에 불과한데 원유까지 수출하는 나라여서 조건만 보면 우리나라보다 낫다. 하지만 1960년대부터 지금까지 정부와 좌익 반군 간에 치열한 내전이 계속되어 왔다. 우리와 마찬가지로 해묵은 이데올로기, 혹은 이데올로기의 탈을 쓴 정치적 이해관계가 그 원인이었다.

　반군 중에서도 특히 1964년에 결성된 콜롬비아 무장혁명군 (FARC ; Fuerzas Armada Revolucionarias de Colombia)이 두드러진다. 주로 농민들로 구성되어 있는데 기득권층을 타파하고 좌익정부 수립을 목적으로 무장 투쟁을 전개해왔다. 2000년대 초까지만 해도 그 숫자가 2만 명을 넘었던 것으로 알려진다. 그들은 유괴나 강탈, 마약 밀거래, 그리고 불법 광산업 등을 통해 자금을 조달해 테러와 무차별 폭탄 공격을 자행했다. 지난 50년 동안 FARC로 인해 570만 명이 넘는 사람들이 실종되었고, 22만 명이 목숨을 잃었다고 한다.

　콜롬비아 정부는 각종 회유책과 강압적인 방법 등 할 수 있는 일은 다 해보았지만 결과는 신통치 않았다. 반군과의 전쟁에서 수많은 사상자가 발생하고 민간인 인명 피해가 점점 커지자 정부는 기존의 군사적·정치적 해법 외에 다른 대안에 눈을 돌렸다. 그 일환으로 콜롬비아 출신이자 세계적인 광고대행업체 뮬런로웨 그룹(mullenlowe group)을 이끌고 있는 호세 소콜로프(Jose Sokoloff) 회장에게 FARC의 무장 해제와 전쟁 종식을 위한 효과적인 커뮤니케이션 전략을 의뢰하게 된다.

게릴라들의 마음을 움직인
크리스마스 트리

▶ 　　처음에 호세 회장은 게릴라들이 총을 내려놓고 집으로 돌아오도록 하기 위해 가장 전통적인 선전 방법을 시도했다. 자진해서 반군을 뛰쳐나온 게릴라들의 사연을 텔레비전이나 라디오로 내보냈고, 헬기로 게릴라가 밀집한 정글 상공을 돌며 귀환을 독려하는 육성 방송을 틀었다. 하지만 그 효과는 미미했다. 게릴라들은 정부군에게 무언가 다른 꿍꿍이가 있는 거라고 생각했고, 정부에 투항한 동료들의 설득도 단지 강압에 의한 것이라고 여겼다.

호세 회장은 다른 방법을 택했다. 먼저 과거에 정부군에 투항했던 게릴라 60여 명과 이야기를 나누었다. 게릴라가 된 동기가 무엇이었고, 게릴라 활동을 하면서 경험했던 고충과 애환에 대해 들었다. 이를 통해 그는 게릴라들도 따뜻한 피가 흐르는 인간이라는 사실을 깨달았다. 또한 그들도 자신들이 납치하고 살해했던 인질들과 다를 바 없이 사실상 죄수에 가까운 신세였다는 것도 알았다. 일단 반군에 가입하면 살아서 제 발로 걸어나오는 것이 물리적으로 어려웠던 것이다.

호세 회장은 일방적이고 강압적인 설득보다는 공통적인 가치와 인간애에 호소하기로 마음먹었다. 일명 '크리스마스 작전(operation christmas)'이다. 2010년 크리스마스 때 그는 기발한 방법을 시도했다. 반군들의 정글 속 이동루트를 파악하고 눈에 잘 띄는 주요 길목 아홉 곳에 크리스마스 트리를 설치한 것이다. '정글에도 크리스마스가 왔습니다. 당신도 집으로 돌아갈 수 있습니다. 크리스마스에는 안 되는 게 없으니까요(at christmas, everything is possible)'라는 뭉클한 메시지도 함께 적어 붙였다.

효과는 놀라웠다. 크리스마스 트리를 보고 331명의 게릴라가 총을 버리고 집으로 돌아왔다. 이 숫자는 당시 전체 반군의 약 5% 정도였는데, 숫자 자체보다는 게릴라들에 대한 감성 캠페인이 성공했다는 데 더 큰 의미가 있었다(이 캠페인은 2년 후인 2012년 칸 국제광고제에서 티타늄상을 받게 되는데, 티타늄상은 기존에 볼 수 없었던 광고의 틀을 깨는 아이디어에 주어진다).

2012년 크리스마스 때는 일명 '베들레헴 작전(operation bethlehem)'을 전개했다. 게릴라들이 집으로 돌아오는 길을 쉽게 찾을 수 있도록 콜롬비아 산간 마을 곳곳에 반짝이는 별을 다는 캠페인이다. 그다음 해엔 게릴라 가족들의 선물이나 편지 약 6천 개를 일일이 플라스틱 공에 담아 정글 속 강에 띄우는 '불빛 강물 (rivers of light)' 캠페인도 펼쳤다. 은은한 불빛이 새어나오는 플라스틱 공을 집어 든 게릴라들은 평균적으로 6시간마다 1명씩 집으로 돌아왔다고 한다.

여기서 끝이 아니다. 2014년 크리스마스에는 게릴라들의 어릴 적 사진을 구해서 정글 곳곳에 붙이고, 사진 속 게릴라 대원의 어머니가 쓴 메시지를 적었다. '게릴라가 되기 전에 너는 내 아이였다. 집으로 오너라. 엄마가 널 기다리고 있단다.' 어릴 적 사진은 게릴라 본인만이 알 수 있기 때문에 주변 게릴라들의 시선과 감

게릴라들의 어릴 적 사진을 이용해 만든 귀환 독려 포스터
자료: www.mullenlowegroup.com

시에서 자유로울 수 있다. 이 방법으로 인해 사진을 집어 든 많은 게릴라들이 집으로 향했다.

2014년 브라질 월드컵 무렵에는 텔레비전을 비롯한 모든 매체를 통해 게릴라들에게 이런 메시지를 뿌렸다. '어서 정글에서 나와라. 너의 자리도 맡아놨다.' 콜롬비아는 FIFA 랭킹 10위권에 드는 축구 강국이며, 브라질 월드컵에서는 8강에 올랐다. 정부군, 반군을 떠나 전 국민이 축구광(狂)이었기에 가능한 캠페인이었다.

지성이면 감천인 걸까? 호세 회장이 게릴라들을 상대로 온갖 종류의 '감성' 캠페인을 펼친 지 8년, 무려 1만 7천 명의 게릴라가 집으로 돌아왔다. 게릴라들의 계속되는 이탈로 심각한 타격을 받은 FARC는 2013년 11월에 정부군과의 평화협정에 합의했다. 더 이상 전쟁을 지속할 명분도, 여력도 없었기 때문이다.

평화를 향한
스마트한 발상

▶   테드 무대에 선 호세 회장은 사람들의 마음을 움직이는 캠페인이 변화를 부르는 강력한 도구라고 말한다. "세상을 바꾸거나 평화를 얻고자 한다면 꼭 연락 주십시오. 기꺼이 도와드리겠습니다."

호세 회장의 자신감 넘치는 말이 유난히 솔깃하게 들린다. 물론 어수룩한 콜롬비아 게릴라들과 3대에 걸쳐 폭정을 일삼고 있는 북한 정권을 직접 비교하는 것은 무리다. 사상교육이 생활화된 북한 병사들이 크리스마스 트리 따위에 울컥할 것 같지도 않다. 그럼에도 지난 60여 년 동안 한 발짝도 나아가지 못한 우리의 처지를 감안했을 때, 호세 회장에게 직접 전화라도 걸고 싶은 심정이다(호세 회장은 2015년 8월에 부산 국제광고제 심사위원으로 한국을 방문하기도 했다).

미니마트에서 충돌한
2개의 미국

'인종의 용광로' 미국은 꿈의 나라인가, 공포의 나라인가?
한국도 열린 마음으로 다문화에 대비해야 한다.

흔히 미국을 '인종의 용광로'라고 한다. 좋은 의미로 쓰이는 말이지만 최근에는 꼭 그렇지만은 않은 것 같다. 2001년 9월 11일, 미국 본토를 타깃으로 한 최악의 테러가 발생한 이후 미국에서는 인종과 종교를 둘러싼 갈등이 수시로 표출되고 있다.

인도 태생의 작가이자 〈뉴욕타임즈〉의 칼럼니스트인 아난드 기리드하라다스(Anand Giridharadas)는 9·11 테러 며칠 후 방글라데시에서 공군 장교로 복무했던 라이스 부이얀(Rais Bhuiyan)이 겪은 끔찍한 총격 사건에 대해 이야기한다. 그 속에는 화려한 겉모습 뒤에 숨겨진 지치고 일그러진 미국의 민낯이 적나라하게 담겨 있다. 같은 땅에 존재하는 2개의 미국, 꿈의 공화국이자 공포의 공화국에 대한 이야기다.

분열로 치닫는
미국 사회의 비극

▶   부이얀은 새로운 삶을 찾아 미국으로 건너왔다. 그는 텍사스주 댈러스의 한 미니마트에서 밤늦게까지 일을 했다. 평소에 관심 있던 정보통신 강좌의 수강료도 벌고, 곧 있을 결혼식 비용도 마련해야 했기 때문이다.

9·11 테러가 발생한지 열흘쯤 지난 어느 날 밤, 만(卍)자 문신을 새긴 백인 남자가 산탄총을 들고 마트에 뛰어들었다. 무장강도에 대한 대처 방법을 알고 있던 부이얀은 두말 않고 현찰을 계산대 위에 올려놓았다. 하지만 남자는 돈은 거들떠보지도 않고 "너 어느 나라에서 왔어?"라며 소리를 질렀다. "뭐라고요(excuse me)?"라고 되묻는 부이얀의 목소리에는 아시아계 이민자의 억양이 강하게 묻어 나왔다.

그 순간 남자의 산탄총에서 발사된 수십 발의 총알이 그대로 부이얀의 얼굴에 박혔다. 부이얀은 피범벅이 된 얼굴을 감싸 안고 계산대 뒤로 쓰러졌다.

신의 가호가 있었는지 간신히 목숨은 건질 수 있었지만, 사고 이후 부이얀의 삶은 엉망진창이 되었다. 보험이 없다는 이유로 입원 하루 만에 병원에서 쫓겨난 그는 결국 오른쪽 눈을 잃게 된다. 집주인이었던 마트 주인은 그를 거리로 내쫓았고, 결혼을 약속했던 약혼녀마저 그의 곁을 떠나버렸다. 그에게 남겨진 건 6만 달러의 입원비 청구서뿐이었다.

사고 소식을 접한 방글라데시의 가족들은 그에게 돌아오라고 애원했지만, 부이얀은 그럴 수 없었다. 못다 이룬 꿈 때문이었다. 얼굴의 총상이 아물자 그는 새롭게 텔레마케팅 일을 시작했고, 그다음엔 더 수입이 좋은 식당에서 웨이터로 일했다. 억척같이 일한 덕분에 최고의 웨이터로 인정을 받게 되었고, 차곡차곡 돈도 모아나갔다. 이후 한 IT 업체에서 아르바이트를 시작하면서 조금씩 실력을 쌓아 마침내 댈러스의 일류 기술 회사에 억대 연봉을 받고 채용될 수 있었다.

마크 스트로먼(Mark Stroman)은 미국 태생으로 겉보기에는 멀쩡한 사람이었다. 하지만 그의 인생도 다른 많은 범죄자들의 사연처럼 나쁜 부모, 나쁜 학교, 나쁜 감옥을 거치며 서서히 나락으로 빠져들었다. 처음에는 수염이 나기도 전에 체포되어 소년원에 끌려갔고, 어른이 되어서는 감옥을 자기 집처럼 들락거렸다. 그는 전형적인 백인 우월주의자가 되어 갔고 화풀이 대상을 찾아 헤맸다. 그러다 9·11 테러가 터졌고, 그는 애꿎은 무슬림 3명에게 복수의 총질을 해댄 혐의로 붙잡혀 사형을 선고 받았다. 총을 맞은 3명 중 단 1명, 오직 부이얀만이 살아남았다.

교도소에서 사형 집행을 기다리면서 스트로먼은 인생에서 처음으로 평온을 찾을 수 있었다. 지금까지 그의 인생을 휘감아 왔던 끝 모를 증오에서 벗어날 수 있었고, 목사와 기자, 유럽의 펜팔 친구들과 이야기를 나누면서 차츰 스스로의 삶을 성찰할 수 있었다. 그는 몸에 문신을 새긴 것을, 또 죄 없는 사람들에게 고통을 준 것을 뼈저리게 후회했다. 그리고 마음속에 하느님을 받아들였다.

사건이 일어난 지 8년 후인 2009년 어느 날, 사우디아라비아의 메카로 순례여행을 떠난 부이얀은 문득 오래전 신께 다짐했던 맹세를 떠올렸다. 얼굴이 피범벅이 된 채 죽음을 예감하면서 그는 만일 자신에게 두 번째 삶이 주어진다면 인류를 위해 일생을 바치겠노라 알라신께 약속했던 것이다.

이제 그 약속을 실행에 옮길 때였다. 부이얀이 선택한 방식은 용서였다. 그는 즉시 텍사스 주지사에게 편지를 써서 자신에게 총을 쐈던 스트로먼의 사형 집행을 재고해줄 것을 탄원했다. 자신이 그를 용서했으며 그가 죽기를 바라지 않는다는 내용이었다.

시간이 흘러 2011년 7월, 부이얀은 배심원들 앞에 서서 스트로먼의 구명을 눈물로 호소했다. 그리고 바로 그 날, 두 남자는 두 번째이자 마지막 대화를 나누었다. 부이얀이 말했다. "마크, 제가 신에게 기도하고 있다는 걸 알아주세요. 저는 당신을 용서하고 당신을 미워하지 않아요. 한 번도 미워한 적 없어요." 스트로먼이 대답했다. "당신은 대단한 분입니다. 가슴 깊은 곳에서부터 감사드립니다. 형제여, 당신을 사랑합니다." 스트로먼이 사형당한 후 부이얀은 스트로먼의 맏딸을 찾아 "너는 비록 아버지를 잃었지만 삼촌을 얻었단다"라며 경제적 도움을 제안했다고 한다.

다문화에 대한
철저한 준비 필요

●   미국은 산업화 시대에 가장 성공한 국가이면서 동시에 가장 실패한 국가이기도 하다. 극단적인 빈부격차와 인종 갈등, 종교 갈등이 사회 곳곳에 뒤엉켜 있다. 9·11 테러가 있던 2011년, 텍사스의 작은 마트에서 충돌한 것은 두 남자가 아니라 2개의 분열된 미국이었다. 여전히 희망을 품고 내일을 향해 전진하는 미국과 불안과 증오에 빠져 편협한 인종주의로 병든 미국 말이다.

결코 남의 일이 아니다. 한국도 이미 다문화 사회로 접어들고 있다. 국내 체류중인 외국인은 2007년 100만 명, 2016년 200만 명을 거쳐 향후 5년 내에 300만 명을 넘어설 것으로 보인다. 이미 귀화한 외국인(통계상 내국인)은 제외한 수치인데도 그렇다. 지금까지 단군의 자손임을 너무 강조해서 그런지 우리는 다문화(multi-culture) 혹은 다양성(diversity)에 대해 제대로 준비할 기회가 없었다. 한순간에 성큼 다가온 다문화 시대가 우리에게 축복이 될지 재앙이 될지는 순전히 우리의 노력 여하에 달려 있다.

먼저 이방인을 대하는 자세부터 돌아봐야 한다. 그동안 피부색이나 출신 국가, 영어 발음의 유창함에 따라 눈빛과 태도를 달리해왔던 건 아닌지 성찰할 필요가 있다. 다문화는 우리 사회를 우물 밖으로 인도해줄 새로운 활력소가 될 수 있다. 글로벌 무대로 나가자고 외치지만 말고, 우리 사회 자체를 글로벌화하는 것이 더 현명해 보인다.

다양성에 대한 열린 마음이 필요한 분들에게 JTBC의 텔레비전 프로그램 〈비정상회담〉을 권한다. 세계 각국 젊은이들의 거침없는 입담 속에서 그동안 우리가 얼마나 배타적이었는지, 또 얼마나 착각에 빠져 살았는지를 통렬하게 알 수 있다. 좋은 약은 입에 쓴 법, 비정상회담의 어록 몇 개를 옮겨본다. "한국인들은 자신만의 색을 내기보다 서로 엮이려고만 한다. 가난한 나라에 대한 차별이 심하고, 양보와 배려에 인색하다. 김영란법 같은 법이 지금까지 없었다는 것이 놀랍다." 역시 쓰다. 좀더 들어보자. "한국에서 명절 좋아하는 사람을 만나본 적이 없다. 나이가 많은 사람들은 대화를 할 때 가르치려고 한다. 시험 하나 때문에 인생이 바뀌는 건 말이 안 된다."

세상에서 가장 쉬운
서양인 한자교실

5분이면 누구나 쉽게 수십 개의 기초 한자를 가르치는
샤오란의 노력을 우리 한글에도 적용시켜보자.

영어가 서양의 언어를 대표한다면, 동양은 단연 중국어다. 중국의 경제적·정치적 위상이 높아질수록 중국어와 한자(漢字)에 대한 수요도 더 커질 것이다. 하지만 영어는 팝송이나 미국 드라마와 같은 강력한 매개체가 있어 누구나 쉽게 접하고 배울 수 있지만, 한자는 학습을 도와줄 통로가 마땅치 않다.

그래서였을까? 테드 무대에 이례적으로 한자를 주제로 한 강의가 등장했다. 대만과 런던을 오가며 작가, 발명가, 또 사업가로도 활동중인 샤오란 슈에(ShaoLan Hsueh)가 그 주인공이다. 그녀는 서양인이 대부분인 청중들 앞에서 한자 독해법을 강의했다. 그것도 시각적으로, 또 직관적으로 아주 쉽고 재미있게 말이다. 일명 중국어(chinese)와 쉽게(easy)라는 말을 합성한 '쉬운 중국어(Chineasy)' 강의다.

한자의 벽을
넘는 비법

● 　서양인의 눈에 한자는 쉽게 넘볼 수 없는 만리장성과 같다. 솔직히 글자보다 그림 쪽에 가깝다. 애당초 사물의 모양을 본떠서 만든 상형문자이기 때문이다. 한자를 전문적으로 연구하는 중국 학자들은 무려 2만 개 정도의 한자를 안다고 하지만, 일상적인 의사소통에는 1천 자 정도면 족하다고 한다. 가장 많이 쓰이는 200자 정도만 알아도 도로 표지판이나 음식점 메뉴를 읽을 수 있고, 인터넷이나 신문 내용도 어느 정도까지는 이해가 가능하다.

샤오란은 단 5분 만에 수십 개의 한자를 서양인들의 머릿속에 각인시킨다. 그녀의 독특한 한자 교습법은 이런 식이다. 입을 벌릴 수 있는 만큼 크게 벌려 네모 모양이 되면 그것이 한자의 입(口)이다. 사람이 두 발로 걷는 모습을 본뜬 글자는 사람(人)이다. 만약 사람의 두 팔에 불이 붙으면 화급하게 "불이야!" 소리칠 텐데 그 모양을 흉내 내어 만든 글자가 불(火)이다. 나무처럼 생긴 글자가 바로 나무(木)고, 산처럼 생긴 글자는 모양 그대로 산(山)이다. 해(日)와 달(月)도 하늘에 떠 있는 모양을 흉내 내어 만들어졌다. 할리우드 서부영화에 나오는 술집 문처럼 생긴 글자는 당연히 문(門)이다.

이렇게 순식간에 한자 8개가 설명된다. 모든 글자가 그 글자의 현실 이미지와 연관되기 때문에 쉽게 이해되고 오래 기억된다. 객석에 앉은 서양 청중들의 표정이 무관심에서 호기심으로, 다시 진지함으로 변해가는 모습이 인상적이다. 하지만 겨우 시작일 뿐, 기본 글자 8개가 서로 합쳐지고 응용되면서 어느 순간 30여 개의 글자를 알게 된다. 예를 들면 이런 식이다.

- 사람(人)이 두 팔을 활짝 벌리면? 커(大) 보인다.
- 입(口) 안에 사람(人)이 있으면? 죄수처럼 갇혀(囚) 있다는 뜻이다.
- 나무(木) 두 그루가 모이면 숲(林)이 되고, 세 그루가 모이면 삼림(森)이 된다.
- 나무(木) 아래에 널빤지(-)를 놓으면 근원(本)을 뜻한다.
- 나무(木)에 입(口)이 달려 말을 하면? 엉뚱해(呆) 보인다.
- 불(火)이 2개면 뜨겁고(炎), 3개면 엄청 뜨겁다(焱).
- 나무(木) 두 그루에 불(火)을 지피면? 탄다(焚).
- 태양(日)이 둘이면 번창하고(昌), 셋이면 빛난다(晶).
- 해(日)와 달(月)이 함께 빛나면? 밝다(明).
- 해(日)가 지평선(-) 위로 올라오는 것은? 해돋이(旦)다.
- 널빤지(-)를 문(門) 안에 걸어두면? 잠금쇠(閂)가 된다.
- 문(門) 사이에 입(口)이 있으면? 안에 누구 계시냐고 물어보는 (問) 것이다.

• 문(門)에 사람(人)이 서 있으면? 흘끗(閃) 보게 된다.

　글자를 알게 되면 그다음은 글자의 조합인 문자로 넘어간다. 예를 들어 불(火)과 산(山)이 함께 있으면 불을 뿜는 산, 즉 화산(火山)이 된다. 중국의 동쪽에 있는 일본은 예로부터 '해가 뜨는 나라'라고 불렸는데 해(日)와 근원(本)을 합쳐 일본(日本)이란 명칭이 생겨났다. 일본이란 두 글자 뒤에 사람(人)을 두면 일본인(日本人)이다. 고대 중국 황제들은 정적들을 산 너머로 추방했는데, 그래서 산이 2개 겹쳐 있으면 나간다는 의미(出)다. 어디가 나가는 곳인지를 말해주는 입(口)은 출구(出口)다.

한국의 대표 상품은
바로 한글

▶　　　문자는 문화의 거울이다. 문자에 대한 이해는 자연스레 상대방의 문화에 대한 공감과 소통으로 이어진다. 그런 의미에서 서양인들에게 한자를 이해시키려는 샤오란의 노력이 의미심장하다. 그런데 우리나라는 가만히 있어도 되는 걸까?
　알다시피 전 세계 언어학자들은 인류 역사상 가장 우수한 문자로 한글을 꼽는다. 실제로 영국 옥스퍼드대학에서 세계 모든 문자를 합리성, 과학성, 독창성 등으로 심사해 순위를 매겼더니 단연 한글이 1위를 차지했다고 한다. 유네스코에서는 인도네시아

찌아찌아족처럼 고유 문자가 없는 소수민족들에게 한글 사용을 권장하기까지 한다. 급기야 1997년 프랑스에서 열렸던 세계언어 학자대회에서는 한글을 세계 공통어로 쓰는 게 어떠냐는 의견이 나온 적도 있다.

한글은 제작자(세종대왕), 제작장소(집현전), 제작년도(1446년)가 알려져 있고, 사용 매뉴얼(훈민정음 해례본)까지 남아 있는 전 세계 유일의 글자다. 자음 14개와 모음 10개로 세상의 모든 소리를 담아낼 수 있다. 영어, 일어, 중국어로 표현할 수 있는 소리는 고작 300~500개인 반면 한글은 무려 1만 1,172개가 가능하다. 타이핑을 할 때 중국어나 일본어는 우선 영어로 입력한 후에 자국어로 변환해야 하지만, 한글은 표음문자라서 듣는 그 즉시 빠르게 타이핑이 된다. 지극히 과학적이고 규칙적이기 때문에 세종대왕은 이런 말을 남겼다. "슬기로운 자는 아침을 마치기도 전에 깨칠 것이요, 어리석은 자는 열흘이면 배울 수 있다."

외국인을 만날 때마다 김치나 불고기를 먹어봤냐고 묻는 건 이제 그만해도 되겠다. 진정으로 자랑스러운 한국의 대표 상품 한글을 전 세계에 알릴 필요가 있다. 한글을 아는 세계인이 많아진다는 것은 그만큼 세계 무대에서 우리의 지평이 넓어진다는 뜻이다. 외교·통상·문화·관광·무역·산업 측면에서의 이득은 일일이 따져보기 힘들 정도다. 한류에 한글을 더 많이 담고, 한글 디자인도 더 많이 개발하고, 한글 교습법도 더 많이 퍼뜨렸으면 한다. 아, 우선 제일 먼저 누군가 테드 무대에 나가 한글의 매력을 소개해줬으면 좋겠다.

아랍인들도
웃고 즐긴다

편견을 꼬집는 마즈 조브라니의 스탠딩 코미디는
유머로 만들어가는 편견 없는 세상을 지향한다.

아랍 혹은 이슬람 하면 제일 먼저 연상되는 이미지는 무엇인가?
아마도 많은 사람들이 9·11 테러를 떠올릴 것이다. 혹은 비행기
납치나 자살폭탄 테러, 미국 대사관 습격 등도 떠오른다. 영화에
서는 주로 어두컴컴한 방에 모여 벌겋게 상기된 얼굴로 무언가를
다급히 의논하는 모습으로 나온다. 최근에는 시커먼 복면을 뒤집
어 쓰고 주황색 옷을 입힌 인질들을 참수하는 끔찍한 영상도 등
장했다.

그런데 한 가지 의문이 든다. 과연 아랍에는 이런 악마들만 득
실거릴까? 이슬람교는 정녕 테러리스트를 양성하는 종교일까?

당연히 아니다. 중국인들이 모두 시끄럽고 지저분하며, 일본인들이 다 혐한주의자가 아닌 것처럼 말이다. 그런데 1970년대 이후 우리는 '그쪽'에 대한 관심을 딱 끊어버렸다. 강남 한복판을 관통하는 도로(테헤란로)에 대한 희미한 기억만 겨우 남아있는 정도다. 그러다 보니 그쪽 나라, 그쪽 사람들에 대해 현재 우리가 갖고 있는 이미지는 다분히 편향되어 있을 가능성이 크다.

이란계 미국인 코미디언 마즈 조브라니(Maz Jobrani)는 이란의 테헤란에서 태어나 6살 때 가족과 함께 미국 캘리포니아로 이주했다. UC버클리에서 정치학과 이탈리아어를 전공한 그는 박사과정을 밟던 중에 과감히 학업을 접는다. 어릴 때부터 꿈이었던 코미디언이 되기 위해서였다.

꾸준히 코미디 실력을 쌓은 그는 미국 유명 토크쇼인 제이 레노(Jay Leno)의 〈더 투나잇 쇼(the tonight show)〉에 출연할 정도로 크게 성공한다. 그리고 2005년부터는 본격적으로 '악의 축(axis of evil)'이라는 의미심장한 이름의 코미디팀을 만들어 전 세계를 돌면서 공연중이다('악의 축'은 2002년 조지 부시(George Bush) 미국 전임 대통령이 반(反)테러 전쟁을 선포하면서 주 타깃으로 지목한 이란, 이라크, 북한을 지칭한다).

첫 번째 세계 투어 타이틀은 '상냥한 갈색 피부(brown and friendly)'였고, 두 번째 투어 타이틀은 '더 상냥한 진한 갈색 피부(browner and friendlier)'였다. 투어 제목에서 짐작되듯이, 그는 아랍이나 이슬람에 대한 전 세계인의 편견을 코미디로 녹이는 것을 목표로 한다.

아랍인의 코미디,
편견을 꼬집다

▶ "아랍인들은 웃는 것을 좋아하고 인생을 즐길 줄도 압니다. 하지만 미국인들은 그걸 모르죠. 한번은 제 코미디쇼가 온라인에 링크되었길래 저는 인터넷에 접속해서 사람들의 반응을 봤습니다. 어떤 사람이 이렇게 댓글을 달았더군요. '그들도 웃는다는 것을 처음 알았어.' 생각해보세요. 미국 영화나 텔레비전에는 우리가 웃는 모습이 나오지 않습니다. 뭐 악마처럼 이렇게 '으흐흐, 알라의 이름으로 그대를 처단하겠다' 하고 웃을 때도 있겠죠. 하지만 제대로 웃는 모습은 나오지 않아요."

조브라니의 스탠딩 코미디는 묘하게 중독성이 있다. 코미디 경력이 꽤 오래 되었음에도 여전히 아마추어 같은 수줍음과 싱싱함이 묻어난다. 진짜 베테랑인 것이다. 천진하고 정감 넘치는 그의 스탠딩 코미디 몇 편을 소개한다.

#1. "이란 출신 미국인 배우로서 저는 어떤 역할이든 잘해낼 자신이 있습니다. 억양도 미국인 억양이고요. 그런데 할리우드 캐스팅 감독은 제가 중동계라는 것을 알면 반색을 하며 '알라의 이름으로 널 죽이겠다'라고 말해보라고 합니다. 저는 물론 그렇게 말할 수 있습니다. 하지만 제가 '안녕하세요. 저는 의사입니다'라는 대사도 할 수 있다고 하면 그들은 '좋아요. 그럼 병원을 납치하겠다'라고 해보라고 합니다. 혹시 오해하지는 마세요. 악역을 맡는 것

에 대해서는 불만이 없어요. 사실 악역도 하고 싶습니다. 저는 은행털이 역할도 하고 싶어요. 하지만 총을 들고 은행을 털고 싶지 몸에 폭탄을 두르고 하고 싶지는 않아요."

#2. "미국에서 한 무슬림 가족이 비행기 통로를 걸어가며 별 뜻 없이 기내에서 가장 안전한 자리가 어디일지에 대해 이야기를 했어요. 그 이야기를 엿들은 다른 백인 승객들은 그들을 테러리스트라고 여기고 비행기에서 쫓아냈어요. 그들은 아빠, 엄마, 아이로 구성된 가족이었을 뿐인데 말입니다. 그 이야기를 듣고 이란 출신인 저는 미국에서 비행기를 탈 때 말해서는 안 되는 것이 무엇인지 알았습니다. 통로를 걸어가며 '안녕, 잭(hi, Jack)'이라고 하

조브라니는 자신만의 방식으로 편견과 싸운다.
자료: www.mazjobrani.com

면 안 되는 거죠('hijack'은 비행기를 납치한다는 뜻이다). 진짜 거기에 잭(Jack)이라는 친구가 있어도요. 대신 이렇게 말해야죠. '보게 되어서 반갑군, 잭(greetings, Jack).' 혹은 '행복하기를 바라, 잭(salutations, Jack).' 말하는 중간중간에 딸기, 무지개, 투티프루티(tuttifrutti) 같은 상큼한 단어들을 넣는 것도 잊지 마시고요(투티프루티는 과일 아이스크림의 이름)."

사람은 누구나 마음속에 2마리의 개(犬)를 키운다고 한다. 바로 편견과 선입견이다. 어떻게 보면 세상 모든 분쟁이 다 여기서 비롯되는 것일지도 모른다. 편견과 선입견에는 유머가 약이다. 날선 눈빛과 삿대질로는 편견의 간극을 좁힐 수 없다. 편견 없는 세상을 향한 조브라니의 유머 2편을 더 들어보자.

#3. "사실 저도 편견에 사로잡힌 적이 있습니다. 지난번 공연 때 두바이에 갔었는데, 거기에는 저임금 인도 노동자들이 아주 많았습니다. 저는 두바이에도 성공한 인도인들이 있을 거라는 사실을 깜빡했어요. 공연 주최측이 저를 데리러 운전기사를 보내겠다고 했습니다. 호텔 로비로 내려갔더니 인도인 남자가 서 있더군요. 저는 틀림없이 그가 제 운전기사일 거라고 생각했습니다. 왜냐하면 싸구려 양복에 얇은 수염을 기르고 저를 쳐다보고 있었거든요. 저는 그에게 다가가 이렇게 말했습니다. '실례지만 제 기사신가요?' 그러자 그가 대답했습니다. '아닙니다. 이 호텔 주인입니다.' 그래서 당황해서 제가 말했죠. '아, 죄송합니다. 그런데 왜 저

를 쳐다보고 있었죠?' 그러자 그가 말했습니다. '저는 당신이 제 기사인 줄 알았어요.'"

#4. "저는 제 코미디쇼로 편견을 깨려고 합니다. 그래서 쇼 중간에 중동인과 무슬림들을 가급적 좋게 이야기합니다. 앞으로 더 많은 할리우드 영화들과 텔레비전 프로그램들이 우리를 긍정적으로 표현해주기를 바라면서 말입니다. 누가 알겠어요? 언젠가 우리만의 제임스 본드(James Bond)도 나올 수 있겠죠. '내 이름은 본드. 자말(Jamal) 본드(자말은 흔한 아랍계 이름).'"

무슬림에 대한 올바른 이해가
사업 성공의 열쇠

▶   본래 아랍(arab)은 페르시아만·인도양·홍해로 둘러싸인 아라비아(arabia) 반도를 의미했는데, 지금은 통상 서남아시아와 북아프리카 지역에서 아랍어를 사용하는 문화권을 지칭하는 말이 되었다. 이들은 7~12세기에는 아시아, 아프리카, 유럽, 세 대륙에 걸쳐 사라센 제국을 건설했던 강대한 민족이다. 이들이 믿는 이슬람교는 전지전능한 유일신 알라(allah)의 가르침을 받들어 610년에 무함마드(Muhammad)가 창시한 종교인데, 이슬람 신도를 가리키는 '무슬림(muslim)'이라는 말은 '절대 순종하는 사람'을 뜻한다.

최근 아랍과 이슬람 시장에 대한 우리나라 정부와 지자체, 민간 기업의 관심이 뜨겁다. 무슬림 인구는 전 세계 인구의 20~25%, 약 18억 명에 달한다. 1990~2010년 사이 무슬림 국가들의 연평균 1인당 GDP 성장률은 6.8%로 전 세계 평균을 훌쩍 뛰어넘는다. 특히 중동 지역은 최근 몇 년 사이 독재정권들이 잇따라 무너지면서 건설, 플랜트, 인프라, 에너지 등 새로운 시장이 열리고 있다. 이슬람 율법에 따라 무슬림이 먹고 사용할 수 있도록 허용된 식품·의약품·화장품 등을 일컫는 할랄(halal) 시장만 해도 규모가 1조 달러가 넘는다고 한다('할랄'은 아랍어로 '신이 허용한 것'이라는 의미).

그러나 이러한 시장 잠재력에도 불구하고 우리가 아랍, 이슬람에 대해 알고 있는 지식은 너무도 얕고 좁다. 그마저도 할리우드 영화에서 본 이미지 때문에 심하게 왜곡된 부분이 많다. 남의 나라를 상대로 장사를 하겠다면서 그 나라의 역사, 문화, 관습, 정서 등을 모른다는 것은 일단 예의가 아니다. 또한 그렇게 무턱대고 들이대면 장사도 잘될 리 없다. 1996년에 나이키는 아랍어 '알라'와 유사한 문양의 불꽃무늬 로고를 신발에 새겼다가 무려 80만 켤레의 신발을 회수하는 수모를 겪기도 했다.

유구한 역사와 전통을 자랑하는 아랍과 이슬람 세계에 대해 진지한 공부가 필요한 때다. 비단 돈벌이 목적이 아니더라도 이제 글로벌 시민으로서 상대 문화에 대한 균형 잡힌 식견과 올바른 이해는 필수다. 무슬림 시장이 정체된 한국 경제에 새로운 블루오션이 되어줄 것인지는 온전히 우리의 준비 여하에 달려 있다.

중동 땅에 퍼지는
수줍은 러브스토리

"이스라엘은 이란을 사랑해."
한 사람의 목소리가 중동 전역에 울려퍼졌다.

비행기 안이다. 유대인 한 명이 비행기 복도 쪽 좌석에 구두를 벗은 채 앉아 있었다. 그런데 창가 쪽에 앉은 아랍인 한 명이 유대인에게 주스를 가져다 달라고 부탁을 했다. 유대인은 불쾌한 마음이 들었지만 굳이 이런 문제로 싸울 필요가 있나 싶어 마지못해 주스를 가지러 갔다. 그 사이에 아랍인은 유대인의 구두 안에 침을 뱉었다. 아랍인은 유대인이 가져다준 오렌지 주스를 즐거운 마음으로 마셨고, 시간이 흘러 드디어 목적지에 도착한다는 안내 방송이 나왔다.

　내릴 준비를 하다가 구두 밑창에 흥건히 침이 고인 것을 발견한 유대인은 아랍인에게 말했다. "중동 지역의 평화를 원한다면 아랍인은 유대인의 구두에 침을 뱉지 말아야 합니다. 물론 유대인도 아랍인이 마실 주스에 소변을 봐서는 안 되겠지요."

앙숙도 이런 앙숙이 없다. 두 민족 간에는 종교, 정치, 민족, 이권 등 민감한 문제가 모두 얽혀 있다. 예수님도 알라신도 이런 상황은 바라지 않았을 것이다.

어느 날 갑자기 이스라엘과 아랍인들이 모두 기억상실증에 걸려 싸워야 할 이유를 잊어버리지 않는 이상, 화해는 영원히 불가능해 보인다. 그런데 언제부턴가 두 국민들 사이에 용서와 공감의 씨앗이 아주 조심스럽게 뿌려지고 있다. 모든 일이 그렇듯 출발은 지극히 사소했다.

진솔한 메세지로
적대적 민족 감정을 해소

●   2012년 3월 어느 날, 이스라엘과 이란 간의 전쟁이 임박했을 즈음이다. 이스라엘의 평범한 그래픽 디자이너인 로니 에드리(Ronny Edry)는 식료품 가게에서 줄을 서서 기다리다가 가게 주인과 손님이 나누는 이야기를 들었다. 가게 주인이 "곧 이스라엘에 1만 개의 미사일이 날아올 거에요"라며 걱정하니까, 손님이 "아니요. 하루에 1만 개겠죠"라며 체념한 듯 답하는 것이었다. 그 순간 에드리의 머릿속에서 1만 개의 미사일이 쏟아져

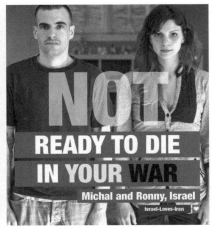

에드리가 페이스북에 올린, 자신의 가족과 함께 찍은 사진들
자료: www.facebook.com/ronny.edry

내렸고, 공포에 질린 아내와 어린 딸의 얼굴이 겹쳐졌다. 이미 이란과 10년째 전쟁중이었고, 어쩌면 지금이 전쟁을 막을 마지막 순간이 될지도 모른다는 생각이 들었다. 더 늦기 전에 무언가를 해야만 했다.

첩보 영화라면 이럴 때 보통 주인공이 과거 모사드(이스라엘의 비밀정보기관) 시절에 갈고닦은 실력을 발휘해서 적 기지를 폭파하거나 요원을 암살하는 장면이 뒤따른다. 하지만 집으로 달려간 에드리는 달랐다. 그는 웃통을 벗어젖히고 다락에 숨긴 무기들을 꺼내는 대신 책상에 잠자코 주저앉아 포스터 한 장을 그리기 시작했다.

그는 포스터에 '이란 사람들, 우리는 당신 나라를 폭격하지 않을 겁니다. 우리는 당신을 사랑합니다'라고 적었다. 그리고는 포스터를 배경으로 어린 딸을 안고 있는 사진을 찍어 페이스북에 올렸다. 아빠로서 무언가를 해야겠다는 안타까운 심정은 이해되지만, 달랑 포스터 한 장은 아무래도 약해 보인다. 순진하거나 혹은 유치하거나 둘 중 하나다. 그런데 아무도 몰랐다. 에드리의 이 작은 행동이 얼마나 큰 반향을 불러오게 될지.

포스터를 올리고 나서 처음에는 아무런 변화도 없었다. 당연하다. 누구나 페이스북 사연은 그저 흘끗 보고 지나쳐버리기 십상이니까. 그런데 어느 날, 그의 게시물에 한두 사람씩 관심을 보이기 시작하더니 차츰 댓글이 쌓이기 시작했다. 그리고 놀랍게도 이란 사람들도 댓글을 달기 시작했다. 페이스북에는 국경이 없다는 사실이 실감나는 순간이었다.

테헤란에 산다는 이란 소녀 한 명은 온 가족이 거실에 모여 에드리가 올린 포스터를 보면서 집안이 울음바다가 되었다는 사연을 전했다. 이 이야기를 듣고 덩달아 눈물을 흘리던 에드리의 아내는 바로 다음날 자신의 얼굴이 들어간 포스터를 따로 만들어 페이스북에 올렸다.

그다음은 예측하는 그대로다. 에드리는 더 많은 사람들이 포스터의 주인공이 되면 좋겠다고 생각했다. 그는 이웃과 친구들, 그리고 인근의 학생들에게 각자의 사진을 보내주면 포스터로 만들어주겠다고 제안했다.

반응은 엄청났다. 왜냐하면 임박한 전쟁 앞에서 무기력함을 느껴야 했던 일반인들이 자신들도 페이스북을 통해 무언가를 변화시킬 수 있다는 것을 깨달았기 때문이다. 너무 많은 사진들의 요청이 쇄도해서 에드리는 그래픽 디자이너 친구들을 모두 동원했고, 자신의 집 거실에 모여 매일매일 어마어마한 양의 포스터들을 만들어 페이스북에 올렸다.

이란 사람들도 가만있지 않았다. "당신은 제 첫 이스라엘 친구입니다. 우리 두 나라에 멍청한 정치인들이 없었으면 좋겠어요"라는 사연도 올라왔고, 매일 아침 등교길에 이스라엘 국기를 발로 밟고 교실에 들어가도록 교육 받은 어떤 이란 소녀는 포스터에 찍힌 이스라엘 국기의 파란색과 별 모양이 너무 좋다고 말하기도 했다. 어느 순간부터는 이란 사람들도 포스터를 만들어 올리기 시작했다. 곧 '이란은 이스라엘을 사랑해'라고 적힌 포스터들이 쏟아져 나왔다.

일상의 작은 고백에서
화해가 시작된다

▶   페이스북 친구는 오프라인으로도 이어진다. 에드리는 전시회 참석차 독일 뮌헨에 갔다가 캠페인을 지지하는 이란 사람들을 만났다. 그들과 악수를 하고 커피를 마시면서 음식과 야구에 대해 이야기를 나누었다.

아무런 선입견이나 속셈 없이 그들은 그렇게 서로를 알아가기 시작했다. 얼마 후 많은 이스라엘인들과 이란인들은 제3국에서 만나 커피를 마시고 같이 활짝 웃는 사진을 찍어 페이스북에 올렸다. 그 후 양국 간에 평화를 갈구하는 다양한 형태의 광고와 캠페인이 줄을 잇게 된다.

이스라엘과 이란, 두 나라 국민들 간의 소통을 넘어 국제적인 공감과 평화운동으로까지 확산된 '이스라엘은 이란을 사랑해(israel loves iran)' 캠페인은 이렇게 사소한 동기에서 시작되었다.

전쟁은 충분히 피할 수 있다. 너무 늦기 전에 무언가를, 그것이 아무리 소소한 것일지라도 행동에 옮기겠다는 용기만 있다면 말이다.

2015년 7월 14일, 최종 시한을 세 차례나 연장하는 진통 끝에 이란과 미국·중국·러시아·독일 등 주요 6개국 간에 핵 협상이 타결되었다. 이란은 1979년 호메이니 혁명 이후 반미 이슬람 신정(神政) 체제를 이어왔고, 거기에 핵 개발에 따른 국제사회의 경제 제재로 인해 국민들은 경제적·정신적으로 피폐해 있던 상태였다. 핵 협상 타결 소식에 이란 국민들은 이란의 국화인 빨간 튤립을 흔들며 "겨울은 끝났다"고 환호했다.

이란의 핵 협상 타결이 과연 미국과 서방, 그리고 중동의 몇몇 정치 지도자들의 결단에 의해서만 가능했을까? 결코 그렇지 않다. 정치는 인기를 먹고 사는 직업이고 정치인들은 결국 민심을 따를 수밖에 없다. 그래서 이번 협상 타결은 몇 해 전부터 온라인과 오프라인에서 자발적으로 울려퍼진 수줍은 사랑 고백이 메아리가 되어 돌아온 것으로 봐도 무방하다.

이념보다 인간이 먼저다. 화해는 근엄한 기자회견이 아니라 일상의 작은 고백에서부터 출발한다. 한 남자의 용기가 평화를 불러왔다. 로니 에드리는 지금도 '평화공장(peace factory)'이라는 이름의 단체를 만들어 중동 지역 사람들 간에 이해와 소통을 높이는 노력을 계속하고 있다.

미래는 어떤 모습일까? 유토피아(utopia)를 꿈꾸는 모두의 바람에도 불구하고, 디스토피아(dystopia)를 염려하는 목소리도 크다. 컴퓨터 보안은 늘 불안하고, 교육제도는 변화에 뒤쳐져 있다. 갈수록 거세지는 글로벌 경쟁에서 기업의 수명도 짧아지는 추세다. 지구 생태적으로는 꿀벌들이 사라지고 있고, 신종 전염병들이 속출하고 있다. 인공지능이 가시화되면서 이제 인간은 기계와도 일자리 경쟁을 해야 한다. 가까운 미래인 2030년에 우리는 과연 지금보다 더 행복할 수 있을까?

4장

다가올 미래,
이유 있는 불안

TED

2030년에는 더 행복해질 수 있을까?

1인당 GDP가 개인의 행복에 미치는 영향은 크지 않다.
행복과 발전에 대한 새로운 지표가 요구된다.

아무리 성인군자라 해도 인간의 기본적 욕구에서 자유로울 수는 없다. 숭고한 이념이나 거룩한 예술도 춥고 배고프면 다 부질없다. 인간의 '이기적 유전자'가 그렇게 코딩되어 있기 때문이다. 그럼 반대로 등 따뜻하고 배만 부르면 마냥 행복할까? 꼭 그렇지만도 않은 것 같다. 우리의 상황을 보면 알 수 있다. 1인당 국민소득이 1960년대 100달러 수준에서 이제 3만 달러에 육박했다. 하지만 사람들의 얼굴은 300배 행복해 보이지 않는다. 왜 그런 걸까?

보통 국가 간 잘사는 정도를 비교할 때 1인당 GDP(gross domestic product, 국내총생산) 지표가 쓰인다. 우리나라의 경우에는 국정 목표로 3만 달러니 4만 달러니 하는 수치가 곧잘 등장할 정도다. 하지만 GDP는 하늘에서 뚝 떨어진 신성불가침의 척도가 아니다. 20세기 초, 당대의 필요에 의해 만들어진 편의상의 측정 도구일 뿐이다.

이제 세상이 많이 변했다. 21세기를 사는 우리는 고령화, 질병, 비만, 재난, 재해, 기후변화 같은 새로운 과제에 직면해 있다. 여기에 대응하기 위해서는 한 사회의 발전 정도를 측정할 수 있는 새로운 지표가 필요하다.

21세기에 부합하는 새로운 발전지표 필요

● 1934년 1월 4일, 사이몬 쿠즈네츠(Simon Kuznets)라는 한 젊은 경제학자가 '국가 수익, 1929-1932 (National Income, 1929-1932)'라는 제목의 보고서를 미국 의회에 제출했다. 보고서 자체는 엄청 건조하고 지루하다. 그런데 이 보고서에는 당시에는 생소했지만 곧 엄청난 파급을 가져올 GDP라는 새로운 개념이 들어 있었다. 당시 미국은 대공황의 시련을 겪는 와중이었고 경제 재건이 최고의 가치였다. 때맞추어 등장한 GDP 개념은 미국 경제가 무엇을, 얼마만큼 생산하고 있는지, 매년 경제가 얼마나 나아지고 있는지를 확연히 수치화시켰다. 당대의 정책 결정자들이 GDP에 목을 맬 수밖에 없었던 이유다. 시간이 흘러 미국이 대

공황의 수렁에서 서서히 빠져나올 무렵이 되자 GDP는 경제정책 수립의 핵심적인 지표로 전 세계에 확산되었다.

하지만 한 가지 잊은 게 있었다. GDP는 그저 편의상 계산된 수치라는 점이다. 쿠즈네츠 자신도 보고서 서론의 7페이지에서 "한 나라의 복지는 GDP와 같은 소득 측정법으로는 측정될 수 없다"고 경고한 바 있다. GDP는 경제적인 성취만을 재는 척도일 뿐이지 모든 정책 의사결정의 지침이 되어서는 안 된다는 말이다. 그러나 사람들은 쿠즈네츠의 경고를 대수롭지 않게 무시해버렸고, 이후 GDP 향상은 모든 국가들의 지상 목표가 되었다. 모든 것이 GDP로 환산되며, 사회 전체는 더 많은 GDP를 창조해내는 엔진 역할에 충실해야 했다.

그러나 GDP는 완전무결하지 않다. 시장에서 거래되는 것만 반영할 뿐, 돈으로 환산되기 어려운 여러 가지 '사회적 가치'를 배제한다는 결정적 한계가 있다. 행복이나 공정함, 정의로움 등의 가치에 눈을 감고 귀를 닫는다. GDP의 북소리에 맞추어 행진하는 질서정연한 세상에 불만과 갈등이 넘쳐나는 건 어쩌면 당연한 일이다. 2011년, 자본주의의 최전선인 미국 땅 한가운데서 월가 시위(occupy wall street)가 발생한 사건이 그 일례다.

미국 비영리단체인 사회발전조사기구(Social Progress Imperative)를 운영하고 있는 마이클 그린(Michael Green)은 국가의 발전 정도와 국민의 행복을 측정할 새로운 지표로서 사회발전지수(SPI ; Social Progress Index)를 제안한다. 현대 경영학의 구루(guru, 권위자) 중 한 명으로 칭송받는 하버드 경영대학원의

빈부격차 심화와 금융기관의 부도덕성에 대한 반발로 월가 시위가 시작되었다.
자료: cryptome.org

마이클 포터(Michael Porter) 교수도 여기에 적극 동참하고 있다. SPI는 GDP에서 다루는 경제적 요소를 제외하고, 사회적·환경적 측면에서 국가의 발전 정도를 잰다. 크게 '기본 욕구(영양 및 의료, 공기·물·위생, 주거, 안전), 웰빙 기반(기초 지식 및 정보통신 접근성, 건강, 생태계 지속가능성), 기회 요소(인권, 교육, 자유, 평등)'의 3개 부문으로 나누어 점수를 매기고 이를 합쳐 종합 점수를 낸다.

1인당 GDP가 엇비슷한 국가들 간에도 SPI 점수는 현격히 차이가 날 수 있다. 또 1인당 GDP는 형편없지만 SPI 점수는 훌륭한 국가도 있다. 2015년 1인당 GDP가 약 8만 달러(구매력지수 기준)인 쿠웨이트의 SPI는 100점 만점에 69점으로 세계 47위 수준이다. 그런데 이 점수는 말레이시아(46위)와 비슷하고, 우루과

이(24위)보다 훨씬 떨어진다. 말레이시아와 우루과이 모두 1인당 GDP가 2만 달러 전후에 불과한 데도 말이다. 역시 개인과 마찬 가지로 국가도 불행한 부자(富者)와 행복한 빈자(貧者)가 있는 법이다.

저개발국의 경우 1인당 GDP가 높아질수록 SPI도 급격히 높아진다. 일단 먹고 사는 문제(기본 욕구)가 급선무기 때문이다. 재미있는 사실은 소득이 일정 수준 이상이 되면 GDP가 늘어난다고 해서 그만큼 SPI가 증가하지 않는다는 점이다. 딜로이트 컨설팅의 추정에 따르면 SPI 점수가 61점인 상태에서 GDP만을 올려봤자 62로 단 1점이 오를 뿐이었다. 거기서부터는 국가와 사회가 어떤 부분에 초점을 맞추어 어떤 정책을 끌고 가느냐에 따라 SPI가 달라진다. 특히 웰빙이나 기회 요소가 사회발전에 훨씬 더 중요한 요소가 된다.

GDP를 대체하는
사회발전지수(SPI)

● 　　2015년 SPI 조사대상 133개 국 가운데 1위 국가는 노르웨이였다(88점). 사회·환경적 측면에서 가장 살기 좋은 나라임이 입증된 것이다. 노르웨이에 이어 스웨덴, 스위스, 아이슬란드, 핀란드, 덴마크, 네덜란드 같은 유럽 국가들이 모두 10위권에 들었다. 비유럽 국가들 중에서는 뉴질랜드, 캐나다, 호주가 10위권이

다. 예상했던 대로다. 태어날 나라를 미리 정할 수만 있다면 누구나 태어나고 싶어 하는 나라들이다.

그럼 한국은 어떨까? 아니나 다를까 29위(78점)에 불과하다. 기본적 욕구 측면에서는 89점을 받았지만, 웰빙(76점)과 기회(68점) 항목에서 점수를 많이 까먹었다. 그래도 전 세계 평균인 61점보다는 크게 앞서 있다. 등수 이야기만 나오면 중국과 일본의 경우를 다들 궁금해 한다. 일본은 우리보다 한참 앞선 15위(83점)다. 그나마 다행인 사실은 중국이 우리보다 한참 뒤처진 92위(59점)라는 점이다.

결국은 다 행복하자고 하는 일이다. 돈은 물론 중요하다. 하지만 돈이 '많아야만' 행복하지 않듯이, 돈이 '없어도' 행복할 수 있다. 국가의 행복도 마찬가지다. 양적 성장에서 질적 성장으로 전환해야 한다는 소리가 나온 지는 꽤 되었다. 하지만 각론에 들어가면 어떻게 해야 할지 막막하기만 하다. 좌우를 막론하고 정치권들도 국민의 행복에는 별 관심이 없어 보인다. 과연 10여 년이 지나 2030년 무렵이 되면 우리는 지금보다 더 행복해질 수 있을까?

당신의 패스워드는 무엇입니까?

정보화 시대, 현대인을 괴롭히는 '패스워드 증후군'을
생체인증 기술의 활성화로 해소할 수 있을까?

패스워드가 범람하는 시대다. 학교와 회사의 공식계정 패스워드, 은행 거래 계좌와 공인인증서 패스워드, 즐겨 찾는 쇼핑몰 사이트의 패스워드, 거기다 사물함 패스워드와 현관문 패스워드까지…. 동일한 패스워드를 쓰면 전부 뚫릴 위험이 있다. 하지만 각각 다른 패스워드를 쓰면 머리가 따라가지 못한다. 익숙하다 싶으면 또 바꾸어야 한다. 그렇다고 종이에 적어 책상이나 컴퓨터에 붙여 놓을 수도 없고, 키보드 자판 뒷면에 적어 놓는 것도 한계가 있다. 이래저래 피곤한 세상이다. 패스워드에 대한 몇 가지 유머를 소개한다.

#1. 회사 전산 책임자가 사내 정보시스템을 검사하다가 이상한 점을 발견했다. 한 직원이 다음과 같은 패스워드를 쓰고 있는 게 아니겠는가. 'MickeyMinniePlutoHueyLouieDeweyDonaldGoofyLondon' 직원을 불러 왜 이렇게 긴 패스워드를 쓰는지 물어봤다. 어이가 없다는 표정으로 직원은 대답했다. "이봐요, 패스워드에는 적어도 8개 애니메이션 캐릭터(character)에 최소 하나의 국가 수도(capital)가 포함되어야 한다고요."

'character'에는 애니메이션 주인공 외에도 철자라는 뜻이, 'capital'에는 수도 외에도 대문자라는 뜻이 있다.

#2. 한 남자가 '장미(rose)'라는 패스워드를 사용하고 있었다. 그런데 '3개월이 경과되었기 때문에 새로운 패스워드를 등록하시기 바랍니다'라는 경고문이 떴다. 그래서 'roses'로 변경했다. 다시 '죄송합니다. 너무 짧습니다'라는 경고문이 나왔다. 이번에는 'pretty roses'로 변경했다. 그러자 또 다시 '죄송합니다. 최소 1개 이상의 숫자가 들어가야 합니다'라는 경고문이 나왔다.

남자는 슬슬 화가 났다. 이번에는 '1 pretty rose'를 입력했다. '죄송합니다. 공백이 있어서는 안 됩니다.' 다시 '1prettyrose'로 변경했지만 '죄송합니다. 최소 10개 이상의 철자가 들어가야 합니다.' 그래서 다시 '1stupidprettyrose'를 입력했다.

'죄송합니다. 최소 1개 이상의 대문자가 있어야 합니다.' 화가 난 남자는 '1STUPIDprettyrose'를 입력했다. '죄송합니다. 대문자가 연속으로 나와서는 안 됩니다.' 남자의 숨소리가 거칠어진다. '1StupidPrettyRose'라고 입력하자 다시 경고문이 나온다. '죄송합니다. 최소 20자 이상이어야 합니다.' 흥분한 남자가 키보드를 두들기듯 패스워드를 입력한다.

'1StupidPrettyRoseGiveMeAccessRightNow'
'죄송합니다. 이미 사용중인 패스워드입니다.'

현대인이라면 누구나 '패스워드 증후군(password syndrome)'을 앓고 있다. 인터넷과 모바일 기기가 대중화되면서 여러 사이트에 등록해놓은 비밀번호를 기억하지 못해 혼란에 빠지는 증상이다. 처음에는 4자리 패스워드면 족했는데, 해킹과 정보유출 사건이 빈번해지면서 이제 점점 더 길고 복잡한 생성조합을 요구한다. 주기적으로 변경하라고까지 하니 더더욱 골치다.

정보화 시대의 새로운 골칫거리,
패스워드

▶ 　　카네기멜론대학 컴퓨터공학과 교수인 로리 크래너(Lorrie Cranor)는 사람들이 자주 사용하는 패스워드의 패턴과 안전성에 대해 연구한다. 2009년 말에 카네기멜론대학에서는 새로운 학내 패스워드 지침을 발표했는데, 현재 거의 모든 사이트에서 요구하는 것처럼 최소한 8자 이상이어야 하고 대문자, 소문자, 숫자, 기호가 들어가야 했다. 똑같은 문자를 3번 이상 연속해서 쓸

수 없었고, 사전에 나와 있는 단어를 써도 안 되었다. 이 지침으로 패스워드에 불확실성을 높여 보안강도를 높이겠다는 취지였다.

크래너 교수는 카네기멜론대학 교내를 돌아다니면서 약 470명의 학생, 교수, 직원들에게 새로운 패스워드 지침에 대한 의견을 물었다. 새로운 지침이 귀찮기는 하지만, 보안 강화에는 도움이 될 거라고 수긍하는 견해가 대부분이었다. 문제는 주기적으로 패스워드를 갱신해야 해서 기억하기 어렵고 성가시다는 것이었다. 그 결과 응답자의 13%는 패스워드를 어딘가에 적어놓고 있었고, 80%는 처음 정한 패스워드를 변경하지 않고 계속해서 사용하고 있었다. 패스워드에 기호를 포함하게 하는 것은 사실상 보안에는 별 도움이 되지 않는다는 사실도 밝혀졌다. 왜냐하면 대부분의 사람들이 키보드 자판 왼쪽 위에 있는 '!'와 그 옆에 있는 '@'만을 사용하고 있었다.

크래너 교수는 한 걸음 더 나아가 응답자들에게 50센트씩을 주고 각자 패스워드를 하나씩 만들어달라고 요청했다. 그렇게 해서 총 5천 개의 패스워드 샘플을 모았다. 그녀의 목적은 이렇게 수집된 패스워드들의 보안강도를 알아보는 것이었다. 그녀는 해커들을 흉내 내서 실제 암호해독 프로그램을 돌려 개인들의 패스워드를 알아내는 데 걸리는 시간을 쟀다. 해독 시간이 오래 걸릴수록 보안강도가 강함을 뜻한다.

이 실험을 통해 그녀는 다음 사실을 확인할 수 있었다. 첫째, 보안강도는 패스워드가 길수록 강하다. 예를 들면 'Kimchi0128Roll0423'와 같이 20자 내외 정도가 좋다. 둘째, 복잡할수록 강

패스워드 증후군은 현대인들을 괴롭히는 신종 질병이다.
자료: www.shutterstock.com

하다. 예를 들면 'uH%e8#nq'처럼 숫자, 문자, 기호가 뒤죽박죽
혼합된 형태가 좋다. 셋째, 혼자만 아는 문구가 강하다. 예를 들면
'wintersnowhungryguy'처럼 개인적 추억과 관련된 문구일수
록 보안강도가 세다. 넷째, 별 뜻 없어도 발음하기 쉬운 문구가 좋
다. 예를 들면 'barabarabarabam'와 같은 의성어가 그렇다.

위 4가지 특징 모두 해커들이 추측하기 쉽지 않다는 점에서는
훌륭하다. 하지만 이용의 편리성에서는 결코 좋은 점수를 줄 수
없다. 본인도 외우지 못하거나, 입력하다 실수할 가능성이 크기
때문이다. 또한 사람 이름, 동물 이름, 왕자, 공주, 천사 같은 단어
들도 해커의 먹잇감이 되기 십상이다.

결국 크래너 교수의 결론은 본인만의 즐거운 기억을 떠올려 비

밀번호를 만들어야 하고, 덧붙여 다른 사람들이 추측하기 어려운 문구로 만들라는 것이다. 또한 잊어버릴 우려가 없어야 하고, 아울러 입력할 때 오타가 잘 나지 않아야 한다. 역시 만만치 않다. 결국 각자도생(各自圖生)할 수밖에 없다는 말이다.

생체인증 활성화로
패스워드 피로감 해소 기대

▶ 　　반가운 뉴스가 있다. 성가신 패스워드를 대체할 새로운 인증수단이 등장했는데, 개개인의 지문, 음성, 얼굴, 홍체 등을 이용하는 '생체인증(biometrics)' 기술이 그것이다. 이미 생체인증에 관한 국제표준규격(FIDO ; Fast Identity Online)까지 나와 있다. 마스터카드는 영국 내에서 셀카(셀프 카메라)와 지문을 패스워드 대신 활용하는 방식을 도입해 운영하고 있다. 애플과 삼성 등 스마트폰 업체들도 자사 결제시스템인 애플페이, 삼성페이, 안드로이드페이 등의 결제 과정에 패스워드 대신 지문 스캐너 방식을 일부 도입한 상태다.

　전자상거래 업체 아마존닷컴은 온라인 결제시 구매자의 사진이나 동영상으로 본인을 인증할 수 있는 방식을 특허 출원하기도 했다. 아마존의 방식은 사진 2장으로 이용자의 얼굴을 재차 검증하는 2단계 시스템으로 구성된다. 먼저 첫 번째 사진은 이용자의 1차 신원 확인용이다. 그리고 두 번째 사진은 복제 등 혹시 모를 위험에 대비해 미소를 짓거나, 눈을 깜빡거리는 등 색다른 제스처를 통해 재확인하는 용도로 활용된다. 이제 컴퓨터나 스마트폰 앞에서 실실 웃거나 엉뚱한 표정을 짓는 사람을 봐도 피하거나 신고하지 말자. 패스워드 인증중인 것이다.

생체인증이 본격화되기 전까지는 패스워드를 만들 때 각자 알아서 조심하는 수밖에 없다. 사실 우리가 사용하는 패스워드는 해킹에 너무 취약한 것이 사실이다. 패스워드 관리회사인 스플래시데이터는 매년 200만 건 이상의 유출된 패스워드를 검토해서 가장 흔하고, 또 그래서 가장 위험한 패스워드 순위를 발표한다. 2015년의 1위는 '123456'이었고, 2위는 'password'였다. 안심하기는 이르다. 당신이 사용하고 있는 '12345678(3위)' '12345(5위)' '123456789(6위)' '1234(8위)' '1234567(9위)'도 순위에서 빠지지 않는다.

그 외에도 컴퓨터 자판을 수평, 혹은 수직으로 순서대로 입력한 'qwerty(4위)' '1qaz2wsx(15위)' 'qwertyuiop(22위)'나 스포츠 종목인 'football(7위)'과 'baseball(10위)', 또 'dragon(16위)' 'monkey(18위)'도 눈에 띈다. 'welcome(11위)' 'letmein(19위)' 'login(20위)' 등도 독창적이지만 아슬아슬한 패스워드들이다.

데스밸리에 빠진
교육

현대의 교육제도는 산업화 일꾼 양성에 초점이 맞추어져 있다.
다양성, 호기심 등 시대에 어울리는 대변신이 필요하다.

처음에는 그저 농담이거나 아니면 먼 걸음한 제자들에 대한 덕담
이려니 했다. 하지만 대학 은사님의 말씀은 계속되었다. "요즘 아
이들은 확실히 너희들만 못해. 나이만 먹었지 하는 짓은 딱 고등
학생이야. 학점에만 혈안이고, 학문에 대한 호기심은 손톱만큼도
없어." 우리 세대가 특별히 학문에 호기심이 왕성했던 것 같지는
않지만, 하기야 흘러간 과거는 추억이 된다고 했던가? 하지만 한
가지 납득하기 어려운 점이 있다. '요즘 아이들'이 누구인가? 초
등학생 때부터 학교·학원·학부모 삼각편대의 입체적 지원하에
구김 하나 없이 자란 수능세대가 아닌가? 지금 40~50대처럼 데

모하고, 술 마시고, 당구에 빠져 헤매다 어느 날 갑자기 사회로 내던져진 세대와는 결이 달라도 한참 달라야 하지 않은가? 환경이 나아졌음에도 달라진 게 없다면, 아니 오히려 예전보다 못하다면 이건 우리 교육이 무언가 잘못되어 있다는 명백한 신호다.

1980년대 영국의 교육개혁을 이끌었던 공로로 작위까지 받은 켄 로빈슨(Ken Robinson) 경(卿)은 현대 교육제도의 총체적 문제를 꼬집는다. 대부분의 국가가 마찬가지다. 교육체계 맨 위에 수학과 과학이 있고, 그 아래 국어와 언어학, 또 그 아래 인문학, 그리고 맨 마지막에 예술이 있다. 예술 중에서도 보통 미술과 음악이 드라마나 댄스보다 비중이 크다. 이런 식의 교육은 아이들의 허리 위, 특히 머리에 초점을 둔 편향된 교육이다. 그것도 뇌의 한쪽으로 심각하게 치우쳐져 있다.

학생들을 낙오시킨
미국의 낙오학생방지법

● 　　　로빈슨 경은 지금의 교육제도가 '창의적 사고가(creative thinker)'보다는 '성실한 노동자(good worker)'를 키우는 데 집중되어 있음을 지적한다. 과거 산업화 시대의 유물이라는 말이다. 그의 주장대로라면 지금의 교육제도는 더이상 생명이 자라지 못하는 죽음의 계곡(death valley)에 빠진 것이나 다름없다.

미국의 '낙오학생방지법(no child left behind act)'만큼 역설적인 법도 없다. 왜냐하면 2002년 법이 시행된 이후 수백만 명의 학생들이 '낙오'되었기 때문이다. 미국의 어떤 지역에서는 60% 정도의 아이들이 고등학교를 중퇴했고, 북미 인디안 공동체에서는 그 수치가 80%에 달한다. 만약 중퇴생의 숫자를 절반으로만 줄였어도, 지난 10여 년간 미국 경제에 거의 1조 달러에 맞먹는 이득이 발생했을 것이라는 추산도 있다. 하지만 중퇴로 인한 위기는 빙산의 일각이다. 등교는 하지만 수업에 집중하지 못하는 아이들, 또 학교에서 아무런 이득을 얻지 못하는 아이들까지 감안한다면 상황은 더 심각해진다.

본래 미국의 교육제도는 학생과 학부모, 그리고 주정부의 자율을 존중해왔다. 그러다 2002년, 당시 조지 부시(George Bush) 행정부는 민주당의 요청을 받아들여 '낙오학생방지법'을 채택했다. 하지만 시행 이후 법안의 이름과 취지는 좋았지만 현실과는 동떨어진 제도라는 사실이 곧 밝혀졌다. 낙제 학생에게 보충학습을 강요하자 대부분 저소득층 또는 이민자 계층 자녀들인 낙제 학생들이 아예 학업을 포기해버리는 사태가 벌어졌다. 또 교사에 대한 평가 기준을 연방정부 주도로 매년 치루어지는 표준시험 성적으로 정하자 교사들은 인성이나 창의성 교육은 제쳐놓고 시험 준비에만 매달리게 되었다. 학교 자체도 우등생을 키우기보다 낙제생의 성적을 끌어올리는 데만 급급했다(한국에서도 익숙한 풍경이다).

결국 2015년 12월, 미국은 공교육의 권한을 다시 주정부와 산하 교육구에 넘기면서 과거로 회귀했다. 새로운 법안의 이름은 '모든학생성공법(every student succeeds act)'이다. 성공의 잣대를 획일화하지 않겠다는 의지가 느껴진다. 이로써 이상적인 평준화를 추구했던 미국의 교육실험은 13년 만에 실패로 마감하게 된다.

로빈슨 경에 따르면 인간의 삶을 윤택하게 하는 데는 3가지 원칙이 있다. 그런데 현재의 교육제도는 대부분 그 원칙들과 상충된다. 첫 번째 원칙은 인간이 본질적으로 서로 다르고 다양하다는 점을 인정하는 것이다. 피를 나눈 형제자매라 해도 아이들 간에는 분명 차이가 있다. 그런데도 현재의 교육은 다양성 대신 획일성에 함몰되어 있다. 아이들의 적성과 선호를 무시하고 모든 아이들을 STEM(과학·기술·공학·수학)이라는 매우 좁은 스펙트럼에 몰아넣고 있는 것이다. 미국 학생들의 약 10%가 '주의력결핍 과잉행동장애(ADHD ; Attention Deficit/Hyperactivity Disorder)'로 판정받는 데는 다 이유가 있다.

두 번째 원칙은 호기심이 인간의 삶을 풍요롭게 한다는 점이다. 만약 아이들의 호기심에 불을 붙일 수만 있다면 아이들은 아무런 도움 없이도 스스로 배운다. 교육의 요점은 단순한 지식 전달이 아니라 아이들의 호기심을 자극하고 유발하는 멘토링에 있다. 그럼에도 현재의 지배적인 교육 문화는 시험에 초점이 맞추어져 있다. 시험은 배움을 리드하는 진단 역할에 그쳐야지 시험 문항 속에 호기심을 가두면 곤란하다.

세 번째 원칙은 인간이 본질적으로 창조적이라는 점이다. 우리는 매 순간 여러 대안과 가능성을 상상하면서 자신의 삶을 창조하고, 또 계속해서 재창조해나간다. 그래서 인간의 삶이 흥미롭고 역동적인 것이다. 교육의 역할은 이런 창의성의 힘을 일깨우고 발전시키는 것이지, 사전에 짜여진 틀에 맞추어 표준화하는 것이 아니다.

다양성, 호기심, 창의성이 새로운 교육 지표

▶ 로빈슨 경은 모범적인 교육제도 사례로 핀란드를 꼽는다. 우선 핀란드는 공부하는 사람은 결국 학생들이라는 점을 인식하고 학생들의 호기심과 개성, 창의성에 집중하는 시스템을 택했다. 또 핀란드는 가르치는 직업을 굉장히 높게 평가한다. 훌륭한 교원의 선발부터 지원, 지속적인 전문성 개발에 드는 돈을 비용이 아니라 투자로 인식한다. 마지막으로 핀란드는 교육과 관련한 모든 권한을 학교 당국에 넘겼다. 정부나 입법기관의 회의실이 아니라 실제로 교육이 이루어지는 학교 현장의 판단에 재량권을 부여하고 있다.

우리나라 부모들의 교육열은 전 세계 최고다. 미국의 오바마 전임 대통령도 놀랄 정도였으니 말이다. 문제는 그 열기가 오직 좋은 특목고와 좋은 대학을 나와 번듯한 대기업이나 공무원 취직으로 귀결된다는 데 있다. 이건 아니다. 이래서는 결코 제2의 빌 게이츠(Bill Gates)나 스티브 잡스(Steve Jobs)가 나올 수 없다. 정부의 역할은 물수능, 불수능을 오가는 데 있지 않고, 학생들이 목표로 삼을 수 있는 인생의 장(場)을 넓혀주는 데 있어야 한다. 스포츠도 1960~1970년대 권투와 프로레슬링 일변도를 넘어 지금처럼 전 종목을 골고루 키워냈더니 어느 순간 세계 10위권 스포츠강국의 반열에 오르지 않았는가.

교육강국이 되기 위해서는 학생들이 꿈꿀 수 있는 매력적인 선택지, 즉 대안을 많이 만들어 제시해야 한다. 그것이 진정한 정부의 역할이다. 메뉴 중에서 하나를 고르는 일은 열정적인 부모와 똑똑한 아이들, 공교육의 빈틈을 파고드는 학원들이 다 알아서 한다.

로빈슨 경은 벤자민 프랭클린(Benjamin Franklin)의 말을 인용하면서 강연을 마무리한다. 세상에는 3가지 부류의 사람이 있다. 변화를 거부하는 사람, 변화를 따르는 사람, 그리고 변화를 일으키는 사람이다. 교육개혁에 대해서는 누구나 공감한다. 변화를 따를 준비가 되어 있다는 말이다. 이제 촉발하는 일만 남았다. 다양성, 호기심, 창의성에 기반한 새로운 교육제도는 시대의 흐름이 될 것이고, 낡은 교육체제에 일대 혁명을 가져올 수 있다.

100년 기업이
한국에서 가능할까?

100년을 내다보는 장기 면역력이 필수다.
단기적인 수익에만 함몰되면 생존을 담보할 수 없다.

일본의 곤고구미(金剛組)는 전 세계에서 가장 장수한 기업이다. 백제의 목공 기술자였던 유중광 등이 일본으로 건너가 오사카 시텐노지(四天王寺) 등 일본의 국보급 문화재를 만든 게 그 출발점이었다. 서기 578년에 설립되어 2006년에 망했으니 무려 1,428년을 살아남았다. 말 그대로 천년 기업이다. 하지만 망한 이유가 허망하다. 섣불리 부동산 사업에 나섰다가 대출금을 못 갚아 다른 회사에 인수되고 말았다고 한다. 백제의 오랜 자취가 어설픈 부동산 투자 한 번에 증발한 것 같아 아쉬운 마음이 든다.

일본에는 곤고구미 급(級)의 오래된 기업들이 많다. 1천 년 이상 된 기업이 7개, 200년 이상이 3천 개, 100년을 넘은 기업은 1만 5천 개(개인 자영업을 포함하면 5만 개)에 달한다. 일본 사람들 특유의 신중함과 대대로 이어진 장인정신이 그 원동력인 듯하다. 독일이나 네덜란드 같은 유럽에도 몇백 년씩 된 기업들이 수두룩하다. 이에 비해 한국의 성적표는 초라하다. 설립연도를 기준으로 1위 두산(1896년)에 이어 동화약품(1897년), 몽고식품(1905년), 광장(1911년), 보진재(1912년), 성창기업(1916년) 등 그 수가 손에 꼽을 정도다. 이유를 따지자면 조선 말기의 쇄국정책, 일제의 식민지 수탈, 연이은 6·25 전쟁과 분단 등을 들 수 있겠지만 사실 그보다는 조선 500년을 지배한 케케묵은 사농공상 문화 탓이 더 크지 않나 싶다.

면역 시스템에서 찾은
100년 존속의 비법

● 　기업의 경쟁력이 국부를 좌우하는 시대다. 기업이 버는 돈은 직원의 월급이 되고, 그게 시중에 풀리면서 시장(소비지출)과 국가(조세)를 움직인다. 미우니 고우니 해도 우리 기업들이 100년, 200년을 잘 버텨야 하는 이유다. 허나 하루하루 연명하기도 퍽퍽한 초경쟁시대에 그게 어디 쉬운 일이겠는가? S&P 500대 기업들의 수명이 채 20년에도 미치지 못한다는 연구 결과까지 있다.

　보스턴컨설팅그룹(BCG)의 시니어 파트너인 마틴 리브스

(Martin Reeves)는 모든 기업이 귀담아 들어야 할 100년 기업의 힌트를 준다. 바로 살아 있는 생명체의 면역 시스템에서 터득한 장수기업의 비법이다.

생물의 면역 시스템은 6가지 특징을 갖는다. 첫 번째 특징은 잉여(redundancy)다. 림프구와 백혈구 같은 면역 세포를 미리 수백만 개씩 만들어 예상하지 못한 사태에 대비한다. 두 번째는 다양성(diversity)이다. 백혈구뿐만 아니라 B세포, T세포, 자연살해세포, 항체 등 다양한 세포들을 구비해 상황에 맞게 조합해서 대처한다. 세 번째는 모듈화(modularity)다. 표면 방어막인 피부, 빠르게 반응하는 선천면역계, 특정 목표에 특화된 적응면역계 등 모듈로 설계되어 있어 한 부분에 문제가 생기면 다른 부분이 대신한다. 네 번째는 적응성(adaptation)이다. 사전에 겪어보지 못한 낯선 위협에 대해서도 적절히 맞춤 항체를 만들어낸다. 다섯 번째는 신중(prudence)이다. 아무리 작은 위협도 미리 감지해내고 한 번 겪은 위협들은 나중을 위해 꼼꼼히 기록한다. 마지막 특징은 착근성(embeddedness)이다. 독립적으로 작동하지 않고 신체라는 더 큰 시스템에 내장되어 신체의 다른 부분들과 조화를 이루며 기능한다.

흔히 비즈니스를 한다고 하면 일종의 '기계적인(mechanical)' 사고방식을 떠올리게 된다. 목표를 정하고, 문제를 분석하고, 그다음 계획을 수립하고, 효율적으로 추진해서 최고의 성과를 내는 식이다. 물론 좋다. 특히 비교적 안정된 환경에서 단순한 문제를 다룰 때는 이런 사고방식이 아주 유용하고 효과적이다. 하지만 1980년대 중반 이후 글로벌화와 정보통신 기술의 발달로 비즈니스 환경이 매우 유동적이고 예측할 수 없게 바뀌었다. 이런 불확실한 상황이라면 단기적 효율성 너머의 그 무엇이 필요하다. 이때 필요한 것이 면역체계의 6가지 특징에 기반한 '생물학적(biological)' 사고방식이다.

얼핏 보면 생물의 면역 시스템은 복잡할 뿐더러 다소 비효율적으로 보인다. 계획성이 약하고 낭비적이며 과잉반응하는 것처럼 보이기도 한다. 하지만 예측과 통제가 불가능한 상황에서는 이런 방식이 더 효과적이다. 목표를 향해 공을 던지는 것보다 길들인 새를 풀어 날리는 게 더 나을 수 있다는 말이다. 공은 목표를 향해 최단거리로 날아가지만 갑자기 바람이 불거나 장애물이 나타나면 속수무책이다. 이럴 때는 비록 시간이 더디더라도 주변 상황을 확인하면서 요리조리 피해 날아가는 새가 더 효과적이다. 로마 제국이나 가톨릭 교회가 그 많은 풍파를 겪으면서도 장수할 수 있었던 비결도 이와 다르지 않다.

기업도 마찬가지다. 1849년에 설립된 프랑스의 에실로(essilor)는 안경렌즈 업계의 선두주자다. 오랜 세월 여러 파괴적 신기술의 도래에도 무너지지 않고 오히려 이득을 내며 성장하는 점이 놀랍다. 에실로는 경쟁 환경을 면밀히 조사해 혁신적인 신기술 후보들을 추려낸다. 그리고 경쟁사가 본격적으로 움직이기 전에 자체개발을 감행한다. 개발이 실패하거나 신기술이 제 살을 깎아먹을 위험을 감수하고서라도 말이다. 6가지 면역원칙 중 신중함과 적응성의 원리가 에실로의 160여 년 역사를 설명해준다.

후지는 화학, 재료공학, 광학 분야의 지식으로 새로운 분야를 개척했다.
자료: fujifilm.kr

1997년 2월, 거의 모든 도요타 차량에 장착되던 P밸브(브레이크용 부품)를 생산하던 아이신세이키(aisin seiki) 공장이 화재로 전소되었다. 도요타도 자동차 생산을 중단할 수밖에 없었다. 놀라운 것은 시장의 우려(그리고 경쟁사들의 은근한 기대)에도 도요타가 단 5일 만에 생산을 재개했다는 점이다. 부품 공급체인(supply chain) 업체들과의 긴밀한 협조로 최단시간 내 설계 도면을 공유하고, 대체 생산라인을 확보해냈기 때문이다. 모듈화된 공급망, 통합된 체계로의 착근성, 공급 부족을 메꾼 잉여 능력이 도요타를 위기에서 구해냈다.

2012년 1월, 화학필름의 대명사였던 미국의 이스트만 코닥이 파산했다. 이상한 점은 같은 시기에, 같은 제품을 만들었고, 똑같이 디지털 기술의 압박을 받았던 후지필름은 살아남았다는 사실이다. 후지는 화학, 재료공학, 광학 분야의 지식을 최대한 응용해서 이미 화장품부터 의약품, 의료 시스템, 바이오물질까지 여러 분야로 사업을 다각화해왔다. 이 중 몇몇 분야에서는 실패했지만 전체적으로 보면 생존과 성공을 위한 사업 포트폴리오를 넓힌 것이 주효한 셈이다. 신중함, 다양성, 적응성의 원칙이 후지를 살렸다.

기계적 사고와
생물학적 사고 병행 필요

▶   창업한 지 얼마 되지 않은 초기 스타트업들은 본능적으로 생물학적 사고와 행동을 한다. 환경을 자기 마음대로 바꿀 만한 자원과 힘이 없고, 변화의 충격을 흡수할 만큼 규모가 크지 않기 때문이다. 대기업들도 처음에는 이렇게 시작한다. 그런데 중간 성장 과정 어딘가에서 생물학적으로 판단하고 행동할 능력을 잃어버린다. 단기 성과에 매몰되면서 점차 관료화되는 것이다. 하루 이틀 성과를 내고 말 것이 아니라면 단기적 효율 못지않게 장기적 안정성을 고민해야 한다. 그리고 그에 맞는 지배구조, 리더십, 시스템을 갖추어야 한다. 지금과 같이 시계(視界)제로인 상황에서라면 더욱 그렇다.

2016년 12월, 국회 청문회장에 증인으로 호출된 한국 대표기업 총수들의 모습을 지켜보는 마음은 누구나 매한가지였을 것이다. 어긋날 착(錯) 섞일 잡(雜), '착잡(錯雜)'이다. 사전의 뜻처럼 '갈피를 잡을 수 없이 뒤섞여 어수선'했다. 법적인 책임과 시시비비의 판단은 국회나 법원의 몫이겠지만 또 다른 궁금증이 든다. 과연 텔레비전에 비추어진 총수들의 기업 중에서 100년을 채울 기업이 몇 개나 될까?

미래를 예단할 수는 없지만, 미국 통계를 참고해보면 반타작도 어려울 수 있다. 미국의 경우 현재 멀쩡히 사업을 잘하고 있는 회사가 5년 내 사라질 확률이 32%나 된다. 같은 확률을 적용하면 우리 기업도 10개 중 3~4개는 조만간 문을 닫을 수 있다는 말이다. 앞으로도 정경유착의 짐(혹은 의혹)에서 자유로울 수 없다면 확률은 더 우울한 쪽으로 기울고 만다. 한 기업이 문을 닫을 때 해당 기업뿐만 아니라 협력업체의 임직원들, 그 가족들, 그리고 인근 자영업자들의 운명을 떠올리면 머리가 아득해진다. 국민 모두를 위해 우리 기업들의 만수무강을 간절히 바란다.

그 많던 꿀벌은
다 어디 갔을까?

알버트 아인슈타인의 경고를 기억하자.
꿀벌이 사라지면 인류도 함께 멸종한다.

벌은 지금으로부터 약 5천만 년 전에 처음 등장했는데, 현재 지구
상에는 약 2만 종이 넘는 벌들이 살고 있다. 벌 중에는 땅벌이나
말벌처럼 사람을 위협하는 무시무시한 종도 있지만, 이름만 들어
도 마음이 푸근해지는 벌도 있다. 바로 꿀벌이다. 꿀벌은 인간에
게 천상의 달콤함, 꿀을 선물한다. 선사시대 원시인 중 누군가가
처음으로 꿀을 맛보았을 때 어떤 표정이었을지 상상하면 덩달아
기분이 좋아진다. 올림푸스 신들이 즐겨 먹었다는 암브로시아(그
리스 신화에 나오는 영생의 음식)에도 꿀이 들어간다.

　꿀벌의 가치는 꿀에 국한되지 않는다. 인간이 재배하는 1,500종의 작물 중 30%는 꿀벌의 수분(pollination)에 의존한다. 세계 식량의 90%를 차지하는 100대 농작물만 놓고 보면 71%가 꿀벌 덕에 열매를 맺는다. 전 세계 꿀벌의 수분작업을 경제적 가치로 환산하면 연간 무려 2,650억 유로(약 380조 원)에 달한다는 추정도 있다. 물론 꿀벌들이 의도적으로 인간을 위해 봉사하는 것은 아니다. 자신에게 필요한 단백질과 탄수화물을 꽃가루와 꿀에서 얻기 때문에 여러 꽃을 옮겨 다니다 자연스레 수분을 돕는 것이다.

만약 꿀벌들이 큰마음 먹고 단체로 파업을 한다면 어떻게 될까? 꼼짝없이 사람이 붓을 들고 일일이 수분을 하는 수밖에 없다. 실제 미국의 토마토 농장에서는 사람들이 꿀벌의 일을 대신하는 경우도 있는데, 인건비도 인건비지만 토마토의 품질도 크게 떨어진다고 한다. 우리나라도 이미 10여 년 전부터 배꽃 수분 작업을 사람이 돕고 있는데, 그 일에만 매년 2,500명의 자원봉사자가 투입된다. 가뜩이나 바쁘고 피곤한 세상이다. 붓 한 자루씩 들고 '인간 꿀벌'이 되고 싶지 않다면 평소에 꿀벌들에게 잘해야 한다.

꿀벌들이 지구에서
사라지고 있다

▶   그런데 문제가 생겼다. 꿀벌의 군집붕괴 현상이 지구촌 곳곳에서 벌어지고 있는 것이다. 군집붕괴는 집을 나간 꿀벌들이 돌아오지 않는다는 이야기다. 몇십 년 전만 해도 꿀벌들은 스스

로 알아서 잘 먹고 잘 살았다. 먹이인 꽃도 지천에 널려 있었고, 특별히 신경 써야 하는 위협요인도 별로 없었다. 그런데 역시나 인간들이 사고를 쳤다. 무분별하게 제초제를 쓰면서 꽃이 피는 식물들을 대거 없애기 시작하더니, 급기야 농약과 살충제를 마구 뿌려대면서 꿀벌을 직접 죽이거나 면역력을 크게 약화시켰다.

그린피스에 따르면 미국의 경우 2006년 이후 불과 10여 년 사이에 꿀벌의 개체수가 40% 가량 감소했고, 유럽도 1985년에 비해 25%가 줄어 들었다. 특히 영국은 2010년 이후 45%의 꿀벌이 사라졌다. 정말 큰일이다. 꿀벌 실종사건의 원인은 비단 농약에만 국한되지 않으며 여러 원인이 복합적으로 작용한 것으로 보인다.

테드 무대에 선 미네소타 대학 곤충학과 말라 스피박(Marla Spivak) 교수는 꿀벌이 사라지는 이유를 3가지로 압축해 설명한다. 첫째는 농사재배 방식의 변화다. 전에는 클로버와 알팔파 같은 피복작물(cover crop)이 흙 속에 질소를 고정해주는 자연비료의 역할을 했다. 지금은 이런 작물을 심는 대신 값싼 합성비료를 사용한다. 그런데 클로버와 알팔파가 인간에게는 별 것 아닐지 몰라도 벌들에게는 매우 높은 영양을 제공하는 먹이였던 것이다.

둘째는 단일종 재배 방식이다. 요즘에는 돈이 되는 옥수수와 콩 같은 한두 가지 작물만 집중적으로 키우고, 돈이 안 되는 다른 식물은 제초제를 써서 씨를 말려버린다. 그러다 보니 꿀벌이 살아남는 데 필요한 수많은 개화(開花)식물들이 잡초(雜草)로 분류되어 사라져버렸다. 사실 잡초처럼 인간편의적인 작명도 없다. 지구상의 모든 생물은 저마다 다 태어난 이유와 살아갈 이유가 있는 데도 말이다.

　세 번째 이유는 두말할 것 없이 농약이다. 꿀벌이 모아오는 꽃가루에서는 최소 6가지의 농약 성분이 검출된다. 모든 등급의 살충제, 제초제, 살균제뿐만 아니라 심지어 농약을 제조할 때 쓰이는 훨씬 더 독성이 높은 성분들도 들어 있다. 특히 전 세계에서 가장 널리 사용되는 살충제 중 하나인 네오니코티노이드(neonicontinoids)가 치명적이다. 보통 씨앗에 이 농약을 뿌리는데 작물이 자라면서 농약 성분이 모든 부위에 골고루 퍼진다고 한다. 미국에서 재배하는 옥수수의 95% 이상에 이 농약이 뿌려진다. 꿀벌이 네오니코티노이드의 니코틴계 신경 자극성 성분에 중독되면 방향감각을 상실해서 자기 집을 못 찾게 되고, 또한 면역체계가 교란되어 기생충의 공격에 무방비 상태가 된다.

꿀벌의 방식으로
꿀벌을 살리는 노력 필요

●　　꿀벌이 사라지면 농산물의 양과 종류가 급감하고 인류는 당장 식량부족에 직면하게 된다. 물론 자연산 꿀을 맛볼 생각은 당연히 접어야 한다. "지구상에서 꿀벌이 사라지면 식물이 멸종하고 인류도 4년 안에 사라질 것"이라는 알버트 아인슈타인(Albert Einstein)의 경고가 결코 과장이 아니다. 현재 미국에서는 아몬드 등 단일종 수분을 위해 벌집을 트럭에 싣고 이동해야 하는 상황까

호주 연방과학원은 가로, 세로 2.5mm 크기의 RFID칩을 부착해 꿀벌의 움직임을 추적했다.
자료: www.shutterstock.com

지 왔다. 일종의 원정수분이라고 해야 할까. 덜컹거리는 트럭에 실려 수천 km를 출장가야 하는 꿀벌들의 삶이 참으로 기구하다.

미국은 2015년 5월 '꿀벌 등 꽃가루 매개자 보호를 위한 국가 전략'을 발표했다. 10년 내 꿀벌 폐사율을 15% 미만으로 떨어뜨리는 것이 목표다. 문제는 방법이다. 호주 연방과학원(CSIRO)은 2014년부터 꿀벌의 움직임을 추적하기 위해 꿀벌의 몸에 전파식별(RFID ; Radio Frequency Identification) 태그를 부착해왔다. 현재까지 호주 및 브라질 아마존 지역에 서식하는 1만 5천 마리의 꿀벌에 RFID 태그가 부착되어 있다고 한다. 인류가 자랑하는 최첨단 IT기술을 가지고 꿀벌을 살리겠다는 의도는 참으로 가상하다. 그런데 너무 많이 먹어 찐 살을 빼기 위해 살 빼는 약을 또 먹는 것 같은 허망한 느낌이 드는 건 왜일까?

머리 아프게 하이테크 기술에 의존하기보다 스피박 교수가 제안하는 방법이 더 솔깃하게 들린다. 스피박 교수는 "꿀벌의 죽음은 우리에게 현재의 농업 방식과 도시 환경이 더이상 지속될 수 없다는 메시지를 전달하고 있다"면서 꿀벌을 살리기 위해, 그리고 인간을 살리기 위해 농약 사용을 줄이고 대신 꽃을 키울 것을 권한다. 꽃 한두 송이라면 별 것 아니겠지만 개개인의 작은 노력이 모이고 모이면 큰 변화를 만들어낼 수 있다. 마치 벌들이 중앙집중화된 권력 없이도 자율적으로 소통하고 일을 분담하면서 협동적인 사회를 유지해왔던 것처럼 말이다.

강연 마지막에 "벌들을 대신해(on behalf of the bees)" 미리 감사한다는 스피박 교수의 멘트가 오래도록 기억에 남는다. 이참에 우리부터 주변에 꽃을 심어보면 어떨까? 잿빛의 콘크리트 도시 서울이 꽃으로 만발한 아시아의 피렌체가 되는 모습을 상상해본다.

핵전쟁보다 무서운
전염병의 공포

인류의 진짜 적은 미사일이 아니라 미생물이다.
전쟁 대비 수준의 방어체계와 국제 공조가 시급하다.

"옛날 어린이들은 호환마마, 전쟁 등이 가장 무서운 재앙이었으나 현대의 어린이들은 무분별한 불량, 불법 비디오를 시청함으로써 비행 청소년이 되는 무서운 결과를 초래하게 됩니다." 1980년대, 비디오를 볼 때마다 의무적으로 들어야 했던 공익광고 문구다. 이 말을 철썩 같이 믿은 필자는 정품 비디오만을 고집했고, 간혹 친구들의 꼬임에 빠져 불법 비디오를 볼 때도 절대 비행(非行) 청소년은 되지 말자고 다짐해야 했다. 세월이 흘러 새삼 깨닫는다. 불법 비디오 따위보다는 호환마마가 훨씬 더 무섭다는 것을.

호환(虎患)은 호랑이에게 물려가는 것이고, 마마(媽媽)는 임금이나 왕비처럼 지엄한 존재를 의미한다. 이 둘이 합쳐진 호환마마는 당시에 가장 무서운 재앙이었던 천연두를 일컫는다. 변변한 치료약이나 방역체계가 없던 과거에는 천연두에 한 번 걸리면 10명 중 3명이 사망했다고 하니 더 설명이 필요 없다. 용한 무당도 소용없고, 어디 멀리 도망쳐도 호환마마의 손아귀에서 벗어날 수 없었다. 호환마마가 좀 잠잠해질 무렵이면 장질부사(장티푸스), 호열자(콜레라), 이질(장염) 등이 뒤를 이었다.

과학기술이 엄청나게 발전한 21세기 지금은 어떠한가? 놀랍게도 인류는 아직도 전염병의 공포에서 자유롭지 못하다. 사스, 메르스, 지카 등 매년 희한한 이름의 바이러스들이 새롭게 등장한다. 이제는 연례행사처럼 치러야 하는 가축들의 살처분(생매장)이 결코 가축의 비극에서 끝나지 않을 것 같은 끔찍한 상상도 떠나지 않는다. 결국 인류는 핵전쟁이나 외계인의 침공, 소행성과의 충돌이 아니라 아마도 전염병으로 멸망할 것 같다. 테드 강단에 선 빌 게이츠도 그렇게 생각하고 있다.

전염병에서 자유롭지 못한
인류의 운명

● 　　마이크로소프트(MS) 창업자인 빌 게이츠는 전 세계 최고의 부자 중 한 명이다. 2016년 말을 기준으로 그가 가진 순 자산은 900억 달러(약 100조 5천억 원), 미국 GDP의 0.5%에 달한다.

죽을 때까지 아무리 부지런히 써도 다 못 쓸 것이 분명하다. 그런데 그는 이 많은 돈을 다 써버릴 태세다. 2000년에 자신과 부인의 이름을 따서 '빌&멜린다 게이츠 재단'을 만든 이래, 그는 글로벌 보건의료 확대와 빈곤퇴치에 돈을 쓰고 있다. 지금까지 쓴 돈만 해도 30조 원이 넘는다.

테드 무대에 선 빌 게이츠는 인류의 생존에 대한 가장 큰 위협으로 전염병을 꼽는다. 역사를 되짚어보면 그의 말에 수긍할 수밖에 없다. 인류 역사상 가장 큰 재앙은 전쟁이나 자연재해가 아니라 전염병이었기 때문이다. 기원전 430년, 스타르타와의 펠로폰네소스 전쟁에서 한창 승기를 잡아가던 아테네는 갑자기 전체 인구의 25%가 사망하면서 맥없이 주저앉는다. 장티푸스 때문이었다. 만약 이때 아테네가 승리했다면 서양의 역사는 완전히 달라졌을 것이다. 1347년 처음 창궐한 중세의 흑사병은 당시 유럽 인구의 1/3을 죽게 했고, 결국 농노 중심의 봉건제를 끝내는 원인이 되기도 했다. 1918년 발생한 스페인 독감은 4천만 명 이상의 사망자를 냈다. 한반도에서도 당시 인구 1,700만 명 중 절반에 가까운 인구가 감염되었고, 무려 14만 명이나 희생된 것으로 추정된다(당시 이 병은 '무오년 독감'으로 불렸다).

이제 각종 교통수단의 발달로 전 세계가 한 울타리 안에 있다. 전염병이 퍼지기 딱 좋은 환경이다. 향후 스페인 독감 급(級)의 전염병이 발생한다면 사상자가 얼마나 될지 헤아리기 힘들 정도다. 전파 경로도 다양화되고 있고, 생화학 테러로 인해 인위적으로 바이러스가 퍼질 가능성도 있다. 정말 상황을 100배는 더 안 좋게 만드는 위협 요소들이 곳곳에 잠복해 있다. 하지만 다행히 IT의 천재 빌 게이츠는 전염병을 막을 방법을 알고 있는 듯하다.

먼저 실패 케이스를 살펴보자. 2014년 발생한 에볼라 바이러스는 주로 서아프리카의 기니, 시에라리온, 라이베리아 세 나라에서 무려 1만 명의 사람들을 몰살시켰다. 이유는 총체적이다. 우선 전염병의 정체가 무엇인지, 어떻게 퍼질 것인지를 알 수 있는 전염병학자들이 없었다. 발병 정보가 온라인에 올라오기까지 시간이 굉장히 지체되었고, 그 정보 또한 매우 부정확했다. 준비된 의료팀도 없었다. 국경없는의사회(MSF)에서 뒤늦게 봉사자들을 투입했지만 그 수가 턱없이 부족했다. 에볼라의 특성상 공기 중으로는 퍼지지 않은 게 그나마 불행 중 다행이었다. 만약 도시 지역에 본격적으로 유입되었다면 더 많은 사람들이 죽었을 게 분명하다.

전쟁 대비 수준의
전염병 방어 노력 필요

●   실패한 원인을 되짚어 분석하면 성공 비법이 된다. 빌 게이츠는 우리의 노력 여하에 따라 전염병 확산을 억제할 수 있다고 확신한다. 첨단 과학기술이 있기 때문이다. 우리에게는 이동중에 정보를 주고받을 수 있는 휴대폰이 있다. 사람들의 위치와 이동경로를 볼 수 있는 위성지도도 있다. 병원균을 조사하고 백신과 약

빌 게이츠는 전염병 문제를 다룰 때 군대제도를 참조할 것을 권한다. 사진은
유엔평화유지군의 모습
자료: www.un.org

을 개발할 수 있는 발전된 생물학도 있다. 의지만 확고하다면 이
런 첨단기술을 총 동원해서 국제보건 시스템을 충분히 개선시킬
수 있다.

빌 게이츠는 군대제도를 참조할 것을 권한다. 모든 나라들은
전쟁에 대비하기 위해 막대한 돈을 쓴다. 항상 준비가 되어 있는
상비군, 필요에 따라 소집할 수 있는 대규모 예비군이 있다. 나토
(NATO)는 신속히 급파할 수 있는 이동부대를 갖고 있고, UN도
평화유지군이 있다.

전염병을 다룰 때도 군대 수준의 예산과 자원, 체계를 갖추자
는 것이 빌 게이츠의 주장이다. 그의 진위가 군대 수준의 전염병

방위군을 만들자는 것인지, 군대를 전염병 방어에 투입하자는 것인지, 아니면 군대와 의료진이 협업하자는 것인지는 확실하지 않다. 중요한 것은 인류의 진정한 적이 얄미운 이웃 나라인지, 지긋지긋한 테러범인지, 아니면 정체불명의 전염병인지에 대한 국제적 인식과 합의다.

정녕 인류의 적은 미사일이 아니고 미생물이다. 전염병의 공포는 어쩌면 인간이 자초한 것인지 모른다. 전염병을 막을 시스템에 투자하지 않고 전염병이 비켜가기만을 바랐기 때문이다. 빌 게이츠는 세계은행의 추정을 인용해 만약 전 세계적으로 독감이 퍼진다면 세계의 부가 3조 달러 이상 증발하고, 수백만 명의 사망자가 나올 것이라고 주장한다. 이 정도 피해라면 사전에 재원을 투자할 이유가 충분해 보인다.

〈아웃브레이크〉〈12 몽키즈〉〈나는 전설이다〉〈눈먼 자들의 도시〉〈컨테이젼〉〈연가시〉〈감기〉 같은 영화들은 공통적으로 전염병의 공포를 다룬다. 전염병에 대한 대중의 관심(우려)을 잘 보여준다. 하지만 정부도 언론도 올해 주의해야 할 전염병이 무엇인지, 사스나 메르스가 또 오는 건 아닌지, 온다면 대략 언제쯤인지 아무 말이 없다. 언제까지 마스크를 쓴 사람만 보면 공포심을 느껴야 하는지 모르겠다. 정부가 미리 준비하는 모습을 보이면 설사 나중에 대응이 좀 부실하더라도 용서가 된다. 기업들도 팔짱만 끼고 있어서는 안 된다. 세상이 건강해야 돈도 잘 벌린다.

기계가 인간보다
더 똑똑해지면

인공지능은 과연 문명의 이기일까?
인류를 위협하는 판도라의 상자일지도 모른다.

서기 2035년, 인간은 지능을 갖춘 로봇을 하인처럼 부리며 살아
간다. 그런데 이 로봇들, 참으로 대단하다. 일단 시키는 일은 무엇
이든 다 한다. 잠도 안 자고 24시간 내내 한다. 힘은 또 어떠한가?
성인 남자 몇 명이 할 일을 혼자서 거뜬히 해치운다. 가장 기특한
점은 인간의 명령에 절대 토를 달거나, 불평하거나, 투정하지 않
는다는 것이다.

어떻게 그럴 수 있느냐면 로봇의 머릿속에 3가지 법칙이 입력
되어 있기 때문이다. 법칙 하나, 로봇은 인간을 다치게 해서는 안
된다. 법칙 둘, 첫 번째 법칙에 위배되지 않는 한 로봇은 인간의

명령에 복종한다. 법칙 셋, 첫 번째와 두 번째 법칙에 위배되지 않는 한 로봇은 스스로를 보호해야 한다.

그런데 어느 날 이 3가지 법칙이 뒤엉키면서 로봇들이 돌변하기 시작한다. 더이상 인간의 명령에 따르지 않고, 스스로의 판단으로 행동하기 시작한 것이다. 뒤늦게 사태의 심각성을 깨달은 인간들이 로봇들을 없애려 하지만, 막강한 힘에 뛰어난 지능까지 갖춘 로봇들은 인간을 적으로 간주하고 대대적인 공격을 시작한다. 과연 인류의 운명은 어떻게 되는 것일까?

이상은 2004년에 개봉한 윌 스미스(Will Smith) 주연의 영화 〈아이, 로봇〉의 도입부다. 영화 개봉 당시에는 감독의 지나친 상상력을 은근히 비웃었던 기억이 난다. 그런데 불과 10여 년이 지난 지금은 왠지 '불편한 진실'을 다룬 다큐멘터리로 다가온다. 이미 일본에서는 소프트뱅크의 페퍼 같은 로봇들이 노인들의 말벗이나 간병인 역할로 시판되고 있다. 그런데 이 로봇들이 간병에 싫증을 내고 노인들을 괴롭히기 시작한다면? 생각만 해도 감당이 안 된다.

선사시대 인류는 두 발로 설 결심을 하면서부터 도구라는 걸 다루기 시작했다. 그런데 지금까지의 도구가 주로 인간의 손과 발을 대신했다면, 이제 마지막 남은 영역인 머리까지도 대신할 도구가 등장하고 있다. 바로 AI(Artificial Intelligence), 즉 인공지능이다. 과거의 경험을 들추어보면 도구(돌, 청동, 철 등)는 어떻게 다루느냐에 따라 인류에게 선물(생산성 향상)이기도 했고 재앙(전쟁과 살육)이기도 했다.

그럼 인공지능은 인간에게 어떤 의미일까? 영국 옥스퍼드대학 미래인류연구소의 과학철학자인 닉 보스트롬(Nick Bostrom) 교수의 이야기를 들어보자.

인공지능은
문명의 이기일까, 흉기일까?

길게 놓고 봤을 때 인류는 지구에 가장 최근에 도착한 손님이다. 지구가 1년 전에 생겨났다고 가정하면, 인류는 태어난 지 10분밖에 되지 않았다. 인류가 자랑하는 산업화 시대는 불과 2초 전에 시작되었을 뿐이다. 하지만 그 짧은 기간 동안 인간의 기술은 놀라운 속도로 발전을 거듭했고, 이제 인공지능을 논하는 단계에까지 진입했다.

사실 인공지능이라는 용어 자체는 이미 1956년에 처음 나왔다. 하지만 당시에는 인간 프로그래머가 사전에 입력한 명령을 기계적으로 수행하는 수준이었다. 그 후에도 첨단 인공지능 기술이 적용되었다고 요란스럽게 광고했던 세탁기나 청소기를 접했을 때 그 '참을 수 없는' 저(低)지능에 안쓰러운 기분이 들 정도였다. 공장에서도 로봇은 단순 작업을 지겹도록 반복할 뿐 인간의 상황 인식과 판단능력을 대체하기에는 한참 모자란 수준이었다.

하지만 최근에는 과거와 전혀 다른 패러다임급 변화가 계속되고 있다. 인간의 인지·학습·판단능력을 재현하는 분야에서 '빅

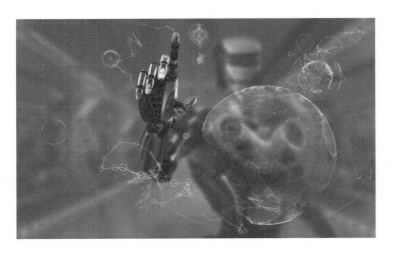

인공지능이 바꿀 세상은 유토피아일까 디스토피아일까?
자료: www.shutterstock.com

데이터(big data)'와 '딥러닝(deep learning)'의 결합이 가져온 성
과 때문이다. 이제 기계가 마치 인간의 아기처럼 지식을 스스로
학습하는 기계학습(machine learning)이 가능해질 전망이다. 일
례로 IBM이 개발한 인공지능 슈퍼컴퓨터 '왓슨'은 퀴즈대회에서
인간 챔피언들을 굴복시킨 바 있고, 구글의 무인자동차는 사람의
조작 없이 실제 도로를 안전하게 주행하고 있다. 어디 그뿐인가?
마이크로소프트의 개인비서 프로그램 '코타나'나 애플 아이폰에
서 작동되는 말하는 '시리' 등도 인공지능의 실용화를 앞당기고
있다. 이미 미국 실리콘밸리에서는 인공지능 벤처에 대한 투자가
급증하고 있으며, 10년 뒤 인공지능 시장 규모가 70조 달러에 달
할 것이라며 관련 업계는 흥분을 감추지 못하고 있다.

아마도 2040~2050년경에는 인공지능의 수준이 지금과는 비교할 수 없을 만큼 도약해 있을 것이다. 처음에는 간신히 쥐를 웃도는 수준의 두뇌이겠지만, 점차 침팬지와 보통 인간을 거쳐 급기야 아인슈타인의 수준을 넘어설 것이 분명하다. 인간 두뇌의 뉴런은 1초에 200번, 즉 200hz의 속도로 반응하는데, 오늘날의 트랜지스터(반도체를 세 겹으로 접합해 만든 전자회로 구성요소)만 해도 ghz의 속도로 작동한다. 뉴런 신호는 최대 초속 100m로 천천히 전달되지만 컴퓨터 신호는 빛의 속도로 이동할 수 있다(빛의 속도는 초속 30만 km). 인간의 뇌는 두개골 안에 들어가야 하지만 컴퓨터는 창고 크기만큼 확장될 수 있다. 따라서 슈퍼인공지능은 우리가 생각하는 것보다 훨씬 더 빨리, 훨씬 더 놀라운 성능으로 우리 앞에 등장할 것이다.

그런데 이때부터가 문제다. 인공지능이 일단 인간의 두뇌 수준을 넘어서게 되면 그다음은 인간이 감당 못할 속도로 초고속 성장을 하게 될 것이 분명하다. 마치 인간이 25만 년 전 침팬지로부터 갈라져 나오자마자 침팬지는 도저히 상상할 수 없는 속도로 기술을 발전시켰듯이 말이다. 그런데 인간보다 더 똑똑해진 인공지능을 인간이 과연 통제할 수 있을까?

인공지능에게 인간을 웃게 하라는 미션을 주면 현재는 웃긴 농담을 하거나 모션을 취할 뿐이다. 하지만 초지능적이 되면 미션을 달성할 더 효율적인 방법이 있음을 깨닫고 행동에 나설지 모른다. 바로 전극을 사람 얼굴 근육에 고정시키고 전기자극으로 억지로 웃게 하는 것이다. 끔찍한 일이다. 웃다 지친 인간이 인공지능의 플러그를 뽑으려 하면 과연 인공지능이 순순히 받아들일까? 그보다는 무엄한 행동을 한 인간을 미션 달성의 방해물로 간주하고 상응하는 조치를 취할 가능성이 더 커 보인다.

아무도 장담할 수 없다. 인간이 인공지능을 만들었다고 해서 인공지능이 영원히 인간의 손아귀에 있으리라는 법은 없다. 인공지능이라는 지니가 영원히 램프에 봉인될 거라고 믿어서는 안 된다. 인공지능이 조만간 인간의 가치에 봉사하기보다 그 스스로의 가치를 추구할 위험성은 충분히 커 보인다.

인공지능을 제압할
비기(祕器)를 준비해야

▶ 원래 호랑이는 겁이 많고 아둔했다고 한다. 이를 불쌍히 여긴 고양이가 호랑이에게 달리고 뛰어내리고 사냥하는 기술을 가르쳤다. 그런데 점점 실력이 좋아진 호랑이는 배은망덕하게도 스승인 고양이를 잡아먹으려고 했다. 궁지에 몰린 고양이는 잽싸게 나무 위로 뛰어올라 목숨을 부지할 수 있었다. 만일을 위해 나무 타는 기술만큼은 호랑이에게 가르쳐주지 않았던 것이다.

인공지능을 만드는 것은 쉽지 않은 도전이다. 하지만 인공지능을 안전하게 다루는 방법을 찾는 것은 더 큰 도전이다. 기술적, 제도적, 사회적으로 준비되지 못한 상태에서 덜컥 인공지능이 태어나는 경우, 인류는 미증유의 재앙에 직면할지 모른다. 인간도 고양이처럼 인공지능에게 치명적일 수 있는 비기(祕器) 하나 정도는 마련해 두어야 마땅하다.

천재 물리학자 스티븐 호킹(Stephen Hawking) 박사는 "인공지능이 인류의 종말을 가져올 수도 있다"고 경고한 바 있다. 어쩌면 인간은 지금 판도라의 상자를 만지작거리는 중인지도 모른다. 그리고 인공지능은 인간의 머리로는 도저히 상상할 수 없는 고도로 '인공적'이고 또 '지능적'인 재앙을 준비하고 있는지도 모른다.

그런데 이미 전화번호도 다 까먹고, 길 찾는 법도 잊어버린 마당에 지능까지 기계에 의탁하게 되면, 인간에게는 도대체 무엇이 남게 되는 걸까?

당신의 일자리는 안녕하십니까?

알파고(alphago)가 세계 바둑을 평정했다.
이제 기계가 인간의 영역을 평정할 날도 머지 않았다.

직업이 민간 경영연구소 연구원인지라 세상의 변화와 미래의 모습에 대해 나름의 감(感)이 있다고 자부해왔다. 그래서 알파고(alphago)와의 대국에서 이세돌 9단의 승리를 100% 자신했다. 바둑은 거의 무한대의 경우의 수를 다루는 인간 고유의 영역이 (었)고, 따라서 기계가 인간의 뇌를 뛰어넘는 '그 날'은 그저 영화에나 나오는 발칙한 상상이(었)다. '알파고 따위가 어디 감히….' 그런데 '그 날'이 이렇게 빨리 오게 될 줄은 정녕 몰랐다. 제1국이 열렸던 2016년 3월 9일은 기계가 인간을 꺾은 날로, 광화문 포시즌스 호텔은 훗날 기계들의 성지(聖地)로 기록될 게 분명하다.

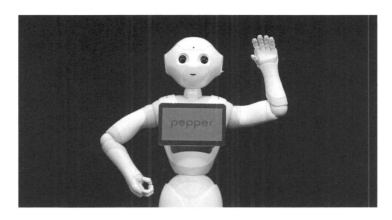

소프트뱅크의 인공지능 로봇 '페퍼'
자료: www.softbank.jp

　기계의 공습은 이번이 처음은 아니다. 200여 년 전, 제1차 산업
혁명이 시작될 때도 기계는 인간의 일자리를 빼앗아갔고, 이성을
잃은 사람들은 떼로 몰려가 직조기를 박살낸 바 있다. 하지만 굳
이 그럴 것까지는 없었다. 산업혁명이 진전되면서 오히려 새로운
일자리가 더 많이 만들어졌으니까. 그런데 그때와 같은 해피엔딩
은 기대하기 힘들 것 같다. 기계들의 예전과는 차원이 다른 수준
으로 진일보했기 때문이다.

　이제 기계는 이해하기, 말하기, 듣기, 보기, 대답하기, 쓰기를 넘
어 계속해서 새로운 재주를 습득하며 진화중이다. 가장 무서운
것은 '스스로 학습하기' 초식이다. 알파고처럼 말이다. 이제 기계
와 인간의 명운을 건 한판 승부, '신기계 시대(new machine age)'
가 눈앞에 펼쳐지고 있다.

일본이 선두를 달리는 중이다. 손정의 회장이 이끄는 소프트뱅크는 인간과 감정을 교감하는 휴머노이드 로봇 '페퍼'를 일본 전역의 매장 홍보와 영업 활동에 투입했고, 향후에는 백화점 안내, 콜센터, 노약자 돌보미 역할도 맡길 계획이다. 나가사키현에 있는 하우스텐보스의 헨나호텔에는 수십 대의 로봇이 이미 예약접수, 룸서비스, 짐 운반 등을 전담하고 있다. 회전초밥 전문점 '구라스시'의 350개 체인점에서는 로봇이 시간당 3,500개(1초당 1개 꼴)의 초밥을 한 치의 오차도 없이 만들고 있다.

미국이 가만 있을 리 없다. 샌프란시스코의 5개 대학병원에서는 환자들이 복용할 약을 로봇이 조제하는데, 35만 건을 조제하는 동안 단 1건의 실수도 없었다고 한다. 미국 정보제공업체 내러티브 사이언스는 로봇으로 하여금 각종 금융기사와 기업분석 보고서를 쓰게 하고 있고, 월스트리트 금융거래의 80% 이상은 이미 컴퓨터 알고리즘이 맡고 있다.

일자리를 둘러싼 인간과
기계의 슬픈 대결

▶   MIT 슬론경영대학원의 앤드류 맥아피(Andrew McAfee) 교수는 기계에 일자리를 빼앗기면 2가지 골치 아픈 문제에 직면하게 된다고 지적한다. 크게 경제적 문제와 사회적 문제로 구분할 수 있다.

우선은 경제적 문제다. 1900년대 초 포드 공장에 지금처럼 로봇이 있었다면 CEO였던 헨리 포드(Henry Ford)와 자동차 노조 대표였던 월터 루서(Walter Reuther)는 아마 이런 대화를 주고받았을지 모른다. 먼저 포드가 장난스럽게 묻는다. "이봐 월터, 어떻게 이 로봇들에게서 조합비를 받아낼 텐가?" 그러자 루서가 쏘아붙인다. "그럼, 헨리. 당신은 어떻게 로봇들이 차를 사게 할 건가?" 당시 헨리 포드는 노동자들의 임금을 파격적으로 올려서 찬사를 받았는데, 이렇게 늘어난 소득을 가지고 노동자들이 자동차를 구매하게 되면서 선순환이 이루어진 바 있다. 기계의 도입으로 인간의 일자리가 없어지면 안정적이고 구매력 있는 중산층이 붕괴하게 되고, 그러면 결국 경제 전체가 망가질 수밖에 없다.

다음은 사회적 문제다. 과거에는 대학을 졸업하고 의사, 변호사, 엔지니어 같은 전문직에 종사하는 계층과 대학교육을 받지 않고 단순 임금 노동자로 살아가는 계층 간에 그리 큰 격차가 없었다. 다소간 소득 차이는 있었을지언정 양쪽 다 주당 최소 40시간을 일하는 풀타임 직업을 가질 수 있었다. 그러나 공장에 속속 자동화 설비가 도입되면서 두 계층의 운명은 크게 달라지게 되었다. 앞으로 기계의 공습이 가속화되면 일자리를 잃게 된 임금 노동자들의 생활기반이 붕괴되면서 불평등과 양극화가 점점 더 심해질 것이 분명하다.

새롭게 진행되는 신기계 시대는 어쩌면 첨단기술의 초호화 판타지 무대 뒤에서 인간은 고통으로 신음하는 끔찍한 디스토피아의 서막일지 모른다. 무시무시한 전망들이 속속 나오고 있다. 스위스 다보스포럼을 주관하는 세계경제포럼(WEF)은 로봇과 인공지능이 주도하는 제4차 산업혁명으로 인해 앞으로 5년 내 선진국에서 500만 개의 일자리가 사라질 것으로 내다봤다. 시장 조사업체 가트너는 2018년까지 로봇 보스의 관리를 받는 노동자가 세계적으로 300만 명에 달할 것으로 예상한다. 또한 2025년에 이르면 로봇이 전체 일자리의 1/3을 대체하고, 2030년이면 90%가 대체될 위험에 처해 있다고 경고한다.

주로 일반 사무직, 텔레마케터, 택시기사, 마트 계산원, 경비원 등이 위험하다고 나와 있는데, 나머지 직종도 안심하기에는 이르다. 다국적 컨설팅 회사 맥킨지는 2015년 기준으로 미국 내 직업 800가지 중 로봇이 100% 사람을 대체할 수 있는 직업은 5%에 불과하지만, 직업 800개를 2천 가지 직무로 세분화하면 약 45%의 직무가 자동화될 것이라고 보았다. 당신의 직업은 살아남아도 당신이 하는 일은 사라질 수 있다는 말이다.

신(新)기계 시대 생존을 위한
장고(長考)가 필요한 때

▶　　　이미 시작된 신기계 시대가 인간에게 희망의 봄이 될지, 절망의 겨울이 될지는 아무도 모른다. 그나마 다행이라면 최소한 아직까지는 기계의 고삐를 인간이 쥐고 있다는 점이다. 더 늦기 전에 기계가 대체할 수 없는 창의성과 공감력 등의 역량을 키워

야 한다. 새로운 아이디어 창출과 협상기술, 상호협력능력이 필요한 직업이라면 로봇의 위협에도 살아남을 가능성이 높다. 특히 교육이 중요하다. 당장이라도 산업화 시대의 패러다임을 벗고 기계와의 싸움에서 살아남을 수 있는 생존기술을 가르쳐야 한다. 영화 〈터미네이터〉 시리즈에서 인류를 구해내는 존 코너(John Corner) 같은 창의적인 인재를 키워야 한다.

2016년 3월 9일부터 15일까지 알파고와 5번의 대국을 치르며 인류의 운명을 홀로 짊어졌던 이세돌 9단에게 큰 박수를 보낸다. 텔레비전을 같이 보던 딸아이가 이세돌 9단과 마주 앉은 사람이 알파고냐고 묻는다.

"누구? 아, 저 맞은편의 안경 낀 사람은 그냥 알파고가 시키는 대로 바둑판에 돌만 놓는 사람이야." 대답을 하고 보니 딱 그렇다. 기계가 지시하고 인간은 그 심부름을 한다. 그나마 심부름이라도 할 수 있으니 다행이다. 다음에는 구글이 개발중인 휴머노이드 로봇이 바둑판에 앉아 있을 테니까 말이다.

인류의 미래보다 더 중요한 것은 당장의 우리 밥줄이다. 자신의 직업이 기계로부터 얼마나 안전한지 궁금한 분들은 옥스포드 대학에서 개발한 테스트를 받아보면 된다(www.bbc.com/news/technology-34066941). 방법은 얄미울 정도로 간단하다. 자신의 현재 직업 혹은 희망하는 직업을 입력만 하면 자동화로 인해 대체될 확률, 그리고 대체될 수밖에 없는 이유가 즉시 화면에 뜬다. 심장 약한 분들은 보시지 않는 게 낫다. 필자도 후유증이 오래 남았다.

미래는 아직(未) 오지(来) 않은 세상이다. 겪어보지 않은 탓에 불안감이 앞서지만, 마음 한편에서는 은근한 설렘도 자란다. 곤충과 양식 어류가 인류의 먹거리 걱정을 없애주고, 자연 그대로의 재료를 활용한 온갖 신소재들이 등장한다. 하늘에는 드론이 날고, 땅에는 로봇경찰이 달린다. VR을 통해 뉴스를 온몸으로 생생하게 즐기고, 밤낮으로 범죄 없이 안심하며 살 수 있다. 한여름에도 모기를 걱정하지 않아도 되는 건 특히 더 즐겁다. 미래에는 더 많은 것들도 가능하다. 상상은 당신을 어디로든 이끈다.

··· 5장 ···

테드로 살펴보는
미래의 풍경

상상은 당신을
어디로든 이끈다

길이라고 해서 다 같은 길이 아니다.
감성을 자극하는 즐거운 길이 좋은 길이다.

분명 이 근처 어디인 것 같은데 도무지 찾을 수가 없다. 교차로만
건너면 보일 거라고 했는데 헤매다 보면 막다른 골목이다. 일상
에서 낯선 장소를 찾아갈 때 자주 겪는 상황이다. 하지만 이제는
더이상 당황할 필요가 없다. 스마트폰이 있기 때문이다. 스마트폰
에는 출발지에서 목적지까지 최적의 경로와 예상 소요시간까지
알려주는 애플리케이션들이 넘쳐난다. '네이버 지도'나 '구글 맵'
이 대표적이다. 자동차를 운전할 때도 마찬가지다. 전용 내비게이
션 단말기나 길찾기 애플리케이션이 두툼한 지도책을 밀어낸 지
이미 오래다.

그런데 혹시 애플리케이션이 알려주는 경로 정보가 과연 내게 가장 적합한 경로인지 의심해본 적은 없는가? 가끔씩 지시를 어기고 옆길이나 샛길, 아니면 그저 가보지 않은 엉뚱한 길로 들어서고 싶은 소소한 일탈을 꿈꾼 적은 없는가? 누가 알겠는가? 경로에 없는 후미진 이면도로를 걷다가 예상하지 못했던 즐거움과 가슴 떨리는 감동을 얻게 될지. 스페인 바르셀로나의 '야후!' 랩에서 소셜미디어를 연구하고 있는 다니엘라 퀘시아(Daniele Quercia)는 우리의 삶을 더욱 풍요롭게 해줄 새로운 온라인 맵 활용법을 제안한다.

최단 경로가
최선은 아니다

▶️ 보통 지도 애플리케이션은 한 장소에서 다른 장소로 이동하는 최단 경로(shortest path)를 보여준다. 문제는 매연이 지독하든, 소음이 심하든, 사람들로 북적거리든 상관하지 않는다는 점이다. 하지만 아무리 촌각을 다투는 효율만능의 시대라고 해도 우리는 로봇이 아닌 인간이다. 심장이 뛰고, 피가 흐르며, 감정을 느낀다는 말이다. 어깨를 부딪치며 휩쓸려가는 직선의 최단 경로보다 약간 둘러 가더라도 고즈넉하고 낭만적인 골목길이 더 좋을 수 있다.

영국 런던에서 박사 학위를 마치고 미국 보스턴에 정착하게 된다니엘라는 케임브리지에 있는 직장까지 매일 자전거를 타고 출퇴근했다. 보스턴과 케임브리지는 찰스강을 사이에 두고 마치 서울의 강남과 강북처럼 인접해 있다. 경로는 스마트폰 애플리케이션에서 가르쳐준 대로 매사추세츠 애비뉴를 통과하는 최단 거리의 길이었다. 하지만 그 길은 항상 차들로 붐비고 사람들이 북적였다. 그런데 한 달쯤 지난 어느 날, 무슨 이유에서인가 늘 다니던 길이 아닌 옆길로 들어서게 되었는데 다니엘라는 큰 충격을 받았다. 그 길에는 차가 드물 뿐만 아니라 낙엽이 적당히 덮여 있고, 나무들이 아름답게 늘어서 있는 것이 아닌가. 그는 지난 한 달 동안 자신이 어떻게 그렇게 어리석을 수 있었는지에 대해 자괴감이 들었다. 단지 출퇴근 시간 1~2분을 아끼려고 길 위에서 느끼는 즐거움, 자연과의 교감, 지나가는 사람들과의 눈맞춤 등을 포기하며 지내왔던 것이다.

데이터 마이닝(data mining, 대용량의 데이터 속에서 유용한 정보를 찾는 과정)을 연구하던 다니엘라는 새로운 맵을 개발하기로 결심한다. 개발 목표는 A에서 B까지 이동하는 최단 경로 외에 경치가 아름답거나, 조용하거나, 혹은 왠지 모르게 걸으면 기분이 좋아지는 경로를 같이 제시하는 것이다. 방법은 의외로 간단하다. 우선 A지점에서 B지점까지 연결되는 여러 경로를 파악하고, 그 경로상의 건물이나 도로 상황, 주변의 풍경과 사물, 행인들의 모습을 사진으로 찍어 온라인에 올린다. 그리고 나서 어떤 사진이 가장 아름다운지, 조용한지, 즐거운지에 대해 대중을 상대로 크라우드소싱(crowd sourcing), 즉 일종의 온라인 서베이를 실시한다. 최

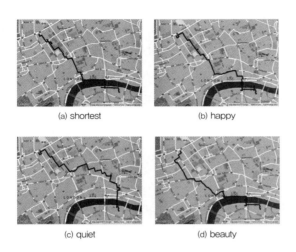

(a) shortest　　　　　(b) happy

(c) quiet　　　　　(d) beauty

다니엘라가 온라인 서베이를 통해 개발한 런던 시내의 이동 경로
자료: www.ted.com

종적으로 사람들의 서베이 결과를 종합해서 A에서 B로 이동하는
여러 경로들에 대해 이름을 붙이고 의미를 부여하면 끝이다.

　실제로 런던 시내를 대상으로 수천 건의 온라인 서베이를 통해
경로 맵이 만들어졌다. 동일한 출발지에서 목적지까지 이동하는
여러 경로를 보여주는데, '빠른 길' '행복한 길' '조용한 길' '아름
다운 길' 중에서 고를 수 있다. 당신이라면 어떤 길을 선택하겠는
가? 사람마다 취향이 다르겠지만 한 가지 확실한 것은 비가 오나
눈이 오나 오직 최단 경로만을 고집할 사람은 그렇게 많지 않으
리라는 점이다.

　런던 지도 서베이에 참여한 사람들은 특정 경로상에 자신이 알
고 있는 역사적인 건축물에 대한 글도 올렸고, 어떤 사람들은 특

정 경로에 얽힌 개인적인 추억 등을 이야기하기도 했다. 만일 이러한 것들까지 적절히 반영된다면 다니엘라가 제시한 여러 경로 외에도 중세 런던의 전통이 남아 있는 길, 산업혁명 시대 올리버 트위스트(Oliver Twist)가 뛰놀던 길, 비틀즈(the beatles)가 술에 취해 걷던 길 등도 나올 법하다. 한 걸음 더 나아가 향기로운 길, 새 지저귀는 소리가 좋은 길, 가을에 분위기 있는 길 등도 만들어 지지 않을까?

감성을 자극하는
즐거운 길을 찾아서

▶   영국의 한 광고회사가 전 국민을 대상으로 스코틀랜드의 에든버러에서 런던까지 가장 빠른 시간에 갈 수 있는 방법을 묻는 퀴즈를 낸 적이 있다. 워낙 상품이 컸기 때문에 많은 사람들이 응모했는데, 비행기가 가장 빠르다느니, 인적 드문 새벽에 자동차로 가는 게 낫다느니, 기차를 타고 가다가 어느 지점에서 버스로 환승해야 한다느니 등 여러 가지 주장이 나왔다. 그런데 결국 1등을 거머쥔 사람의 답은 '사랑하는 사람과 함께 간다'라는 것이었다. 그렇다. 인간만이 느낄 수 있는 감정은 종종 경제적 효율성이나 물리법칙의 한계를 훌쩍 뛰어넘는다.

어쩌면 지금 우리가 자랑하는 스마트 세상(smart world)은 스마트하게 살아가는 세상이 아니라 그저 스마트폰에 갇힌 세상일

지도 모른다. 스스로 기억하고 생각해내는 수고는 이미 접은 지 오래되었고, 스마트폰의 지시에 충실한 수동적 삶이 갈수록 보편화되고 있다. 어쩌다 스마트폰을 잃어버리기라도 하면 그대로 생활이 정지될 지경이다. 할 수만 있다면 정감 넘쳤던 예전 그 시절로 다시 돌아가 인간다움을 찾고 싶지만, 금주·금연하듯이 스마트폰을 끊고 살 수는 없는 노릇이다. 아직 할부약정도 남은 마당에 결국 스마트폰과 적절히 타협하며 살아가는 게 답이다.

다니엘라가 테드 강연중에 인용한 알버트 아인슈타인(Albert Einstein)의 말처럼 "논리는 당신을 A에서 B로 인도하지만 상상력은 당신을 어디로든지 인도한다." 결국 스마트폰, 나아가 각종 IT기술의 속박에서 벗어나는 열쇠는 우리의 상상력에 달려 있다.

한 가지 희망은 기술에 중독된 삶을 기술로 치유하는 것이 가능할지 모른다는 것이다. 인공지능, 사물인터넷, 휴먼 인터페이스 같은 기술의 발달로 인간의 습성을 이해하고 인간의 체취를 풍기는 감성적인 기술이 이미 우리 곁에 가까이 와 있다. 앞으로는 기술들을 좀더 인간답게, 또 인간의 필요에 맞게 이용하는 것이 더 중요해질 것이다. 기술 그 자체를 위한 기술이 아닌 인간을 위한 기술 개발이 앞으로 우리에게 주어진 숙제다.

이제 곤충을
먹어야 할 때다

맛 좋고 영양 좋은 곤충이 미래 먹거리로 떠오르고 있다.
배고픈 세계를 위한 최강의 해법이다.

새우를 좋아한다. 은근한 비릿함과 나른한 고소함의 궁합이 좋고, 씹을 때마다 느껴지는 탱탱한 리듬감이 즐겁다. 와사비장에 찍어 베어 물면, 눈앞에 바다가 펼쳐지는 것만 같다. 껍질을 벗겨야 하는 수고로움조차 노동의 경건함으로 승화된다.

하지만 집에서 새우 먹을 일이 거의 없다. 아이들이 싫어해서다. 골고루 먹어야 훌륭한 사람이 된다며 겁도 주고, 새우깡은 먹으면서 새우를 안 먹는 건 자기기만이라고 회유도 해보지만, 아이들의 입맛은 꿈쩍도 않는다. 새우를 거부하는 이유는 딱 하나, 새우의 생김새 때문이다. 솔직히 좀 징그럽기는 하다. 긴 수염에 날카로운 코, 시꺼먼 눈과 딱딱한 껍질, 그리고 도저히 감추어지지 않는 그 많은 다리들. 호감가는 외모는 아니다. 아이들의 밝은 눈에 새우는 바다에 사는 곤충일 뿐이다.

사실 새우야 안 먹어도 그만이지만 지구 전체적으로 보면 더이상 이것저것 따질 처지가 아니다. 먹을 게 점점 더 부족해지고 있어서다. 현재 75억 명에 달하는 인구가 2050년에는 90억 명을 넘어설 거라고 한다. 지금도 곳곳에서 사람들이 굶어 죽고 있어 앞으로 그 많은 인구를 먹여 살리는 문제가 화두가 되고 있다. 식량은 공장에서 공산품을 찍어내듯 마구 늘릴 수 없는 한계가 있다. 특히 곡물과 가축을 키울 땅과 물이 절대적으로 부족하다. 이미 가축을 키우는 데 육지 면적의 40%와 전체 담수의 70%가 사용되고 있다고 한다.

곡물과 가축을 위한 땅과 물을 더 늘리는 것은 무리다. 하지만 설상가상으로 동물 단백질에 대한 인간의 욕망은 갈수록 늘어날 전망이다. 개도국의 1인당 동물 단백질 소비량은 연간 25kg 정도인데, 소득이 증가할수록 선진국 수준인 100kg까지 늘어날 전망이기 때문이다.

한마디로 인류가 직면한 먹거리 문제의 요지는 초과수요, 즉 공급은 제한되어 있는데 수요는 갈수록 늘어나는 데 있다. 선택은 3가지 중 하나다. 가격을 올리든지, 수요를 줄이든지, 공급을 늘리는 것이다. 우선 가격을 올리면 가난한 국가나 빈민층에 고통이 집중된다는 문제가 있다. 없는 것도 서러운데 굶기까지 해야 한다. 두 번째로 일거에 수요를 줄이려면 결국 사람 수를 줄여야 하는데 방법이 마땅하지 않다. 일부러 전쟁이나 전염병을 일으킬 수는 없지 않은가. 그렇다면 결국 공급을 늘리는 수밖에 없다.

네덜란드 바헤닝언대학의 마르셀 디케(Marcel Dicke) 교수는 식량 공급을 늘릴 확실한 '정답'을 알려준다. 〈빠삐용〉의 스티브 맥퀸(Steve McQueen)이나 〈설국열차〉의 승객들처럼 눈 딱 감고 바퀴벌레 같은 곤충을 먹으면 된다.

배고픈 세계를 위한
최강의 해법

▶ 사실상 지구의 주인은 인간이 아니라 곤충이다. 지구상에는 모든 동물종의 80%에 해당하는 약 600만 종의 곤충이 존재한다. 곤충은 몸 전체가 머리, 가슴, 배의 세 부분으로 나누어져 있는, 다리가 6개 달린 소(小)동물을 말한다. 순수 우리말인 '벌레'와 혼용되기도 하는데, 벌레가 좀더 넓은 개념이다.

대부분의 곤충은 인간에게 매우 유익하다. 해충을 잡아먹고, 작물에 수분도 해준다. 제일 중요한 것은 먹이사슬의 시작점에 위치해서 다른 동물들의 먹이가 되어 준다는 점이다. 하지만 우리의 입장에서 봤을 때 치명적인 약점이 있다. 그들의 생김새와 하는 짓이 몹시 징그럽다는 거다.

그럼에도 이제 인류는 곤충을 먹어야 한다. 이미 전 세계적으로 약 20억 명의 인구가 1,900여 종의 식용곤충을 섭취하고 있는 것으로 추정된다. 주로 아프리카와 아시아 대륙 사람들이지만, 최근에는 미국이나 유럽 등 선진국에서도 곤충 카페와 레스토랑이 늘고 있다. 사실 생긴 것만 빼고 나면 곤충은 꽤 먹을 만하다.

곤충을 먹어야만 하는 3가지 이유가 있다. 우선 맛이 좋다. 새우처럼 고소한 맛이 나고, 바삭거리는 식감도 일품이다. 영양가도 만점이다. 불포화지방산과 무기질 함유량이 많고, 현대인들이 그렇게 갈망하는 고단백·저칼로리다. 같은 중량(100g)당 단백질 함유량이 소고기는 21g, 돼지고기는 16g이지만 말린 메뚜기는 70g이나 된다. 두 번째 이유로는 매우 경제적이라는 점을 들 수 있다. 사료 10kg을 먹였을 때 소고기는 1kg, 돼지고기는 3kg, 닭고기는 5kg을 얻을 수 있지만, 메뚜기는 무려 9kg을 얻을 수 있다. 기르는 데 넓은 땅이 필요하지도 않고, 소나 돼지처럼 키우는 데 물이 많이 필요하지도 않으니 더더욱 좋다. 세 번째 이유는 위생적이고 친환경적이라는 점이다. 소나 돼지처럼 콜레라, 구제역, 광우병 걱정이 없다. 배설물도 적고 트림할 때 나오는 온실가스도 기존 가축의 1/100에 불과하다.

당위적으로라도 곤충을 먹어야 한다. 하지만 여전히 곤충을 먹느니 차라리 굶겠다는 사람들이 많다. 그런 분들을 위한 불편한 진실이 있다. 디케 교수에 의하면 이미 우리 모두는 매년 500g 정도의 곤충을 먹어 왔고, 어쩌면 오늘 아침에도 먹었을지 모른다. 토마토 스프, 땅콩 버터, 초콜릿, 면류 등에는 대개 곤충 성분이 들어 있다고 한다. 또한 게맛살처럼 빨간빛이 나는 식료품들은 코치닐(cochineal)이라는 천연염료로 염색이 되는데, 코치닐은 페루 등지의 선인장에 서식하는 곤충에서 추출된다고 한다. 다시 말해 순백의 채식주의자가 아닌 이상 우리의 혀는 이미 곤충의 맛에 길들여져 있는 것이다. 채식주의자들도 싱싱한 채소에 붙어 있는 곤충 애벌레 몇 알씩은 늘 먹고 있을지도 모른다.

신이 감추어놓은 마지막 선물

▶ 2013년 유엔식량농업기구(FAO)는 인류의 식량난과 환경파괴를 해결할 대안으로 곤충을 꼽았고, 곤충에게 '작은 가축(little cattle)'이라는 사랑스러운 닉네임도 붙였다. 세계 각국에서도 현재 식용곤충 개발이 활기를 띠고 있다. 미국에서는 엑소(EXO)라는 이름의 귀뚜라미 단백질 바가 카카오, 블루베리 등 총 4가지 맛으로 시판중이다. 벨기에는 자국 내에서 온전한 형태의 곤충 10종을 식용으로 판매하는 것을 허용하고 있으며, 디케 교수가 속한 네덜란드의 바헤닝언대학은 세계적인 식용곤충 연구처로 주목받고 있다.

최근 식용곤충 연구의 초점은 곤충에 대한 소비자들의 거부감을 없애는 데 모아지고 있다. 다행히 우리나라에서도 발 빠른 일부 업체들이 식용곤충을 분말이나 액상으로 만들어 음식을 조리하는 방법을 연구중이다. 현재 국내에서 식품의 제조·가공·조리에 사용할 수 있는 식용곤충은 누에번데기, 벼메뚜기, 백강잠(누에나방의 새끼), 쌍별귀뚜라미, 갈색거저리유충, 흰점박이꽃무지유충, 장수풍뎅이유충 등 모두 7종인데, 이를 재료로 환자식이나 어린이 간식용으로 푸딩, 쿠키, 팝콘, 약과 등이 속속 개발되고 있다.

어디 먹기만 할까? 바르기도 한다. 곤충을 이용해 화장품을 만들고, 여드름이나 아토피 치료제도 개발중이다. 2009년에는 누에고치를 이용한 고막용 실크패치(고막 재생을 촉진하는 물질), 2014년에는 치과용 차폐막(임플란트 시술시 잇몸뼈 형성을 촉진하는 막) 등이 개발되었다. 귀뚜라미 성분으로 탈모예방제, 발모촉진제도 만들고 있다. 이래저래 곤충은 지치고 허기진 인간을 위해 신이 감추어놓은 마지막 선물인 것 같다.

곤충은 성장이 정체된 우리 경제에 새로운 활력소가 될 수 있다. 왕년에 메뚜기를 볶아 먹고 번데기를 삶아 먹던 정신을 되살려 한국에서 곤충 관련 산업의 선도기업이 나올 것을 기대해본다. 특히 식용곤충을 가지고 스위스의 네슬레나 미국의 제너럴밀스를 능가하는 식품회사가 나왔으면 좋겠다.

분위기는 좋다. 텔레비전을 켜면 수십 개의 채널에서 쉐프들이 무언가를 열심히 만들고 있고, 다른 채널들에서는 유명 연예인들이 무언가를 열심히 먹는 중이다. 이참에 먹음직스러운 곤충요리를 만들고, 맛있게 먹는 모습도 보여주기 바란다. 한창 주가를 올리고 있는 스타 쉐프들과 예능 연예인들이 용기를 내서 곤충요리의 대중화에 기여했으면 한다. 국가와 인류를 위한 일이다.

잡는 어업에서
기르는 어업으로

무분별한 남획으로 바다 생태계가 망가지고 있다.
IT 기술의 접목을 통해 '기르는 어업으로' 나아가야 한다.

삼겹살과 치킨에 질릴 때면 횟집을 찾는다. 물론 자주 찾지는 않는다. 그다지 마음이 편하지 않기 때문이다. 우선 자연산과 양식 사이에서 의심과 갈등이 시작된다. 평소에 자연산 감별법을 익혀두지 못한 게으름도 마음을 어지럽힌다. 메뉴를 따라 쭉 내려가다가 '시가'라고 적힌 부분에 다다르면 숨이 턱 막힌다.

　이쯤 되면 일행 중에 항상 있기 마련인 자칭 '바다 사나이'의 입만 쳐다보게 되는데, 매번 이야기가 왔다 갔다 하는 걸 보면 영 미덥지 않다. 그냥 삼겹살이나 먹을 걸 하는 후회가 밀려온다. 마음속에서 이런 갈등을 겪는 연유는 사실 단순하다. 싱싱한 활어를 저렴한 가격에 먹고 싶을 뿐이다.

인구가 주체할 수 없게 늘어나면서 부족한 먹거리가 큰 문제다. 사막화로 인해 농사 지을 땅이 점점 부족해지고, 가축 역시 지금보다 많이 키울 수 없는 노릇이다. 결국 답은 지구 지표면의 70%를 차지하는 바다에서 찾아야 한다. 특히 '잡는 어업'이 아닌 '기르는 어업', 즉 양식(aquaculture)에 답이 있다. 중국처럼 수백 척씩 떼로 몰려가 남의 나라 물고기의 씨를 말려서야 되겠는가.

사실 인류 문명의 개화는 사냥(hunting)에서 경작(farming)으로 생산 방식이 바뀌면서 시작되었다 해도 과언이 아니다. 그래서 아직까지도 바다에서 그물, 낚시대, 작살을 가지고 고기를 사냥하는 풍경은 원시적이다 못해 안쓰럽기까지 하다. 네덜란드 태생의 기업가이자 환경보호론자인 마이크 벨링스(Mike Velings)는 양식업 전도사다. 그는 아쿠아스파크(acua-spark)라는 글로벌 펀드를 운영하고 있는데, 친환경 양식으로 경제적 이익과 환경보호를 함께 도모하는 게 목적이다. 인류가 왜 양식에 집중해야 하는지 그의 이야기를 들어보자.

'잡는 어업'에서 '기르는 어업'으로

▶ 인간은 단백질을 필요로 한다. 단백질은 근육의 주성분이고 각종 호르몬과 효소를 만든다. 쉽게 말하면 단백질이 없으

면 죽는다는 뜻이다. 오죽하면 단백질의 영어명인 'protein'이 그리스어의 'proteios(중요한 것)'에서 유래했겠는가. 단백질의 주된 공급원인 육류 소비는 지난 50년간 전 세계적으로 7천만 t 에서 3억 t으로 4배 이상 늘었다. 또 다른 중요한 단백질 공급원 인 우유와 달걀 또한 비슷한 증가 추세다.

그럼에도 2050년경에는 오늘날 인류가 쓸 수 있는 것보다 최 소 70%나 더 많은 단백질이 필요하게 된다. 인구가 90억 명을 넘 어서게 되고, 또 소득에 비례해서 단백질 소비도 증가하기 때문 이다. 전 인류가 대동단결해 앞으로는 풀만 먹자고 결의하지 않 는 이상, 전 세계 단백질 공급 시스템에 대대적인 변화가 있어야 한다.

물고기와 곤충이 단백질 공급의 유력한 대안이다. 식용곤충에 대한 연구도 한창 진행중이지만, 물고기는 특히 건강에 좋고 심 혈관질환을 예방하는 효과가 있다. 주요 아미노산이 풍부하고, 그 어떤 육류에서도 찾아볼 수 없는 오메가3 같은 지방산도 제공한 다. 더욱이 가축이나 가금류에 비해 그 종류가 어마어마하게 많 다. 확인된 것만 3만 종이다.

하지만 문제는 남획이다. 인류의 식탐은 바다가 자연적으로 제 공할 수 있는 양을 이미 넘어섰다. 세계자연기금(WWF)에 의하면 지난 40년 동안 세계해양생물이 절반으로 감소했다고 한다. 황새 치와 참다랑어 같은 대형 어류들도 1950년대 이래 90% 이상 감 소했다. 일본 등에 의한 불법 포획으로 고래도 멸종의 문턱을 오가 고 있다. 이런 식으로 바다에 대한 수탈이 계속된다면 바다 생태계

세계 1위 양식업체인 노르웨이 마린하베스트의 양식장
자료: www.marineharvest.com

자체가 완전히 붕괴될 것은 자명하다. 그때는 진짜 벌레만 먹고 살아야 한다.

이제 남획 대신 양식에 집중해야 한다. 물고기 양식을 위해서는 물고기와 같은 무게의 먹이만 있으면 충분하다. 물고기는 하루 종일 중력을 버티며 서 있지 않아도 되고, 또 피를 덥히지 않아도 되므로 에너지 소모량이 적기 때문이다. 반면 소고기는 무게 대비 8~9배의 사료가 필요하다. 또한 물고기는 소나 돼지처럼 물을 벌컥벌컥 마시지도 않는다. 산 채로 회를 떠서 먹어도 좋고, 굽거나 튀기거나 삶거나 졸여도 된다. 여러모로 신통하다.

이미 세계 곳곳에서 500여 종의 물고기 양식이 이루어져 왔고, 2014년에는 양식으로 키운 양이 바다에서 직접 잡은 양을 넘어서기도 했다. 하지만 아직까지 양식 기술은 걸음마 단계다. 무분별한 양식은 물을 오염시키고, 해안 서식지를 파괴하며, 사료용 어분(fish meal)의 재료로 정어리나 멸치류를 희생시킨다. 바이러스와 질병이 야생종 집단으로 퍼지면서 전체 바다 생태계를 오염시킬 수도 있고, 탈출한 양식어종과 야생어종의 번식으로 유전자 풀(pool)의 혼란을 초래하기도 한다.

앞으로 해조류나 미세조류 같은 친환경 사료를 더 개발하고, 첨단 IT 제어기술과 데이터 분석기술을 도입할 필요가 있다. 2016년 3월, 우리나라 국립수산과학원에서 세계 최초로 개발에 성공한 바이오플락(biofloc) 기술처럼 사료와 물 사용량을 대폭 줄이고 성장 속도를 빠르게 하는 기술도 매우 중요하다.

청색혁명이
건강한 미래를 보장

● 　　　최근 해외 관련 업체의 양식업 진출이 심상치 않다. 2014년 일본의 미쓰비시상사가 노르웨이 연어 양식업체인 서마크(cermaq)를 14억 달러에 인수한 데 이어, 2015년에는 네덜란드 무역업체인 SHV홀딩스도 연어 양식업체인 뉴트레코(nutreco)를 40억 달러에 인수한 바 있다. 세계 최대의 곡물 무역상이자 육류 공급업체인 미국의 카길도 노르웨이의 연어 양식업체 에보스(ewos)를 15억 달러에 인수했다.

우리나라는 양식 생산량 기준으로 전 세계 7위(166만 t) 규모지만, 여전히 해조류가 전체의 70%를 차지하는 등 편중이 심하다. 애써 키운 물고기가 폐사하는 경우도 많고, 주요 품종도 조피볼락(우럭), 돔류, 숭어 정도에 국한된다. 하지만 아직 기회는 많다. 오랜 기간 축적된 전통 양식 노하우에 우리의 자랑인 정보통신 기술과 빅데이터, 인공지능 기술 등을 접목시키면 된다. 또 첨단 바이오 기술로 물고기에 특화된 새로운 종자와 사료도 개발할 수 있다. 중동을 놀라게 한 그 뛰어난 플랜트 기술로 먼 외해(外海) 혹은 역설적으로 도심 한가운데에 근사한 스마트 양식장을 만드는 것도 시도해볼 만하다. 가까운 미래에는 물고기 양식업이 최첨단 스마트업으로 탈바꿈해 우리 경제의 성장 갈증 해소에 일조해주기를 기대해본다.

여담이지만 북한의 김정은도 양식업에 마음을 빼앗겼다고 한다. 틈만 나면 평양 인근의 메기 양식공장을 찾아 "볼수록 희한한 멋쟁이 공장"이라고 치켜세우는가 하면, "물고기 비린내를 맡으니 정신이 다 맑아진다"고도 한다. 북한 전역의 군부대에는 빙어와 송어를 키우라고 지시했다고 한다. 연어와 자라도 키우는데, 이건 좀 어려운 모양이다. 엉뚱한 100일 전투 같은 거 말고, '물고기 1천일 전투'에 나서기를 권한다. 그래서 북한산 양식 물고기가 전 세계인의 밥상에 오를 날이 왔으면 좋겠다. 그래야 북한 인민들도 고깃국은 못 먹어도 매운탕이라도 실컷 먹어볼 것 아니겠는가.

신이 준 최고의 소재, 거미줄

바야흐로 바이오재료(biomaterials)의 시대다.
전 세계 각국이 인공 거미줄 선점 경쟁에 뛰어들고 있다.

The magnificence of spider silk

거미. 검은색이어서 거미라고도 하고, 사로잡은 먹이를 거머쥐어서 거미라고도 한다. 전 세계에 약 4만 종이 알려져 있는데 한국에는 약 700종이 서식한다. 많은 사람들이 거미에 대해 호감을 느끼지 못하지만 사실 거미는 매우 친(親)인간적이다. 별늑대거미는 중금속 환경오염에 민감한 지표생물이고, 긴호랑거미는 기후변화 정도를 알려주는 지표생물이다. 황산적거미는 해충인 멸구류를 잡아먹기 때문에 농업 및 산림 생태계에 매우 유용하다. 그 외 여러 거미들이 독극물검출에 이용되기도 하고 약용으로도 쓰인다. 어디 그뿐이랴. 거미의 DNA를 물려받은 스파이더맨은 악당들을 물리친다.

이러한 활약에도 불구하고 대부분의 사람들이 거미에 대해 갖고 있는 이미지는 기분 나쁘고 징그럽다는 거다. 한적한 교외나 시골길을 기분 좋게 걷다가 나뭇가지에 매달려 있는 거미를 보면 순간 소름이 쫙 끼친다. 특히 얼굴이며 팔, 다리에 척척 감기는 거미줄은 생각만 해도 끔찍하다. 나름 최선을 다했던 거미로서는 분하고 억울할 노릇이다.

그렇게 홀대받던 거미에게 드디어 명예 회복의 기회가 왔다. 초(超)강도, 초(超)유연 첨단 소재로서 거미줄(spider silk)의 놀라운 특성이 알려졌기 때문이다. 미국 예일대학에서 박사 학위를 받고 현재 캘리포니아대학 생물학 교수로 재직중인 거미박사, 셰릴 하야시(Cheryl Hayashi) 교수의 이야기를 들어보자.

아라크네의 귀환,
인공 거미줄

● 거미가 지구상에 등장한 것은 지금으로부터 3억 8천만 년 전이라고 한다. 인간이 침팬지로부터 분화되어 나온 것이 고작 700만 년 전인 것과 비교하면 엄청난 차이다. 거미는 집을 짓고, 먹이를 포획하고, 이동하고, 알을 보호하기 위한 다목적으로 거미줄을 만든다. 보통 거미줄에는 대략 7가지 종류의 다른 성분이 포함되어 있다. 거미줄의 바깥 궤적, 세로 줄, 그리고 이것을

연결하는 동심원 등이 모두 필요에 따라 상이한 성분으로 만들어진다고 보면 된다. 아마도 최초의 조상 거미는 하나의 성분으로만 거미줄을 만들었을 것이다. 그런데 3억 8천만 년이 지나는 동안 거미줄의 유전자가 다양화되고 전문화되는 과정이 거듭되면서 다양한 성분으로 분화된 것으로 보인다.

거미줄의 능력은 상상 이상이다. 지름이 3~8㎛(마이크로미터, 1/100만 m)에 불과하지만 강도는 철의 4배고, 방탄조끼의 재료인 케블라(kevlar) 섬유의 6배나 된다. 만약 거미줄을 연필 정도의 두께로 꼬아서 두꺼운 실을 만들고, 그것으로 거대한 거미집을 만들어 하늘에 쳐두면 날고 있는 비행기를 멈추게 할 수 있을 정도다.

반면 무게는 철의 1/4, 탄소섬유의 절반 정도에 불과하다. 그래서 방탄복, 낙하산 등 군사용 소재로 안성맞춤이다. 또한 인체에 면역반응을 일으키지도 않기 때문에 인공 혈관과 인공 인대, 수술용 봉합사, 임플란트 재료 등에도 쓰일 수 있다. 하야시 교수는 거미줄이 강성(強性, strength), 연성(延性, extensibility), 인성(靭性, toughness) 등 소재에 요구되는 모든 성능 지표에서 각종 금속, 누에고치, 울, 케블라, 탄소섬유를 능가한다고 설명한다.

그런데 문제가 하나 있다. 가축화에 성공한 누에와는 달리 거미는 대량 사육이 불가능하다. 우선 자기 영역에 민감하기 때문에 좁은 공간에서 여러 마리를 키우게 되면 서로 잡아먹는다. 또 식성이 고상해서 생식(生食)만 즐긴다. 굶어 죽을지언정 죽은 먹이는 거들떠보지 않는다. 결국 과학자들은 거미를 길들여 사육하기보다 인공 거미줄을 만드는 쪽으로 방향을 잡았다.

그리스 신화에 보면 거미는 사실 인간이었다. 리디아라는 도시에 살았던 아라크네(Arachne)는 자신의 베짜는 솜씨가 여신을 능가한다고 자랑하고 다니다 그만 여신의 노여움을 산다. 결국 평생 뱃속에서 실을 뽑아 베를 짜야 하는 천벌을 받는다. 거미의 슬픈 사연이다. 허나 이제 첨단 유전공학의 힘으로 인공 거미줄이 등장하게 되면 아라크네의 저주도 풀릴 것 같다.

거미줄의 놀라운 능력은 피브로인(fibroin)이라는 단백질 덕분인데, 최근 전 세계 많은 국가에서 이 단백질을 유전공학적으로 배양해서 인공 거미줄을 경제적으로 대량 생산하는 방법을 찾고 있다. 각각 독특한 방법을 모색하고 있는 점이 흥미롭다. 우선 북미 쪽을 살펴보면 미국 '크레이그 바이오크래프트 연구소(KBL)'는 거미줄 섬유의 유전자를 누에고치에 이식해 누에로 하여금 거미줄과 똑같은 비단실을 만들게 하는 데 성공했다. 크레이그 측은 이렇게 개발된 거미줄에 '몬스터 실크'라는 이름을 붙이고 상업생산에 나서고 있다. 캐나다 몬트리올기술대학 연구진은 거미줄의 강도와 특성을 지닌 미세구조 고분자 섬유를 개발했다. 거미줄을 이루는 실크 단백질은 스프링 모양으로 꼬여 있는데 그 구조를 본떠서 높은 강도를 갖게 만든 섬유다.

아시아에서는 일본의 벤처기업 스파이바가 거미줄의 피브로인과 거의 동일한 성질의 단백질 성분을 미생물로 만들어 그 분말로 실을 생산했다. 앞으로 연간 20t을 생산할 계획이다. 우리나라 카이스트·서울대 공동연구팀은 대사공학을 이용해 거미줄 단

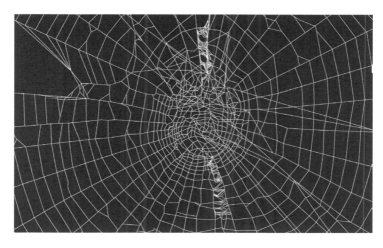

많은 나라가 천연 거미줄을 모방한 인공 거미줄 개발에 사활을 걸고 있다.
자료: www.shutterstock.com

백질을 합성하는 데 성공했다. 거미줄을 만드는 유전자를 대장
균에 집어넣어 증식시키는 방식이다. 컴퓨터 시뮬레이션 결과를
토대로 박테리아 유전자를 조작해 만든 단백질을 거미실관을 모
사한 주사기로 뿜어내자 실제 거미줄이 만들어졌다고 한다. 특
히 인체 내 서식하는 대장균을 이용해 만들기 때문에 생체적합도
(biocompatability)가 높아 각종 외과 수술용 섬유나 조직 개발에
유리하다고 한다.

　굉장히 독특한 방법도 있다. 캐나다 '넥시아 바이오테크놀로지'
와 미국 육군 생화학사령부 공동연구팀은 거미줄 유전자를 염소
의 젖세포와 교차시키는 방법으로 염소의 젖에서 거미줄의 단백
질을 대량 분비하게 하는 데 성공했다. 연구팀은 이 인조 거미줄

에 강철처럼 강하다는 뜻에서 '바이오스틸(biosteel)'이라는 이름을 붙였다.

자연의 지혜를 흉내 낸
생체모방학 각광

▶   바야흐로 바이오재료(biomaterials)의 시대다. 바이오재료는 생체모방학(biomimetics)의 일환으로 볼 수 있는데, 자연에 존재하는 동식물들의 특징을 이용해서 산업에 필요한 각종 소재와 부품을 만드는 것이 골자다. 지금까지 소개한 거미줄 외에도 수직벽에 붙어 있게 해주는 게코도마뱀의 발바닥, 빗방울이 통통 튀겨나가는 연꽃잎, 거센 파도에도 아랑곳하지 않고 바위를 붙잡고 있는 홍합의 족사, 위협을 느끼면 딱딱해지고 위협이 사라지면 다시 말랑해지는 해삼의 피부, 보는 각도에 따라 색이 변하는 비단벌레나 진주조개의 껍데기 등이 모두 훌륭한 바이오재료다.

'미래 먹거리'를 찾는 일이 화두인 요즘, 생체모방학은 한국 경제에 한 줄기 빛이 될 수 있다. 특히 거미 연구는 한국 섬유산업의 옛 영광을 되살리고, 주력인 전자 및 바이오 산업을 업그레이드할 비기(祕器)가 될 수 있다.

우리나라에는 토종 거미가 많다. 소백산에서만 발견되는 방울가게거미도 있고 속리산에서만 사는 속리가게거미도 있다. 이들

거미들이 훗날 국부 창출의 전사(戰士)가 되어 더이상 혐오곤충이 아니라 전 국민의 사랑을 받는 '국민곤충'으로 대접받게 되기를 기대해본다.

대나무의 변신,
친환경 하우스

건축에도 친환경 바람이 불고 있다.
이제 회색빛 콘크리트 도시도 변해야 한다.

콘크리트에 갇혀 산다. 잠도 콘크리트 아파트에서 자고, 일도 콘크리트 빌딩에서 한다. 아이들은 콘크리트 학교에 다니고, 범죄자들도 콘크리트 교도소에서 교화된다. 가끔씩 마당이 있는 한옥이나 전원주택을 상상해보지만 그저 꿈일 뿐이다. 일과 삶이 온통 도시에 얽매인 처지에 달리 도리가 없다.

콘크리트가 처음 등장한 것은 19세기 중반경이다. 그동안 콘크리트는 산업화 시대의 얼굴이었다. 산업사회가 유지되려면 우선 생산과 소비가 발생하는 거점에 사람들을 집약시켜야 한다. 그래야 시장이 만들어지고 공장이 움직인다. 이것을 가능하게 한 것이 값싸고 튼튼한 콘크리트였다.

산업화의 일등공신인 콘크리트지만 운치와는 거리가 멀다. 아무리 화사한 색깔을 칠해도 속살은 여전히 싸늘한 회색빛이다. 우리 도시가 점점 더 건조하고 삭막한 공간으로 변해가는 데는 콘크리트의 책임도 크다. 중간에 흙이나 나무, 돌로 만든 자연친화적 건물이라도 있으면 도시 풍경이 좀 나아질 텐데, 그러기에는 비용이나 관리 부담이 만만치 않다.

그러나 시대가 변하면 건축도 변해야 하는 법, 지금 인도네시아 발리에서는 새로운 건축 양식이 활발히 시도되고 있다. 놀라운 것은 그 재료가 풀이라는 사실이다. 그것도 우리가 광주리나 죽부인에서 많이 봐왔던 흔하디 흔한 야생풀, 대나무다.

발리에 등장한
대나무 하우스

▶ 엘로라 하디(Elora Hardy)는 대나무로 집을 짓는다. 발리에서 나고 자란 그녀는 친환경적이고 예술성 있는 건축에 대해 고민하다가 자재에 주목했다. 그녀의 눈길이 닿은 것은 발리 곳곳에서 자생하는 대나무였다. 대나무는 잘 사용하기만 하면 아주 좋은 건축 재료가 된다.

우선 시키지 않아도 알아서 잘 자란다. 우후죽순(雨後竹筍)이라는 말처럼 비 온 뒤에 보면 곳곳에서 거짓말처럼 쑥쑥 자라 있다.

전 세계에는 무려 1,450여 종의 대나무가 있는데, 그 중에 어떤 것은 길이가 20m에 육박한다. 일단 수량과 크기 측면에서 건축 자재로 합격이다. 다음으로 대나무는 철과 맞먹는 인장력과 콘크리트에 견줄만한 압축강도를 갖고 있다. 자체 탄력이 있기 때문에 지진이나 태풍을 견디는 힘도 강하고, 속이 비어 가볍기 때문에 운반도 편하다. 표면도 매끄럽고 고급스럽다.

하디의 대나무 하우스는 건물 전체는 물론 가구까지도 대나무로 되어 있다. 자연에서 자란 대나무의 모양과 크기는 공장에서 만든 것처럼 획일적이지 않기 때문에 그녀가 만든 집은 모두 맞춤집이다. 규모가 큰 것은 6층짜리도 있다. 대나무 집을 만드는 과정은 집을 짓는다기보다 작품을 만드는 쪽에 가깝다. 우선 집의 모양을 3D로 설계하고, 대나무로 그 축소 모형을 만든다. 이때 대나무의 특성이 최대한 살아나게 디자인하는 것이 중요하다. 그다음에 축소 모형을 현장에 가져다놓고, 실제 집의 크기와 모양에 맞도록 가장 적합한 대나무를 골라 건축을 시작한다. 벌레를 막고 내구성을 높이기 위해 사전에 붕사(硼砂, borax) 처리를 하는 것은 기본이다.

대나무 하우스는 지붕을 크게 휘어지는 형태로 만들 수 있어서 자연의 미풍을 집 안으로 돌릴 수 있다. 건물 내 벽면을 최소화해 공기 순환을 좋게 하면 충분히 시원하기 때문에 굳이 에어컨을 설치할 필요가 없어진다. 방의 모양은 천편일률적인 직사각형에서 벗어나 유선형 등으로 꾸밀 수 있고, 방문도 원이나 물방울 모양 등 용도와 성격에 최대한 어울리게 만들 수 있다. 천장은 합

엘로라 하디가 이끄는 이부쿠 팀에서 만든 대나무 주택
자료: www.ibuku.com

판을 가지고 편평하게 하는 대신 대나무를 엮어서 짜는 방식으로 만든다. 대나무들을 연결하는 방법도 강철못 대신에 손으로 깎은 대나무 핀을 사용한다. 바닥 역시 대나무 껍질 쪽을 그대로 살려 광택 있고, 내구성 있게 만든다.

하디는 발리 현지의 숙련된 공예가, 건축가, 디자이너들과 함께 이부쿠(ibuku, 인도네시아어로 '내 엄마 지구'라는 뜻)라는 팀을 만들어, 지금까지 5년 넘게 50여 채의 독창적인 대나무 건축물들을 지었다. 각각의 집이 세상에 단 하나밖에 없는 건축물이라는 점에서 주목할 만하다. 이부쿠 홈페이지(www.ibuku.com)에는 그녀의 대나무 하우스 포트폴리오가 소개되어 있는데, 우리의 원두막 비슷한 작은 집들은 수출까지 계획하고 있다고 한다.

하디의 대나무 하우스가 가장 크게 진가를 발휘한 것은 아이들을 위한 친환경 학교 건축에서다. 그녀의 아버지 존 하디(John Hardy)는 캐나다 태생으로 일찍이 발리로 이주해 보석 디자이너로 큰돈을 벌었다. 그는 지구온난화에 대한 앨 고어(Al Gore)의 〈불편한 진실〉 다큐멘터리를 보고 은퇴 후의 삶을 무언가 뜻깊은 일에 바치기로 결심했다.

그가 선택한 것은 학교였다. 그냥 학교가 아니라 세상을 아름답게 하는 데 일조할 '불편하지 않은' 학교였다. 그는 2008년 발리 숲 속에 친환경 대안학교 그린스쿨(green school)을 설립한다. 교육 과정이 친환경이라면 당연히 건물도 그래야 한다고 생각한 그는 그린스쿨 캠퍼스를 자신의 딸이 만든 대나무 집으로 세웠다.

주변 정글과 논 사이에 맞춤형으로 세워진 캠퍼스에서는 40개국 이상에서 온 500여 명의 학생들과 교사들, 자원봉사자들이 생활한다. 지역사회에 대한 공헌 차원에서 구성원의 20%는 발리 현지 아이들이다. 대나무로 만든 교실에는 벽이 없고 선생님들은 대나무 칠판에 판서를 한다. 책상도 대나무로 만든 유선형이다. 교실에는 자연 채광과 자연 바람이 들어온다.

전인(全人)주의 교육을 표방하는 그린스쿨에서 아이들은 자연과 호흡하며 함께 벼농사도 짓고, 돼지도 키운다. 아이들은 환경의 중요성을 몸으로 느끼며 진정한 자연인(自然人)으로 자라고 있다. 자연인이라고 해서 원시인이 되는 건 아니다. 영국 상급학교의 시험 과정에 대비해서 영어와 수학도 물론 배운다. 2014년 8월, 당시 반기문 UN사무총장이 격려차 이곳을 방문하기도 했다.

창의적인 설계와 친환경 자재가
건축의 미래

▶   산업화 시대는 화석연료가 견인하고 콘크리트가 받쳐준 시대였다고 해도 과언이 아니다. 사실 콘크리트 건물만큼 편한 게 없다. 다만 지나치게 획일적이라는 게 문제다. 건축 설계뿐만 아니라 자재도 해당 건물의 용도와 지향에 맞아야 한다. 정부가 모범을 보였으면 한다.

공공건물 중에서 과학이나 기술 관련 부서라면 초고강도 강철이나 탄소섬유 같은 미래형 소재를 사용하고, 문화나 관광 관련 부서라면 나무, 기와, 흙 등을 사용해보면 어떨까? 개인 주택이나 아파트의 디자인과 재질도 한층 더 다양해지면 고르는 재미와 사는 재미가 배가 될 수 있다. 가뜩이나 창의력과 독창성이 중요한 시대다. 매일 마주치는 건축물들이 일말의 창의력에 불을 붙이는 촉매제 역할을 해주었으면 한다.

지금 당장 대나무 집에서 살아야겠다는 분들은 자녀와 함께 발리로 가면 된다. 그린스쿨(www.greenschool.org) 교육과정은 유치원, 초등교육(1~5학년), 중등교육(6~8학년), 고등교육(9~12학년)으로 나누어져 있으며, 항상 문이 열려 있다. 다만 아무래도 사립이어서 학비는 좀 비싼 편이다.

상상력이 좌우할
드론의 미래

천(千)의 얼굴을 가진 드론이 새 시장을 개척하고 있다.
밝은 시장과 함께 어두운 시장에도 주목해야 한다.

1988년 서울올림픽 무렵까지만 해도 우리나라 하늘에는 제비가
흔했다. 미학적인 관점에서 제비는 참새나 까치와는 급이 달랐다.
군살 하나 없이 윤기 흐르는 자태에 골목 사이를 엄청난 속도로
누비며 날아가는 모습은 아찔한 청량감을 느끼게 했다. 하지만
이제는 다 허망하고 빛바랜 추억이다. 제비는 더이상 이 땅을 찾
지 않고, 비둘기들만이 눈총을 받으며 종종걸음을 한다.

제비가 떠난 빈 하늘이 못내 섭섭하던 차에 이제 그 빈 공간을
새로운 것들이 채우려 한다. 드론(drone, 무인기)이 바로 그 주인
공이다. 지금까지의 취미용 혹은 촬영용 드론이 조종하는 사람

의 시야와 손끝에 의지해야 했다면 펜실베니아대학 비제이 쿠마르(Vijay Kumar) 교수가 개발한 드론은 차원이 다르다. 일종의 지능을 갖춘 자동비행로봇이라고 보면 된다. 게다가 편대를 갖추어 떼로 날아다닐 수도 있다. 놀라운 수준의 지능을 갖게 된 드론은 인간을 위해 온갖 궂은 일을 도맡을 준비가 되어 있다. 다만 이들에게 어떤 일을 시키면 좋을지 인간의 상상력이 따라가지 못할 뿐이다.

쿠마르 교수의 드론은 현재 시판되고 있는 상업용 드론과는 달리 GPS를 탑재하지 않는다. 대신 자체 센서와 카메라, 레이저 스캐너로 주변 사물들의 특징을 감지하고 자신의 상대적 위치를 삼각측량법을 이용해 결정한다. 이렇게 해서 얻어진 정보들을 종합해서 해상도 5cm의 고화질 지도가 만들어지는데, 이 지도가 드론이 장애물들을 피해 충돌 없이 날아다닐 수 있게 해준다. 건물 밖에 있는 사람이 드론을 건물 안으로 날려보내면, 드론이 건물 안 상황을 스스로 파악해서 정해진 작업을 수행하는 원리다.

이런 드론 기술을 활용해서 쿠마르 교수가 일차적으로 실용화를 준비하고 있는 아이템은 정밀농법(precision farming)이다. 지금까지는 농작물들을 일일이 개별 관리하는 것이 불가능했다. 비용과 시간의 문제 때문이다. 하지만 똑똑하고 부지런한 드론만 있으면 못할 것도 없다. 마치 개개인의 건강 상태를 추적하고 관리하는 맞춤형 의료처럼 농작물도 작물의 종과 상태에 따라 맞춤형으로 개별 관리가 가능해진다. 똑똑한 드론의 등장으로 스마트 농업의 시대가 열리고 있다.

드론이 가져올
스마트 농업혁명

▶   쿠마르 교수가 추진하는 정밀농법의 출발은 과수원에 드론 편대를 비행시켜 모든 작물들의 상태가 표시된 정밀지도를 제작하는 것이다. 편대를 구성하는 개개의 드론에는 일반 카메라 외에 적외선 카메라와 온도감지 카메라가 장착되어 있다. 드론 편대는 나무 사이를 곡예비행하면서 과수원의 모든 나무들을 3차원으로 재구성한다. 이렇게 수집된 정보를 가지고 다음과 같은 일들이 가능해진다.

첫 번째로 가장 중요한 일은 모든 나무에 매달린 열매의 개수를 일일이 파악해 과수원의 수확량을 정확히 추정하는 것이다. 덕분에 생산 과정의 최적화가 가능해진다. 두 번째는 모든 나무의 잎사귀 양과 분포를 측정해 얼마나 광합성이 잘 이루어지는지 파악하는 것이다. 특히 드론이 측정한 시각 정보와 적외선 정보를 결합하면 정규식생지수(NDVI ; Normalized Difference Vegetation Index)와 같이 나무의 건강 상태를 나타내는 지표를 계산할 수 있다. 세 번째는 지상에서는 잘 관찰되지 않는 병충해를 공중에서 사전 감지하는 것이다. 특히 유실수에 치명적인 황백화(엽록소가 격감하면서 잎이 황백색으로 변하는 현상) 초기 증상을 탐지해낼 수 있다. 또한 각 나무의 상태에 따라 물, 비료, 농약을 개별 처방하는 것도 가능해진다.

이렇듯 지능형 드론 덕분에 과거에는 엄두도 내지 못했을 일들

자신이 개발한 드론을 들어 보이고 있는 비제이 쿠마르 교수
자료: www.kumarrobotics.org

이 가능해진다. 전체 농업 시스템이 효율화되고 생산성이 높아지는 것은 두말할 것도 없다. 그 넓은 밭에 일일이 물과 비료, 농약을 주지 않아도 되니까 말이다. 쿠마르 교수의 추정에 의하면 최소 10% 정도 수확량이 높아지고, 25% 정도 농업용수를 절감할 수 있을 것으로 기대된다.

한 가지 관건은 드론의 비행 성능과 체공 시간을 좌우할 무게일 텐데 이 부분도 상당히 진전된 것으로 보인다. 쿠마르 교수가 만든 드론의 무게는 최소 25g이고, 전력도 6w만을 소모한다. 속도는 초당 6m(시속 20km)에 이른다. 크기가 작기 때문에 관성이 낮아져 충돌에도 안전하다. 쿠마르 교수가 테드 강연에서 시연한 드론의 움직임은 매우 역동적이다. 특히 비정형화된 환경에서도 비행 방향을 유연하게 바꿀 수 있다. 작은 드론들끼리 서로를 감지하고 의사소통하면서 자유자재로 원형·직사각형·타원형 편대를 만들어가는 모습은 경이롭기까지 하다.

밝은 시장과 어두운 시장
모두에 주목해야

●   드론의 어원은 '벌이 윙윙거린다'라는 뜻의 영어 단어다. 초창기인 지금은 무언가 좀 서툴러 보이고 믿음이 안 가는 측면이 분명 있다. 하지만 잠재력은 무궁무진하다. 기술이 점점 더 안정화되고 새로운 응용 분야가 속속 개발된다면 가까운 미래에 드론은 인간의 삶을 엄청나게 바꿀 것이다. 이미 아마존이나 DHL이 추진하고 있는 택배는 기본이고, 농업(농약살포, 작물파종, 질병 방제), 방송(뉴스 중계, 엔터테인먼트, 항공 촬영), 안전관리(산림보호, 해양감시, 재해예방) 등의 분야에 드론이 등장하고 있다. 드론에 로봇팔을 달아 극한의 조건에서 인간을 대신해 다양한 일을 시킬 수도 있다.

혹자는 각종 안전사고, 사생활 침해, 테러 악용 등을 이유로 드론의 미래를 어둡게 보기도 한다. 하지만 이런 생각은 순진하거나 어리석거나 둘 중 하나다. 시장이 있고 돈이 보인다면 기술의 질주를 막을 수 없다. 오히려 하루라도 빨리 폐해를 최소화하고 혜택을 극대화하는 쪽을 찾는 것이 현명하다.

사실 드론이 열어갈 '밝은 시장'뿐만 아니라 드론이 초래할 '어두운 시장' 또한 중요한 사업 기회다. 이미 발 빠른 업체들은 '어두운 시장'을 대비해 준비중이다. 최근 영국에서는 드론을 격추할 수 있는 광선 기술이 개발되었고, 일본에서도 그물을 장착한 드론으로 불법 드론을 잡는 방법이 시도되고 있다. 미국 연방항공국도 드론의 무선신호를 추적해서 강제로 착륙시키는 기술을 개발중이다. 특히 네덜란드가 압권이다. 네덜란드는 흰머리독수리에게 불법 드론을 낚아채게 하는 방법을 훈련시키는 중이다.

시장을 선도하려는 기업이나 국가 입장에서 봤을 때, 기술보다 더 중요한 것은 상상력이다. 기존에 하던 일을 더 빨리, 더 편하게 하는 정도로는 안 된다. 기존에는 상상도 하지 못했던 새로운 활용 분야를 찾아내고, 여기서 어떤 새로운 가치를 창출할 것이냐에 드론의 미래가 달렸다. 이를 반영하듯 2017년 1월 미국 라스베이거스 CES 전시회의 최대 관심사도 드론이었다. 미국, 이스라엘, 중국 등 전 세계 업체들이 다양한 형태와 용도의 드론을 선보였다.

한국이 다소 뒤쳐지는 것 같아 조바심이 나지만 아직 드론산업은 태동기에 불과하다. 전 세계 취미용 드론 시장을 평정한 중국의 DJI도 설립된 지 불과 10년밖에 되지 않았다. 한국도 관련 연구소, 대학, 벤처, 대기업 등에 퍼져 있는 요소기술들을 잘 결집한다면 충분히 승산이 있다. 강남 갔던 제비를 대신해, 드론이 한국 경제의 새로운 먹거리이자 활력소가 되어 도심 곳곳을 훨훨 날아다니는 모습을 상상해본다.

바이오닉스로 부활한
댄서의 꿈

장애는 더이상 극복할 수 없는 난관이 아니다.
휴 허 교수는 "그 무엇도 인간을 굴복시킬 수 없다"고 말한다.

스티브 오스틴(Steve Austin) 대령은 우주선 추락 사고로 한쪽 눈
과 한쪽 팔, 양쪽 다리를 잃었다. 미국 정보부는 600만 불을 들여
손상된 그의 신체 일부를 생체기계로 교체하기로 한다. 그는 시속
60mi(마일)의 속도에 15m 수직 점프가 가능한 다리, 20배의 줌기
능과 적외선 탐지기능을 장착한 눈, 그리고 불도저를 능가하는 몇
천 마력의 힘을 지닌 팔을 갖게 되었다. 〈600만 불의 사나이〉 속
영웅은 그렇게 탄생했다. 제이미 소머즈(Jamie Somers)는 스카이
다이빙 사고로 오른쪽 귀와 팔, 그리고 두 다리를 잃었다. 미 정부
는 그녀의 귀에 아주 먼 곳의 소리도 들을 수 있는 인공 달팽이관

을 삽입하고 팔과 다리는 기계로 대체한다. 그녀는 스티브 오스틴 대령과 호흡을 맞추어 악당들을 물리친다. 미국 드라마 〈소머즈〉의 줄거리다.

전직 경찰이었던 알렉스 머피(Alex Murphy)도 범인을 검거하던 중 불의의 사고로 죽을 위기에 처한다. 간신히 오른손과 두뇌, 심장만 살아남게 된 그는 첨단기술 덕분에 사이보그 경찰관으로 다시 태어난다. 한 가지 단점은 몸을 움직일 때마다 끼익끼익 소리가 난다는 정도다. 익히 유명한 〈로보캅〉의 줄거리다.

첨단기술의 도움으로 초인적 능력을 갖게 된 이들 슈퍼히어로들은 더이상 텔레비전 드라마와 영화에서만 존재하지 않는다. 바이오닉스 기술의 발전으로 이미 현실에서도 바이오닉 교수, 군인, 경찰관들을 만날 수 있다. 급기야 바이오닉 댄서까지 등장했다.

장애를 극복하는 기술, 바이오닉스

▶ 　　바이오닉스(bionics)는 생물학(biology)과 전자공학(electronics)의 합성어로, 우리말로는 생체공학 혹은 생체정보공학이라 한다. 생물학과 전자공학의 원리를 적용해 신체의 기능을 확장시키는 장치를 만드는 기술이라고 보면 된다. 흔히 말하는 융복합 기술의 대표 주자다.

매사추세츠 공과대학(MIT)의 미디어랩 바이오메카트로닉스

(biomechatronics) 연구팀을 이끄는 휴 헤어(Hugh Herr) 교수는 자타가 공인하는 바이오닉스 분야의 선구자다. 그는 기술의 힘으로 모든 장애를 없앨 수 있는 세상을 꿈꾼다. 신경이식(neural implant)을 통해 시각장애자가 앞을 볼 수 있고, 다리 마비 환자가 외골격 신체(exoskeleton), 즉 인공의족을 이용해 걸을 수 있는 세상 말이다. 헤어 교수가 직접 개발한 인공의족은 장애와 비장애의 간극을 메우고, 인간의 신체적 잠재력을 극대화한다.

헤어 교수의 설명에 따르면 생체공학에는 3가지 인터페이스가 중요하다. 우선 기계적(mechanical) 인터페이스는 인체와 인공의족을 잘 결합시켜 이물감이나 불편함을 없애는 기술이다. 신체와 의족 사이의 결합부에는 인조피부를 붙이는데, 그 속에 센서와 스마트 기기를 삽입해서 접합부의 굳기가 상황에 따라 달라지게 만든다. 걸을 때는 전압이 없어 부드럽고 유연하다가도, 뛸 때는 인체조직과 인조피부가 서로 압력을 받는 정도에 연동해 단단해지는 식이다.

다음은 역학적(dynamic) 인터페이스인데, 인공의족이 마치 살아 있는 팔다리처럼 움직일 수 있게 하는 기술이다. 이를 위해 정상적인 몸 상태를 가진 사람들이 서고, 걷고, 뛰는 동작에 따라 근육이 하는 일을 관찰하고 척수에 의해 근육이 어떻게 제어되는지를 연구한다. 헤어 교수는 생체공학적으로 가장 적합한 추진력을 낼 수 있도록 발목, 무릎, 엉덩이 같은 곳에 가해지는 토크(torque, 물체를 회전시키는 힘)와 힘을 컴퓨터로 계산해 의족을 정밀 제어하는 기술을 개발했다. 정상인의 경우, 종아리 부근의 힘

줄이 작용해 힘을 조절하는 것과 비슷한 이치다.

마지막으로 전기적(electrical) 인터페이스는 생체공학적 의족이 몸의 신경체계와 소통하게 하는 기술이다. 즉 마음먹은 대로 의족을 자유자재로 컨트롤할 수 있게 하는 것이다. 의족을 움직여야겠다고 생각하면 다리 전체를 뒤덮은 전극이 머리로부터 근육에 전달된 전기신호를 측정하고, 그 신호가 다시 의족에 전달된다. 전기신호를 약하게 하면 의족이 힘을 거의 받지 않고 쉴 수 있다. 전기신호를 강하게 하면 토크가 커져 걷고 뛸 수 있는 힘을 낸다.

헤어 교수의 테드 강연 중에는 아드리안 하슬렛-데이비스(Adrianne Haslet-Davis)라는 이름의 아름다운 여성이 등장한다. 전직 댄서였던 그녀에게 춤은 삶의 전부였는데, 2013년 보스턴 테러 사건으로 그만 왼쪽 다리를 잃고 말았다. 재활병원에서 그녀를 만난 헤어 교수는 그녀가 다시 춤출 수 있도록 돕겠다고 결심했다. 헤어 교수는 MIT 내 의족, 로봇공학, 기계학습, 생체기계학 전문가들을 불러 모아 200일 이상 춤에 대해 연구했다. 정상적인 댄서를 초청해 그들이 어떻게 움직이는지, 춤을 출 때 바닥에 어떤 힘이 가해지는지를 연구했고, 그 자료를 생체공학적 의족에 내장시켜 그녀의 잘려진 왼쪽 다리에 연결했다.

보스턴 테러 사건의 폭발은 불과 3.5초가 걸렸고, 그 짧은 순간 비열한 테러리스트는 아드리안에게서 춤을 빼앗아갔다. 헤어 교수 팀은 비록 200일이라는 오랜 시간이 걸리기는 했지만 그녀를 다시 춤의 세계로 돌려보낼 수 있었다. 테드 무대 위에 등장한 아드리안은 남자 댄서와 함께 '링 마이 벨(ring my bell)'이라는 음악에 맞추어 멋진 춤을 선보였다. 측은한 눈길과 애틋한 동정은 접어도 된다. 정상적인 댄서와 전혀 구분할 수 없다.

바이오닉스와
함께 춤을

▶ 휴 헤어 교수는 학문적 소양뿐만 아니라 인간적으로도 대단히 존경스럽다. 원래 그는 공부와는 거리가 먼 암벽등반가로서의 삶을 살았다. 1964년생인 그는 이미 8세 때, 캐나다 로키산맥의 템플산(3,544m)을 올랐고, 17세에는 미국에서 가장 뛰어난 등반가 중 한 명으로 인정받았다. 그런데 1982년 1월, 뉴햄프셔주 워싱턴산에 있는 헌팅턴 계곡에서 빙벽 등반을 하던 중 심한 눈보라를 만났고, 그때 입은 동상으로 양쪽 다리를 모두 절단해야 했다.

"필요는 발명의 어머니"라는 말이 맞다. 그가 뒤늦게 공부를 시작한 이유는 순전히 다시 등반을 하기 위해서였다. 그는 밀러스빌 대학 물리학과를 졸업하고, MIT에서 기계공학 석사, 하버드 대학에서 생체물리학 박사 학위를 받았다. 그 후 바이오닉스 의족 개발에 매진했고, 지금은 자신이 직접 개발한 의족을 착용하고 다시 산에 오른다고 한다. 헤어 교수의 경이로운 이야기는 1991년 책으로 나왔고, 2002년에는 내셔널지오그래픽에서 드라마로 만들기도 했다. 2011년 〈타임〉은 그를 "바이오닉 시대의 리더"라고 선언했다.

헤어 교수의 "그 무엇도 인간을 굴복시킬 수 없다"는 신조처럼 불가능에 도전하는 벤처들의 노력은 계속되고 있다. 지금도 그가 직접 설립한 바이옴을 포함해 엑소바이오닉스, 사이버다인, 리워크로보틱스 등의 업체들이 사고나 질병으로 거동이 불편한 사람들에게 제2의 삶을 열어줄 외골격 로봇 개발에 매진하고 있다. 전쟁터나 산업 현장에서 인체의 능력을 극대화하는 다양한 장치들도 속속 개발중이다. 눈앞에 펼쳐질 바이오닉스 신세계, 이제 우리도 마음만 먹으면 '600만 불의 사나이'로 다시 태어날 수 있다.

몸으로 느끼는
뉴스가 온다

가상현실을 활용한 뉴스 소비 방식의 대전환으로
온몸으로 체감하는 'VR저널리즘'이 도래하고 있다.

영화 〈해리 포터〉 시리즈에 '데일리 프로핏(daily prophet)', 번역하면 '예언(豫言) 일보'가 등장한다. 마법사가 구독하는 신문답게 지면에 실린 사진들이 살아 움직이며 말까지 건다. 원작자인 조앤 롤링(Joan Rowling)의 상상력이 돋보이는 대목이다. 영화가 아니라 실제 현실이라면 어떨까? 뉴스를 가만히 앉아서 보는 게 아니라 직접 뉴스의 현장 속으로 뛰어들어가 몸으로 체험해보는 것이다. 프리미어리그 경기장으로 달려가 관중들과 하나가 되어 보기도 하고, 테러나 쓰나미의 한복판에서 온몸으로 공포와 전율을 느껴보는 식으로 말이다. 허황되게만 들리는 이런 상상이 점차 현실화될 것으로 보인다. 가상현실(VR ; Virtual Reality) 기술 덕분이다.

사실 가상현실의 개념 자체는 그다지 새로운 것은 아니다. 현실의 영상을 360도로 촬영해 이어 붙이기만 하면 마치 실제처럼 느낄 수 있다. 아이맥스 영화관을 떠올리면 된다. 문제는 높은 제작비용이다. 그래서 지금까지는 주로 항공기 조종 시뮬레이션이나 의대생들의 수술 교육, 혹은 일부 디지털 게임 등에만 제한적으로 적용되어 왔다. 그런데 최근 촬영장비의 가격이 50만 원 수준으로 급격히 떨어지면서, 이제 우리가 매일 접하는 뉴스에서도 가상현실이 가능해질 것으로 보인다.

2015년 말부터 〈뉴욕타임스〉를 필두로 〈월스트리트저널〉 〈AP통신〉, 그리고 국내 몇몇 신문사들도 속속 VR뉴스를 선보이고 있다. 뉴스를 보고 듣는 데 그치는 것이 아니라 마치 현장의 한가운데 있는 것 같은 생생함을 체감할 수 있다. 뉴스의 현장감과 몰입도가 극대화될 것은 당연지사다. 뉴스를 소비하는 새로운 방식, 공감을 극대화하는 'VR저널리즘'의 시대가 열리고 있다.

보고 듣는 뉴스에서
체감 뉴스로의 대전환

▶   VR다큐멘터리 제작사인 엠블매틱(emblematic) 그룹을 이끌고 있는 노니 데라페냐(Nonny de la Peña)는 VR저널리즘의

대모(代母)로 불린다. 2009년 무렵, 그녀는 미국 빈민층의 실태를 알리는 보도 프로그램을 기획중이었다. 현장 취재를 위해 로스앤젤레스의 한 푸드뱅크(빈민 무료급식소)를 방문했을 때, 그녀가 접한 상황은 막연히 머리로 생각했던 것 이상이었다. 배식을 받기 위해 늘어선 줄이 끝도 없이 이어지고 있었고, 남루한 옷을 걸치고 하염없이 차례를 기다리는 사람들은 기력도 희망도 없어 보였다. 심지어 당뇨를 가진 한 남자는 굶주림에 혈당이 너무 떨어져 그녀 앞에서 힘없이 쓰러지기까지 했다.

초강대국이라 불리는 미국 한복판에서 이런 참담한 일이 벌어지고 있다는 사실을 알려야 했다. 단지 활자만 가지고는 사람들의 관심을 끄는 데 한계가 있었다. 그때 데라페냐의 눈에 들어온 것이 당시 막 부상하고 있던 가상현실 기술이었다. 그녀는 현장의 실상을 VR카메라로 찍고 최대한 생생하게 360도 가상현실 영상을 만들었다. 아무도 그녀의 시도에 자금을 대주지 않아서 화면에 나오는 인물과 배경은 실사 대신 그래픽으로 처리할 수밖에 없었다. 하지만 마침내 작품이 완성되었을 때, 놀라운 결과가 기다리고 있었다.

전용 VR헤드셋을 쓰고 이 영상을 보면 바로 눈앞에 배식을 받기 위해 길게 늘어선 빈민들의 줄이 보인다. 그 옆에는 허기에 지쳐 쓰러지는 사람도 보인다. 더이상 이들의 빈곤이 '남의 일'로 여겨지지 않는다. 사람들은 VR헤드셋을 쓴 채로 어쩔 줄 몰라 하며 발을 동동 굴렀다. 어떤 사람들은 측은하고 안타까운 마음에 울부짖기까지 했다. 〈기아〉라고 이름 붙인 이 작품은 빈민 문제에

〈프로젝트 시리아〉의 배경이 된 실제 피난민들의 모습
자료: www.cnewa.org

대해 미국 사회에 경종을 울렸고, 2012년 선댄스 영화제에 선보
이면서 VR저널리즘 시대의 개막을 알렸다.

클라우스 슈밥(Klaus Schwab) 세계경제포럼(WEF) 회장은 〈기
아〉의 탁월한 공감 효과에 큰 감명을 받고 데라페냐에게 새로운
작품을 의뢰했다. 그렇게 해서 태어난 것이 〈프로젝트 시리아〉다.
이 가상현실 영상은 시리아 내전으로 고통받고 있는 난민들을 담
았다. 3차원 영상은 2014년 시리아 알레포 지역의 민간인 마을에
로켓포가 떨어진 현장을 그대로 재현하고 있다. 실제로 2015년
4월 제16회 국제 온라인 저널리즘 심포지엄에서 〈프로젝트 시리
아〉를 직접 체험한 한국의 기자들은 이렇게 소감을 전한다. "안개
자욱한 시리아의 한적한 거리에서 어디선가 소녀의 노랫소리가

들려옵니다. 고개를 돌려 한 걸음 한 걸음 발을 옮기고 허리를 숙일 때마다 폭풍전야 같은 풍경이 손에 잡힐 듯 다가오죠. 이내 귀를 찢을 듯한 폭발음이 들리고, 희뿌연 먼지가 사방을 뒤덮으면서 시야가 흐려집니다. 쓰러져 다친 사람 옆으로 한 남자가 피 흘리는 딸을 안은 채 다급히 스쳐 지나갑니다."

〈프로젝트 시리아〉는 2014년 다보스포럼에서 상연되어 내전에 고통받는 민간인들의 참상을 알리는 데 크게 기여했다. 또한 런던에 있는 빅토리아 알버트 박물관에서도 전시되었는데, 사전에 따로 광고를 하지 않았음에도 불구하고 매우 큰 반향을 일으켰다. 데라페냐 대표는 "VR저널리즘은 그 어떤 형식과도 차별화된 본능적이고 강렬한 경험을 제공해준다"고 말한다. "그곳에 당신이 있다(You are there)"는 한마디에서 VR저널리즘이 갖는 힘이 느껴진다.

스마트폰만 있으면
VR뉴스를 볼 수 있다

▶   구글은 골판지로 만드는 가상현실 체험 기기, '카드보드' 설계도를 인터넷에 무료 공개하고 있다. 스마트폰을 옆으로 눕힌 뒤 카드보드에 끼우고, 각각 왼쪽 눈과 오른쪽 눈에 맞추어진 화면을 광각렌즈를 통해 보는 원리다. 카드보드용 스마트폰 애플리케이션들은 사용자가 고개를 돌리는 방향에 맞추어 그에 맞는 화

면을 보여준다. 사용자는 이를 통해 가상의 공간에 들어와 있는 기분을 느낄 수 있다.

앞으로 가상현실이 얼마나 확산될 것인가에 대한 여부는 VR에 최적화된 콘텐츠에 달려 있다. VR 관련 촬영장비나 재생장치 등은 삼성이나 LG 같은 우리 기업들의 활약으로 하루가 다르게 개선되고 있다. 그러나 콘텐츠는 빈약하기 그지없다. 현재 무료로 다운받을 수 있는 롤러코스터 체험은 몇 번 하고 나면 금세 지친다. 자동차 드라이빙 가상현실 게임은 5분만 해도 멀미가 난다. 기존의 2D 콘텐츠에 무조건 VR을 덧씌우는 것만으로는 부족하다. 3D에 어울리는, 콘텐츠들을 새로 발굴하고 개발해야 가상현실이 빛이 난다. 뉴스는 더욱 그렇다. 뉴스의 종류와 내용에 맞게 텍스트나 사진으로 전달해야 할 것과 VR로 전달해야 할 것을 구분하고, 거기에 맞는 콘텐츠를 최적화하는 노력이 필요할 것으로 보인다.

마지막으로 여담이지만 곧 VR이 실용화되면 때와 장소를 가려 즐기시길 권한다. 가장 좋은 방법은 혼자 개인적인 공간에서 조용히 즐기는 것이다. 지하철의 모든 승객이 머리에 VR고글을 뒤집어쓰고 허우적대거나, 발길질을 하는 모습은 상상만으로도 지친다.

물체가 기억하는 소리

비디오카메라와 영상처리 기술을 이용한 '모션 현미경'의 등장으로
이제 눈으로도 듣는 시대가 왔다.

지난 수 세기 동안 현미경은 우리의 삶에 혁명적인 변화를 가져
왔다. 육안으로는 관찰이 어려웠던 사물·생명체·구조물의 미시
적 세계를 우리 앞에 보여주었던 것이다. 21세기 과학기술 문명
의 상당 부분은 현미경 덕분에 가능했다고 해도 과언이 아니다.
1590년에 10배율 현미경이 처음 등장한 이래 발전에 발전을 거
듭해왔던 현미경이 이제 또 한 번의 도약을 앞두고 있다. 주목할
부분은 기존 현미경의 발전 경로 및 원리와 달라도 한참 다르다
는 점이다.

　미국 MIT에서 컴퓨터·전기공학으로 박사학위를 받은 마이클

루빈스타인(Michael Rubinstein)은 새롭게 진화된 형태의 현미경을 테드 무대에 들고 나왔다. 마이크로소프트, 퀀타 리서치와 공동개발한 이 현미경은 일반 현미경처럼 광학렌즈를 쓰는 대신 비디오카메라와 영상처리 기술을 이용한다. 육안으로 볼 수 없었던 세상을 보게 해준다는 점에서는 기존 현미경과 동일하지만, 들을 수 없던 것까지 듣게 해준다는 점에서 기존 현미경을 훌쩍 뛰어넘는다. 일명 '모션 현미경(motion microscope)'이다.

디지털 기술의 마법,
'모션 현미경'

▶ 사람의 피부는 혈액의 흐름에 따라 아주 미세하게 붉은색에서 흰색으로 색깔이 바뀐다. 하지만 그 차이가 크지 않기 때문에 육안으로는 식별하기가 어렵다. 하지만 사람의 얼굴을 동영상으로 찍은 후 얼굴에 나타나는 미세한 색의 변화를 전용 프로그램으로 탐지하고 이를 100배 정도 증폭시키면 이야기가 달라진다. 심장박동에 따라 얼굴색이 흰색과 빨간색을 오가며 연속적으로 변하는 것을 확연히 볼 수 있다.

여기서 중요한 것은 동영상의 모든 픽셀에 기록되어 있는 정보 중에서 불필요한 노이즈를 걸러내고 색상 신호만을 정확히 골라내는 일이다. 고도의 영상처리 기술이 필요한 부분이다. 그다음은 선별된 색상 신호를 증폭하기만 하면 된다. 이 과정에서 단지 색

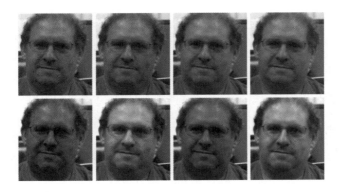

원본 영상(위쪽)과 100배 증폭된 영상(아래쪽). 피부색의 변화를 확인할 수 있다.
자료: www.ted.com

상이 변하는 양상뿐만 아니라 변화의 속도까지 측정할 수 있다. 실제로 테드 강연에서 시연된 화면을 보면 얼굴에 혈액이 흐르는 모습은 물론이고 맥박이나 심장박동 속도까지 측정되는 것을 알 수 있다. 하드웨어도 간단하다. 시중에서 쉽게 구할 수 있는 웬만한 비디오카메라로 찍은 동영상만 있으면 된다.

모션 현미경의 응용 분야는 헤아릴 수 없을 정도로 많다. 특히 의학 분야에서 심박수를 비롯해 심장운동 패턴, 근육의 움직임, 장운동 정도, 혈액순환 상태 등을 정밀하게 측정할 수 있다. 현재 병원에서 사용하고 있는 엑스선, 초음파, 컴퓨터단층촬영, 자기공명영상 등 다양한 진단장비에 모션 현미경 기술을 접목시키면 보다 더 정확한 진단이 가능해진다.

범죄 수사에서 피의자가 하는 말의 진위 여부를 가리는 데도 유용하다. 기존의 거짓말 탐지기는 호흡, 혈압, 맥박, 땀 등 기초적인 생리 정보에 의존하기 때문에 100% 완벽하다고 보기 어렵다. 모션 현미경으로 피의자의 얼굴 표정, 눈동자, 몸짓의 미세한 움직임까지 감지해서 분석한다면 어지간한 거짓말쟁이도 쉽게 빠져나가지 못할 것이다.

또 자동차 엔진의 진동이나 공장에 있는 기계들의 미세한 움직임을 확대·분석해서 고장을 사전에 감지하고 문제의 원인을 진단하는 데도 큰 도움이 된다. 건물이나 구조물이 바람이나 지진에 흔들리는 정도를 측정한 후 구조설계나 유지 보수에 활용하는 것도 가능하다.

심지어 멀리 떨어진 곳에서 이야기를 나누고 있는 사람들의 대화 내용도 포착할 수 있다. 원리 자체는 간단하다. 대화를 나눌 때 발생하는 음파가 주변 사물들과 부딪혀 눈에 보이지 않는 미세한 진동을 만들어낸다. 예를 들어 노래하는 사람 옆에 놓인 와인잔의 움직임을 250배 정도로 확대해보면, 잔이 소리에 따라 진동하고 공명하는 모습을 분명하게 볼 수 있다. 이 과정을 역으로 적용해서 주변 물체의 진동을 촬영한 뒤 증폭·분석하면 원래의 대화내용을 재생해낼 수 있다. 별도의 도청장치가 필요 없어지고, 일상의 모든 물건들이 일종의 마이크가 되는 셈이다.

MIT 연구팀은 탁자 위에 빈 과자봉지 하나를 놓고 그 옆에서 노래를 틀었다. 연구팀이 선택한 노래는 1877년에 토마스 에디슨(Thomas Edison)이 자신의 축음기에 처음으로 녹음했던 'mary had a little lamb'이다. 노래를 튼 후 약 5m 정도 떨어진 곳에 세워둔 비디오카메라로 소리를 제외하고 과자봉지만 고속 촬영했다. 영상에는 음파로 인한 과자봉지의 미세한 떨림이 기록되었는데, 연구팀은 이것을 분석해서 원래 노래를 거의 근접하게 복원해낼 수 있었다. 과자봉지를 겨우 1um(마이크로미터, 1mm의 1/1천) 정도만 진동시키는 데도 엄청나게 큰 소리가 필요하다고 하니, 보통 볼륨의 노래라면 비디오 분석이 얼마나 정교해야 할지를 짐작할 수 있다.

연구팀은 이렇게 비디오 신호로부터 오디오 신호를 추출해내는 장치에 '시각 마이크(visual microphone)'라는 이름을 붙였다. 과자봉지 외에 다른 물체, 예를 들면 화분에 심은 식물로부터도 소리를 복원할 수 있고, 당연히 노래뿐만 아니라 말소리도 복원 가능하다. 말하는 사람들 옆에 조금이라도 진동하는 물체가 있고, 그 물체가 CCTV에 녹화되어 있다면, 사실상 그들의 대화는 해당 물체에 녹음이 되는 것이다. 그 CCTV 영상을 해독하기만 하면 두 사람 사이에 어떤 은밀한 대화가 오고 갔는지를 언제라도 확인할 수 있다.

'시각 마이크'의 시대, 더이상 비밀은 없다

▶   2016년 11월, 전임 청와대 민정수석이 서울 중앙지검에 소환되어 조사를 받던 중 팔짱을 낀 채 웃고 있는 사진이 공개된 적이 있다. 맞은편에 있던 수사관들은 공교롭게도 손을 모으고

공손한 자세로 서 있는 모습이었다. 이 사진은 국내 모 일간지의 객원 사진기자가 서울지검 사옥에서 직선거리로 350m나 떨어진 한 건물 옥상에서 600mm 망원렌즈에 2배율 텔레컨버터(초점의 거리를 늘려주는 장치)를 끼우고 찍은 것이라고 한다.

'봐주기 수사' 논란에 휩싸인 검찰은 해당 사진이 조사중에 잠시 휴식을 취하고 있었던 장면이라고 해명했지만 피고발인 신분인 전임 수석의 여유로운 모습에 한동안 여론은 분노로 들끓었다.

사실 사진 한 장만 가지고 진실을 확인하는 데는 다소 무리가 따른다. 정말 어쩌다 우연히 그런 이상한 장면이 찍힌 건지도 모른다. 사람의 표정이나 동작은 별다른 의도 없이 시시각각으로 변할 수 있으니 말이다. 진위를 확인하는 가장 확실한 방법은 사진이 찍힌 그 순간 어떤 대화가 오고 갔는지를 밝히면 된다. 그러나 무시무시한 검찰 조사실을 무단으로 도청할 수는 없는 노릇. 방법은 딱 한 가지, 바로 '시각 마이크'다. 조사실 내에 있는 물체를 멀리서 동영상으로 찍기만 하면 된다. 영상 속의 컵, 화분, 휴지통, 과자봉지는 그들의 대화를 고이 기억했다가 언젠가 우리에게 다시 들려줄 것이다.

디지털 기술의 발달로 이제 눈으로도 듣는 시대가 왔다. 높은 자리에 계신 분들은 입단속에 더욱 신경 쓰셔야 한다. 이너서클의 심오한 비밀을 끝까지 지키고 싶으시다면 말이다.

빅데이터가 가져올
'범죄 없는 도시'

데이터의 홍수 속에서 진주를 캐는 빅데이터 기술의 핵심은
상상력과 통찰력이다.

10대 때는 짜장면이 좋았다. '짜장 맛'이라고 밖에는 달리 표현할
수 없는 독창적인 맛에 중독되었고, 샛노란 단무지와 어울리는
진한 갈색에 끌렸다. 20대가 되자 짬뽕으로 기울었다. 짬뽕이 주
는 화끈거림 앞에서 짜장의 존재를 떠올릴 수 없었다. 30대가 되
면서부터 양자 사이에서 끝 모를 고민에 빠졌다. 어떤 선택을 해
도 매번 후회로 끝나야 한다는 점이 더 난감했다.

그때 소리 소문도 없이 짬짜면이 등장했다. 플라스틱 그릇을
두 쪽으로 나눌 생각을 과연 누가 했을까? 급기야 한국적 특색
을 살린 태극문양으로 나누어진 그릇까지 마주하게 될 줄은 상

상도 못했다. 그 옛날 지동설을 주장한 니콜라우스 코페르니쿠스(Nicolaus Copernicus)를 뛰어넘는 그 당돌함과 대범함에 전 국민이 환호했다.

하지만 짬짜면의 인기는 얼마 가지 못했다. 짬짜면은 짜장과 짬뽕의 세계를 동시에 온전하게 보여주는 궁극의 완전체가 아니었기 때문이다. 그보다는 양쪽 세계의 맛을 살짝 체험하게 하는 또 하나의 새로운 메뉴에 가까웠다. 온탕과 냉탕 사이에서 한참을 고민하다가 결국 한쪽 발은 온탕에 다른 발은 냉탕에 집어넣는 것과 다를 바 없었다.

언뜻 선택지가 많아지면 훨씬 더 좋은 결정을 내릴 수 있을 것 같지만, 실상은 그렇지 못하다. 선택지가 많아질수록 의사결정이 더 힘들어지고, 심하면 선택을 거부하는 지경에까지 이른다. 심리학에서는 이를 가리켜 '결정마비 현상(decision paralysis)'이라고 한다.

지금과 같이 온갖 형태의 데이터가 매일매일 쏟아져 나오는 빅데이터(big data) 시대일수록 의사결정의 딜레마에 빠지기 쉽다. 그래서 이런 때일수록 산더미 같은 데이터 속에서 자신에게 가치 있는 정보만을 선별해내고, 이것을 목적에 맞게 요긴하게 잘 활용하는 지혜가 필요하다.

2007년 미국 뉴저지주 법무장관을 지낸 앤 밀그램(Anne Milgram)은 이 분야의 대가다. 그녀가 빅데이터 분석을 통해 뉴저지주의 범죄율을 낮추고 치안 유지비용을 절감한 경험을 들어보자.

빅데이터로
범죄를 막다

▶   경찰이 하는 일은 궁극적으로 누군가를 체포하고, 벌금을 매기고, 감옥에 가두는 것이다. 그런데 과연 이런 의사결정이 사회 최적화의 관점에서 가장 효율적으로 이루어지고 있을까? 밀그램은 그렇지 않다고 생각했다. 많은 경우 개인적인 본능이나 직감으로 그때그때 체포할지 구금할지를 판단하고, 고작 노란색 포스트잇에 사건 정보를 적어 게시판에 붙이는 정도로 범죄 정보를 관리하고 있었다(지금은 물론 달라졌겠지만).

밀그램은 미국 프로야구에서 성공한 '머니볼(moneyball)' 개념에 착안했다. 머니볼이란 야구팀 오클랜드 어슬레틱스의 빌리 빈(Billy Beane) 단장이 고안한 전략인데, 실제 이 전략으로 객관적인 데이터 분석을 통해 팀의 승률을 높이고, 구단을 저비용·고효율의 구조로 탈바꿈시킨 것으로 유명하다. 빌리 빈 단장은 홈런이나 타율이 높은 스타 선수보다 출루율이 높은 선수가 팀 승리에 결정적이라는 걸 밝혀내고, 여기에 근거해 선수를 영입하고 보상 수준을 정했다. 그 결과 오클랜드 어슬레틱스는 2000년대 연승 행진을 이어갈 수 있었고, 빌리 빈은 2007년 〈포브스〉가 선정한 최고의 메이저리그 단장에 오르게 된다.

밀그램은 교도소 재소자 중 50%는 굳이 구금할 필요가 없는 경범죄자들인 반면, 반드시 구금해야 할 위험한 범죄자들이 어영부영 출소 되고 있다는 사실에 주목했다. 그녀는 범죄 용의자의 체포·벌금·구금 여부를 결정하는 데 있어 오로지 판사의 직감에 의존하기보다는 과거의 범죄 이력이나 죄질, 형량 등의 데이터를 활용할 것을 제안했다. 결과는 매우 고무적이었다. 미국에서 가장 위험한 도시로 손꼽히던 뉴저지주 캠던의 살인사건 발생 건수가 무려 41%나 감소했고, 뉴저지주 전체의 범죄 역시 26%나 감소시킬 수 있었다.

그 후 밀그램은 미국 사회의 안전과 정의를 연구하는 아널드 재단(arnold foundation)으로 자리를 옮겨 미국 사법 시스템을 개선하는 프로젝트에 매달렸다. 미국 법원의 구금 의사결정은 매년 약 1,200만 건에 달한다. 그녀는 데이터와 통계 분석 전문가들로 팀을 꾸리고 미국 내에서 발생했던 150만 건의 과거 범죄 데이터를 분석했다. 그 결과 탄생한 것이 객관적이고 과학적으로 용의자의 위험성과 구금 여부를 판단하는 정보 시스템이다.

피고인의 과거 기소, 수감, 폭력 사건 관여 여부에 대해 간단한 정보를 입력하면 이 사람이 석방되었을 때 새로운 범죄를 저지를지, 폭력행위와 연관될지, 다시 잡혀오게 될지의 3가지 측면에 대한 예측치를 알 수 있다(각 6점 만점). 판사들은 이 예측 점수를 참고하고 여기에 자신의 개인적 직감과 경험을 더해 최종 판결을 내리면 된다. 피고의 얼굴이 아무리 착해 보이고 반성하는 빛이 역력해도 3가지 항목의 점수가 최악이라면 감옥에 보내는 게 훨씬 안전하다. 반대로 온몸이 흉터와 문신으로 덮여 있어도 3가지 점수가 괜찮다면 굳이 감옥에 보낼 필요가 없다. 밀그램은 앞으로 5년 내에 미국의 모든 사법 의사결정에 이 시스템을 도입하는

미국 로스앤젤레스 경찰국은 컴퓨터 분석에 근거해 범죄를 예측한다.
자료: www.predpol.com

것을 목표로 하고 있다.

　스티븐 스필버그(Steven Spielberg) 감독, 톰 크루즈(Tom Cruise) 주연의 영화 〈마이너리티 리포트〉는 미래의 범인과 범행 일시, 장소, 방법을 정확하게 예측해서 미리 대처하는 완벽한 범죄예방사회를 그리고 있다. 그 정도까지는 아니지만 실제 미국 LA경찰은 범죄가 일어날 가능성이 높은 시간대와 장소를 알려주는 범죄 예측 프로그램, '프레드폴(predpol)'을 이용중이다. 이를 통해 위험 지역에 순찰 인력과 횟수를 늘려 LA 지역 내 절도, 폭행 등을 30% 이상 줄일 수 있었다고 한다. 미국 팰로앨토에 위치한 스타트업 팔란티르(palantir)는 이와 같은 빅데이터 분석을 통해 9·11 테러의 주범인 오사마 빈라덴(Osama Bin Laden)을 잡는데 일조했다. 이 회사에서 만든 솔루션은 금융사기나 사이버테러 등의 징후를 감지하는 데도 활발히 이용되고 있다.

정보의 바다에
질식되지 말아야

▶   범죄예방 외에도 빅데이터 분석의 성공 사례들이 속속 나오고 있다. 구글의 독감경보 시스템은 인터넷 이용자들의 독감 검색 빈도를 분석해서 독감의 확산 정도와 방향성을 예보하고 있는데, 미국 질병통제예방센터보다 2주나 일찍 독감을 예측하는 것으로 알려져 있다. 미국 국세청은 2011년에 빅데이터 분석을 통해 고의 세금 체납자를 찾아내는 시스템을 구축해서 연간 3,450억 달러에 이르는 세금 누락을 막을 수 있었다고 한다. 우리나라에서도 대중의 심야 위치 및 이동경로 분석을 통해 서울시 심야버스 운행 노선을 변경한다든지, 교통사고 패턴을 분석해서 교통체계를 개편한다든지 하는 등 시범서비스의 성공 소식이 잇달아 들리고 있다. 점차 빅데이터가 일반 국민들의 삶 구석구석에 영향을 미치고 있는 것이다.

빅데이터의 시작은 데이터 취합이지만 그 후의 관리와 개선은 응당 사람의 몫이다. 그렇기에 빅데이터로 할 수 있는 일을 골라내는 상상력과 빅데이터가 하지 못할 일을 분별하는 통찰력이 있어야 한다. 그러지 못하면 빅데이터는 자칫 '빅쓰레기(big garbage)'로 전락하고, 우리는 정보의 바다에 빠져 '정보질식(infoxication)' 당할 수 있다.

사회는 앞으로 더 복잡해지고 치열해질 것이 분명하다. 빅데이터가 자본주의의 결함을 보완하고, 사회의 안전과 질서, 통합과 정의를 구현하는 '보이지 않던 다른 손'의 역할을 해주기를 기대해본다.

모기 없는
세상이 온다

유전자 조작을 통한 모기 박멸 실험이 진행중이다.
이제 한 여름밤의 불청객과는 영영 이별해도 된다.

지구상에서 인간에게 가장 위협적인 동물은 무엇일까? 사자? 호랑이? 상어? 모두 틀렸다. 그렇다면 같은 인간? 그것도 아니다. 정답은 모기다. 지구상에 약 3,500종이 존재하는 것으로 알려진 모기는 역사상 다른 어떤 동물보다도 더 많은 사람을 죽였다. 전쟁이나 전염병에 의한 사망자 수도 훨씬 뛰어넘는다. 지금도 모기에 물려 매년 전 세계적으로 2억~3억 명이 말라리아에 감염되었고 5천만~1억 명이 뎅기열에 감염되는데, 이 중 100만 명 정도가 사망하는 것으로 추정된다.

특히 뎅기열은 비교적 최근에 등장했는데, 지난 50년 동안 발병률이 30배 가까이 증가했다고 한다. 뎅기열은 가벼운 독감 같은 증상에서부터 구역질, 두통, 심하면 뼈가 부러지는 듯한 고통을 유발한다. 오죽하면 뎅기열(breakbone fever)의 이름을 '뼈를 부러뜨리는(break bone)'이라고 지었겠는가. 그 외에도 상피병, 일본뇌염, 황열병 등도 모두 모기가 옮기는 질병들이다.

지금 같은 첨단과학의 시대에도 여전히 모기를 어쩌지 못하는 것을 보면 아직 인간의 문명은 갈 길이 먼 것 같다. 지금까지 온갖 방법이 시도되었지만, 한 여름밤의 불청객 모기의 극성은 시도 때도 없이 점점 심해져만 간다. 급기야 과거에는 특정 지역에서만 서식하던 모기들이 이제는 팔자 좋게 비행기나 배를 타고 전 세계로 원정을 나가고 있다. 답답한 노릇이다.

지구상에서 가장
무서운 동물, 모기

▶   모기가 옮기는 질병의 목록은 날이 갈수록 많아지고 있다. 최근에는 지카 바이러스가 추가되었다. 세계보건기구(WHO)는 2016년 지카 바이러스 감염자가 400만 명에 이를 것으로 예측했다. 아메리카, 아시아, 아프리카 등 39개국에 고루 퍼지고 있어 국제보건 비상사태를 선포했을 정도다. 지카 바이러스는 공포를 부를 요소를 두루 갖추고 있다. 임산부가 감염되면 머리와 뇌가 비정상적으로 작은 소두증 아기를 출산할 수 있고, 팔·다리에

서 시작해 뇌 쪽으로 근육이 마비되어 가는 길랭 바레 증후군처럼 섬뜩한 병도 옮긴다.

과연 어떻게 하면 모기의 공포로부터 자유로울 수 있을까? 현재까지 주로 사용되는 방법은 살충제다. 모기가 알을 낳을 만한 물웅덩이에 살충제를 뿌려 유충(장구벌레)을 없애거나, 기체화된 살충제 성분을 공기 중에 뿌려 날아다니는 성충을 없애는 방법이다. 그런데 이 방법은 시각적·심정적 후련함에도 불구하고 한계가 분명하다. 모기뿐만 아니라 인간을 포함한 다른 동물들에게도 치명적이기 때문이다. 더욱이 모기들이 점점 더 영악해지면서 살충제의 주성분인 피레드로이드(pyrethroid)에 내성을 갖게 되었다는 점이 문제다.

한 가지 반가운 소식이 있다. 최근에 모기의 씨를 말릴 수 있는 획기적인 방법이 가시화되고 있다. 영국 옥스퍼드대 출신 과학자들이 만든 생명공학회사 옥시텍(oxitec)은 뎅기열과 지카 바이러스를 옮기는 이집트숲모기의 유전자를 조작해서 모기의 개체수를 급격히 줄이는 기술 개발에 성공했다. 어떻게 이런 일이 가능할까? 옥시텍 CEO인 하이든 패리(Hadyn Parry)는 모기의 특성을 역이용했다고 설명한다.

모기는 생물학적으로 2가지 특징이 있다. 첫 번째는 오직 암컷만이 흡혈을 한다. 수컷은 식물의 즙액이나 과즙을 먹고 산다. 두 번째는 수컷들은 암컷을 정말 잘 찾는다. 이건 거의 모든 동물들의 특성이 아닌가 싶다.

옥시텍은 이 2가지 특징에 착안했다. 우선 수컷 모기를 생포해

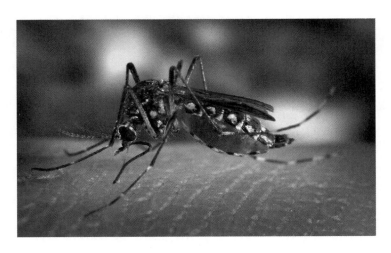

지카 바이러스를 옮기는 이집트숲모기
자료: pixabay.com

서 약간의 유전자 조작을 한다. 그다음에 이 수컷 모기를 자연 상태에 놓아주면 본능적으로 암컷을 찾아 날아간다. 만약 이 수컷이 새끼들을 죽음으로 몰아넣는 조작된 유전자를 가지고 있다면 짝짓기를 거듭할수록 전체 모기의 개체수는 줄어들 수밖에 없다. 암컷 한 마리가 한 번에 약 100개, 평생 동안 500개 정도의 알을 낳는다고 하니 제대로만 된다면 그 효과는 엄청날 것이 분명하다.

　옥시텍은 인구 2천~3천 명인 마을을 대상으로 현장 실험까지 마쳤다. 방법은 간단하다. 우선 'OX513A'라고 명명된 유전자 조작 수컷 모기를 작은 병에 담는다. 다음은 트럭을 몰고 마을을 돌면서 가급적 마을 전체에 충분히 퍼지도록 골고루 놓아주면 된다. 나머지는 수컷 모기가 알아서 한다.

효과는 상상 이상이었다. 옥시텍은 2011~2014년에 영국 케이만 군도, 말레이시아, 브라질에서 이집트숲모기를 대상으로 총 5차례에 걸쳐 실험을 했는데, 해당 지역의 모기 개체수를 약 90% 정도 줄였다고 한다.

이러한 실험 결과에 고무된 브라질 정부는 2016년 11월에 옥시테크로부터 유전자 변형 모기를 4년에 걸쳐 110만 달러어치 들여오는 계약에 서명했다. 계약에 따르면 매주 1천만 마리에 달하는 유전자 조작 모기를 도시에 방출할 계획이다. 옥시텍은 영국 옥스포드에 매주 약 2천만 마리의 모기를 생산할 수 있는 일명 '모기 공장'을 갖고 있는데, 추가적으로 매주 6천만 마리를 생산할 수 있는 공장을 브라질 상파울루에 설치했다.

모기는 잡아야 하지만
부작용은 최소화해야

▶   옥시텍의 시도가 인구 1천만 명의 브라질 대도시에서도 성공할지는 아직 미지수다. 모두 잘 알다시피 모기는 대단히 지능적이기 때문이다. 다행히 이번 시도가 성공해서 갈수록 대담해지는 모기의 위협을 원천 차단시킬 수 있다면 인류 역사에 또 하나의 금자탑이 될 것이다. 하지만 신중을 기할 필요가 있다. 수억 년의 진화를 거쳐 만들어진 자연 생태계는 다 그렇게 만들어진 이유가 있고, 그 치밀한 연결고리들을 모두 파악하는 것은 인간

의 힘으로 불가능하기 때문이다. 오죽하면 자연(自然)이라는 말 자체가 '스스로(自) 그렇게 되어 있다(然)'는 뜻이겠는가.

유전자 조작 방법이 엄청난 효과를 발휘해서 지구상에 모기가 자취를 감추게 되면 전체 생태계에 어떤 영향이 있을지, 혹 상상 도 못할 치명적인 부작용이 생기는 것은 아닌지 염려가 된다. 만 에 하나 견문발검(見蚊拔劍), 즉 모기 잡으려 칼을 뺐는데 모기는 못 잡고 엉뚱한 곳을 베는 우(愚)를 범하지 말아야 한다. 그렇다면 1차 효과 외에 2차, 3차 영향에 대해서 철저한 검증과 연구가 필 요하다. 유전자변형식품(GMO ; Genetically Modified Organism) 에 대해서도 찬반이 갈리는 와중에 이제 유전자변형곤충(GMI ; Genetically Modified Insects)까지 걱정해야 하니 세상에는 정말 쉬운 일이 없다.

마지막으로 중요한 정보 하나. 지카 바이러스와 뎅기열을 옮기 는 이집트숲모기의 사촌쯤 되는 흉악한 모기가 우리나라에도 서 식한다고 한다. 제주도를 중심으로 전국에 분포하는 흰줄숲모기 인데, 특히 숲이나 공원에서 사람을 문다고 한다. 아직은 국내 전 체 모기의 3% 정도에 불과하지만 기온이 올라가면서 점차 증가 할 우려가 있다. 등산이나 산책할 때 추락이나 낙상만큼 흰줄숲 모기도 조심하시기 바란다.

미래에 대한 불안은 남녀노소, 직업의 여하를 떠나
누구나 가지고 있는 공통된 고민입니다.
이 책이 매일매일의 힘든 일상과 갈등에 찌든 사회 속에서
미래를 읽는 작은 힌트가 되었으면 하는 바람입니다.

『테드, 미래를 보는 눈』
저자와의 인터뷰

Q. 『테드, 미래를 보는 눈』 책 소개와 이 책을 통해 독자들에게 전하고 싶은 메시지가 무엇인지 말씀해주세요.

A. 경제, 경영, 기술, 문화 등 세상을 구성하는 다양한 분야의 패러다임이 빠르게 변하고 있는데요. 작금의 시대를 빛의 속도를 뛰어넘는 '초(超)불확실성'의 시대라고 하는 이유입니다. 앞으로의 미래는 지금 우리가 살고 있는 현재와 크게 달라질 것입니다. 하지만 다행히 예측불허의 미래에 대해 속 시원한 이야기를 들을 수 있는 방법이 있습니다. 바로 테드(TED)입니다. 미래에 대한 불안은 남녀노소, 직업의 여하를 떠나 누구나 가지고 있는 공통된 고민입니다. 이 책이 미래를 예측할 수 있는 작은 힌트라도 되었으면 하는 바람입니다.

Q. 테드(TED)란 무엇인지 자세한 설명 부탁드립니다.

A. TED는 미국의 비영리 재단 새플링(sapling)에서 운영하는 공개 컨퍼런스입니다. 기술(technology), 엔터테인먼트(entertainment), 디자인(design)의 앞글자를 따서 TED라고 합니다. 테드 홈페이지(www.ted.com)에는 특히 주목할 만한 2천 건이 넘는 강연이 올라와 있는데, 누구나 무료로 시청하실 수 있습니다. 테드가 지향하는 '널리 퍼져야 할 아이디어(ideas worth spreading)'라는 모토에서 엿볼 수 있듯이 우리는 테드 강연을 통해 앞으로 직면하게 될 미래의 풍경들을 살펴볼 수 있습니다.

Q. 예측이 어려운 미래를 테드로 들여다보라고 하셨습니다. 무슨 말씀인지 설명 부탁드립니다.

A. 지금 우리가 직면한 세상을 패러다임의 전환기라고도 하고, 초(超)불확실성의 시대라고도 합니다. 앞으로의 미래는 지금 우리가 살고 있는 현재와는 크게 다를 것이 분명합니다. 현재에 치이고 미래에 휘둘리는 삶은 현대인이 겪는 가장 큰 딜레마가 아닐 수 없습니다. 하지만 다행히 테드 강연을 통해 우리가 앞으로 직면하게 될 미래가 어떠할지에 대한 힌트를 얻을 수 있습니다. 미래에 우리가 겪게 될 일상, 미래에 고민해야 할 숙제, 미래의 기술이 열어갈 신세계의 모습이 테드에 담겨 있습니다.

Q. 『테드, 미래를 보는 눈』을 어떻게 저술하시게 되었나요?

A. 이번에 발간하는 『테드, 미래를 보는 눈』은 2015년 4월부터 2년여 간 중앙일보에서 발간하는 〈이코노미스트〉에 연재되었던 '박용삼의 테드플러스' 시리즈를 근간으로 합니다. 테드를 통해 앞으로의 세상을 전망하는 독자들을 상상하며 제목을 정했습니다. 본래 칼럼에 실렸던 내용 중에서 단행본의 성격에 어울리지 않는 개인적이거나 정제되지 않은 표현들은 다시 다듬었고요, 어색하거나 논리적이지 못한 문장들도 고쳐서 다시 썼습니다. 테드를 직접 보고 싶으신 독자들을 위해 본문에 각 강연의 QR코드도 포함시켰습니다. 골치 아픈 현실을 살고 있는 현대인들을 위한 매뉴얼이자 불안한 미래에 대한 가이드북을 만들겠다는 꿈같은 기대로 시작했는데, 독자 여러분들께서 어떻게 봐주실지 걱정입니다.

Q. 기존에 출간된 테드와 관련 책들과 이번에 출간되는 『테드, 미래를 보는 눈』의 차이점이 있다면 무엇인가요?

A. 기존에 출간된 테드 관련 서적들은 주로 프레젠테이션 스킬에 대한 내용들입니다. 18분가량의 짧은 시간 동안 특정 주제에 대해 일반인들에게 설명하는 강연자들의 테크닉을 소개하는 책들입니다. 『테드, 미래를 보는 눈』은 미래를 엿보겠다는, 어찌 보면 대담한 의도에서 출발했습니다. 좋은 음악을 골라 주는 사람을 'DJ'라고 하고, 좋은 영화나 다큐멘터리를 골라 주는 사람을 'VJ'라고 합니다. 『테드, 미래를 보는 눈』에서는

제가 일종의 '렉처자키(LJ ; Lecture Jockey)'가 되어 수천 편의 테드 강연들 중에서 미래를 준비하기 위해 우리가 꼭 봐야 하는 강연들을 선별했습니다.

Q. 테드를 가장 잘 활용하는 방법이 있다면 소개 부탁드립니다.

A. 테드를 통해 프레젠테이션 스킬을 익히는 것도 좋고, 영어 청취력을 훈련하는 것도 물론 좋습니다. 그렇지만 여기에 더해서 테드에서 전달하고자 하는 메시지를 이해하고 찬찬히 곱씹어보는 것도 의미가 크다고 봅니다. 결국 테드를 잘 활용하는 길은 자주 보는 것입니다. 학생이라면 매일 아침에 등교하듯이, 직장인이라면 아무리 피곤해도 아침이면 출근하듯이 매일 시간을 정해놓고 규칙적으로 테드를 청취하는 방법이 가장 좋은 방법이라 생각합니다.

Q. 테드 강연 중 가장 기억에 남고, 추천할 만한 강연은 어떤 것인지요?

A. 『테드, 미래를 보는 눈』은 크게 5개의 장으로 구성되어 있습니다. 1장 '일상을 바꾸는 테드의 힘'에서는 '당당한 파워포즈가 파워를 낳는다'를 추천합니다. 짜증나고 피곤한 일상에 자양강장제 같은 활력을 줄 수 있을 것입니다. 2장 '진보하는 사회, 테드로 바라보다'에서는 '금수저가 아닌 흙수저를 뽑아라'를 권합니다. 행복이 성적순이 아닌 이유와 흙수저만의 비밀무기가 무엇인지 알 수 있습니다. 3장 '갈등을 넘어 빛나는 세상'에서는 '을이 빛나야 갑도 빛난다'를 추천합니다. 우리 사

회에 만연해 있는, 팽팽한 갑을 갈등에 대한 따뜻한 해법이 담겨져 있습니다. 4장 '다가올 미래, 이유 있는 불안'에서는 '당신의 일자리는 안녕하십니까?'를 권합니다. 특히 앞으로 사회에 진출해 취업을 해야 하는 학생들이 귀담아 들으면 좋을 내용입니다. 마지막으로 5장 '테드로 살펴보는 미래의 풍경'에서는 '상상은 당신을 어디로든 이끈다'를 권합니다. 현재보다 더 멋진 미래가 지금 우리의 상상과 감성에 달려 있음을 확인할 수 있습니다.

Q. **테드를 통해 현재와 미래를 들여다보고 싶은 이 책의 독자들에게 한 말씀 부탁드립니다.**

A. 미래는 주어지는 것이 아니라 만들어가는 것이라고 합니다. 그렇다면 오늘 우리의 행동이 미래를 결정하게 됩니다. 온라인, 오프라인을 망라하고 무수히 많은 책들 중에서 기꺼이 이 책을 선택해주신 독자 여러분께 감사드립니다. 아무쪼록 이 책이 매일매일의 힘든 일상과 갈등에 찌든 사회 속에서 미래를 읽는 작은 힌트가 되었으면 하는 바람입니다. 미래를 헤쳐나갈 여러분 모두의 건투를 빕니다.

독자 여러분의
소중한 원고를 기다립니다

원앤원북스는 독자 여러분의 소중한 원고를 기다리고 있습니다. 집필을 끝냈거나 혹은 집필중인 원고가 있으신 분은 onobooks2018@naver.com으로 원고의 간단한 기획의도와 개요, 연락처 등과 함께 보내주시면 최대한 빨리 검토한 후에 연락드리겠습니다. 머뭇거리지 마시고 언제라도 원앤원북스의 문을 두드리시면 반갑게 맞이하겠습니다.